사~
사일 동안
이것만 풀면
일
다 합격!
다~

KB199879

LH 한국토지주택공사

업무직(무기계약직)

시대에듀

2025 최신판 시대에듀 사이다 모의고사
LH 한국토지주택공사 업무직(무기계약직) NCS

Always **with you**

사람의 인연은 길에서 우연하게 만나거나 함께 살아가는 것만을 의미하지는 않습니다.
책을 펴내는 출판사와 그 책을 읽는 독자의 만남도 소중한 인연입니다.
시대에듀는 항상 독자의 마음을 헤아리기 위해 노력하고 있습니다. 늘 독자와 함께하겠습니다.

머리말 PREFACE

국민주거안정을 실현하고자 노력하는 LH 한국토지주택공사는 2025년에 업무직 (무기계약직) 신입사원을 채용할 예정이다. 채용절차는 「지원서 접수 ➡ 서류전형 ➡ 필기전형 ➡ 사전 온라인 검사(AI면접) ➡ 면접전형 ➡ 최종합격자 선정」 순서로 진행되며, 서류전형은 자기소개서 적부를 심사한다. 필기전형은 NCS 기반의 직무능력검사를 실시하며 의사소통능력, 문제해결능력을 평가한다(일부 직무의 경우 실기전형 추가). 직무능력검사 점수에 가산점을 합산한 총점의 고득점자 순으로 모집분야별 선발 예정인원의 최소 2배수에서 최대 10배수에게 사전 온라인 검사 및 면접전형 응시기회를 부여한다. 이때 가산점을 제외한 필기전형 평가점수가 만점의 40% 미만일 경우 불합격 처리되므로 합격을 위해서는 필기전형에서의 고득점이 중요하다.

LH 한국토지주택공사 업무직(무기계약직) 필기전형 합격을 위해 시대에듀에서는 기업별 NCS 시리즈 누적 판매량 1위의 출간경험을 토대로 다음과 같은 특징을 가진 도서를 출간하였다.

도서의 특징

❶ 합격으로 이끌 가이드를 통한 채용 흐름 확인!
- LH 한국토지주택공사 소개와 최신 시험 분석을 수록하여 채용 흐름을 파악하는 데 도움이 될 수 있도록 하였다.

❷ 기출응용 모의고사를 통한 완벽한 실전 대비!
- 철저한 분석을 통해 실제 유형과 유사한 기출응용 모의고사를 4회분 수록하여 시험 직전 4일 동안 자신의 실력을 점검하고 향상시킬 수 있도록 하였다.

❸ 다양한 콘텐츠로 최종 합격까지!
- 온라인 모의고사를 무료로 제공하여 필기전형에 대비할 수 있도록 하였다.
- 모바일 OMR 답안채점/성적분석 서비스를 통해 자동으로 점수를 채점하고 확인할 수 있도록 하였다.

끝으로 본 도서를 통해 LH 한국토지주택공사 업무직(무기계약직) 채용을 준비하는 모든 수험생 여러분이 합격의 기쁨을 누리기를 진심으로 기원한다.

SDC(Sidae Data Center) 씀

◇ **미션**

> 국민주거안정의 실현과 국토의 효율적 이용으로
> 삶의 질 향상과 국민경제 발전을 선도

◇ **비전**

> 살고 싶은 집과 도시로 국민의 희망을 가꾸는 기업

◇ **핵심가치**

T	R	U	S	T
Together	Revolution	Unification	Safety & Quality	Transparency
국민중심	미래혁신	소통화합	안전품질	청렴공정

◇ **인재상**

> **LH C.O.R.E. Leadership**
> 소통 · 성과 · 도전 · 공익으로 미래가치를 창출하는 핵심인재

◇ **전사적 경영목표**

주택공급 100만 호	주거복지 200만 호
도시조성 250km²	산업거점 50km²
품질목표 100% 달성	중대재해 ZERO
부채비율 232% 이하	고객만족 BEST

◇ **중기(2025~2029) 경영목표 및 전략과제**

1 국민 주거생활 향상
- 1-1 국민 주거안정을 위한 주택 공급 확대
- 1-2 저출생 · 고령화 등 대응을 위한 맞춤형 주거지원 강화
- 1-3 국민 삶의 질을 높이는 주거복지 구현

2 효율과 균형의 국토 · 도시 조성
- 2-1 지역 성장거점 조성으로 국토경쟁력 향상
- 2-2 도시 · 주택 재정비 등 도시관리 기능 강화
- 2-3 편리하고 쾌적한 친환경 도시 조성

3 건설산업 미래변화 선도
- 3-1 국민이 체감하는 고품질 주택건설 기술 선도
- 3-2 품질과 안전 중심의 건설관리 강화
- 3-3 공정한 건설환경 조성 및 민간성장 지원

4 지속가능경영 기반 확립
- 4-1 국민중심 경영체계 및 소통강화로 기관 신뢰 회복
- 4-2 디지털 기반 대국민서비스 질 제고
- 4-3 조직역량 제고 및 재무개선으로 경영효율성 강화

신입사원 채용 안내 INFORMATION

◇ 지원자격(공통)

❶ 성별 · 신체조건 · 학력 · 어학 등 : 제한 없음

❷ 자격증 등 : 지원직무별 지원자격에 해당하는 자격증 등 보유자

　※ 보훈 · 장애인 전형 지원자의 경우에도 본인이 선택한 모집직무의 지원자격을 보유해야 함

❸ 병역 : 남자의 경우 병역필 또는 면제자

　※ 단, 임용일 전까지 전역예정자로서 모든 전형 절차에 응시 가능하고 임용일 출근이 가능한 자는 지원 가능

❹ 기타

- 공사 직원채용 결격사유에 해당되지 않는 자
- 임용일부터 전일근무가 가능하고 기간 중 2주 내외의 합숙교육이 가능한 자

◇ 필기전형

구분	직렬	평가항목
NCS 직업기초능력평가	전 직렬 공통	의사소통능력, 문제해결능력

◇ 사전 온라인 검사

구분	대상	평가항목
AI면접, 온라인 인성검사	필기전형 합격자	태도, 직업윤리 등 인성 전반

◇ 면접전형

구분	면접방식	평가항목
종합 심층면접	대면면접(다대다 방식) 자기소개서, 사전 온라인 검사 결과지 등 활용	직무수행에 필요한 기초역량 및 인성(인터뷰 형식)

❖ 위 채용 안내는 2024년 채용공고를 기준으로 작성하였으므로 세부사항은 확정된 채용공고를 확인하기 바랍니다.

2024년 기출분석 ANALYSIS

총평

2024년 LH 한국토지주택공사(업무직)의 필기전형은 전형적인 PSAT형으로서, 난이도가 평이했다는 후기가 대다수였다. 시험시간을 50분에서 60분으로 늘린 것도 체감 난이도에 영향을 끼친 것으로 보인다. 의사소통능력은 제시문의 길이가 길고, 공사가 펼치는 사업이나 관련 법령을 다루는 지문이 많았다. 또한 복잡한 추리 과정보다는 제시문의 내용과의 일치 또는 불일치를 묻는 수준의 문항이 많았다. 문제해결능력은 복잡한 계산 문제보다는 제시된 도표의 정보를 해석해 일치 여부를 판단하는 문제가 다수 출제되었으며, 이외에도 프린트 소요 시간, 조직도 해석, 성과금, 연차수당, 주문할 물품 개수 문제 등이 출제되었다. 따라서 먼저 문제부터 차분하게 읽고 시간 안배를 잘하는 게 합격의 당락을 갈랐을 것이다.

◇ 영역별 출제 비중

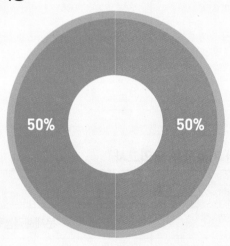

50%   50%

■ 의사소통능력
■ 문제해결능력

구분	출제 특징	출제 키워드
의사소통능력	• 지문이 길었고, 토지 · 주택 등 공사 관련 지문이 다수였음 • 지문 1개당 2~3문제를 푸는 세트 문제가 다수였음 • 제목 찾기, 문단 순서, 내용 일치 문제가 출제됨 • 결재받아야 할 상사를 고르는 문제가 출제됨 • 내용 흐름과 어울리지 않아 삭제할 내용의 선택지 고르는 문제가 출제됨	• 청년 · 신혼부부 임대주택 • 스마트시티 • 도시재생사업 • 집단에너지사업 • 주택임대차보호법 • 도시정비법
문제해결능력	• 지문의 길이가 길었고, 자원관리능력과 결합한 듯한 자료 해석 문제가 다수 출제됨 • 점수표에 따라 업체를 선정하는 문제가 출제됨 • A~D프린터로 출력에 소요되는 시간을 계산하는 문제가 출제됨	• 잔여 연차 개수 및 연차수당 • 물품(소모품) 주문 개수 • 프린터 출력 시간

학습플랜 STUDY PLAN

1일 차 학습플랜 — 1일 차 기출응용 모의고사

_____월 _____일

의사소통능력	문제해결능력

2일 차 학습플랜 — 2일 차 기출응용 모의고사

_____월 _____일

의사소통능력	문제해결능력

3일 차 학습플랜 3일 차 기출응용 모의고사

_____월 _____일

의사소통능력	문제해결능력

4일 차 학습플랜 4일 차 기출응용 모의고사

_____월 _____일

의사소통능력	문제해결능력

취약영역 분석 WEAK POINT

1일 차 취약영역 분석

시작 시간	:	종료 시간	:
풀이 개수	개	못 푼 개수	개
맞힌 개수	개	틀린 개수	개
취약영역 / 유형			
2일 차 대비 개선점			

2일 차 취약영역 분석

시작 시간	:	종료 시간	:
풀이 개수	개	못 푼 개수	개
맞힌 개수	개	틀린 개수	개
취약영역 / 유형			
3일 차 대비 개선점			

3일 차 취약영역 분석

시작 시간	:	종료 시간	:
풀이 개수	개	못 푼 개수	개
맞힌 개수	개	틀린 개수	개
취약영역 / 유형			
4일 차 대비 개선점			

4일 차 취약영역 분석

시작 시간	:	종료 시간	:
풀이 개수	개	못 푼 개수	개
맞힌 개수	개	틀린 개수	개
취약영역 / 유형			
시험일 대비 개선점			

이 책의 차례 CONTENTS

1일 차
기출응용 모의고사

〈문항 및 시험시간〉

평가영역	문항 수	시험시간	모바일 OMR 답안분석
의사소통능력＋문제해결능력	50문항	60분	

1일 차 기출응용 모의고사

문항 수 : 50문항
시험시간 : 60분

01 다음 글의 내용으로 가장 적절한 것은?

> 우리는 '재활용'이라고 하면 생활 속에서 자주 접하는 종이, 플라스틱, 유리 등을 다시 활용하는 것만을 생각한다. 하지만 에너지도 재활용이 가능하다고 한다.
>
> 에너지는 우리가 인지하지 못하는 일상생활 속 움직임을 통해 매 순간 만들어지고 사라진다. 문제는 이렇게 생산되고 사라지는 에너지의 양이 적지 않다는 것이다. 이처럼 버려지는 에너지를 수집해 우리가 사용할 수 있도록 하는 기술이 에너지 하베스팅이다.
>
> 에너지 하베스팅은 열, 빛, 운동, 바람, 진동, 전자기 등 주변에서 버려지는 에너지를 모아 전기를 얻는 기술을 의미한다. 이처럼 우리 주위 자연에 존재하는 청정 에너지를 반영구적으로 사용하기 때문에 공급의 안정성·보안성 및 지속 가능성이 높고, 이산화탄소를 배출하는 화석연료를 사용하지 않기 때문에 환경 공해를 줄일 수 있어 친환경 에너지 활용 기술로도 각광받고 있다.
>
> 이처럼 에너지원의 종류가 많은 만큼 에너지 하베스팅의 유형도 매우 다양하다. 체온·정전기 등 신체의 움직임을 이용하는 신체 에너지 하베스팅, 태양광을 이용하는 광 에너지 하베스팅, 진동이나 압력을 가해 이용하는 진동 에너지 하베스팅, 산업 현장에서 발생하는 수많은 폐열을 이용하는 열 에너지 하베스팅, 방송 전파나 휴대전화 전파 등의 전자파 에너지를 이용하는 전자파 에너지 하베스팅 등이 폭넓게 개발되고 있다.
>
> 영국의 어느 에너지 기업은 사람의 운동 에너지를 전기 에너지로 바꾸는 기술을 개발했다. 사람이 많이 다니는 인도 위에 버튼식 패드를 설치해 사람이 밟을 때마다 전기가 생산되도록 하는 것이다. 이 장치는 2012년 런던올림픽에서 테스트를 한 이후 영국의 12개 학교 및 미국 뉴욕의 일부 학교에서 설치하여 활용 중이다.
>
> 이처럼 전 세계적으로 화석연료에서 신재생 에너지로 전환하려는 노력이 계속되고 있는 만큼 에너지 전환 기술인 에너지 하베스팅에 대한 관심은 계속될 것이며, 다양한 분야에 적용될 것으로 예상되고 있다.

① 재활용은 유체물만 가능하다.
② 태양광과 폐열은 같은 에너지원에 속한다.
③ 에너지 하베스팅은 버려진 에너지를 또 다른 에너지로 만드는 것이다.
④ 에너지 하베스팅을 통해 열, 빛, 전기 등 여러 에너지를 얻을 수 있다.
⑤ 사람의 운동 에너지를 전기 에너지로 바꾸는 기술은 사람의 체온을 이용한 신체 에너지 하베스팅 기술이다.

02 다음 글의 밑줄 친 ㉠에 해당하는 사례로 적절하지 않은 것은?

> 지금까지 산업혁명들은 주로 제조업과 서비스업에서 혁신이 일어나 경제 시스템을 변화시켜 왔다. 이에 반해 4차 산업혁명은 제조와 서비스의 혁신뿐만 아니라 경제, 사회, 문화, 고용, 노동 시스템 등 인류의 삶의 전반에 걸친 ㉠ 변혁을 초래할 것이다.
>
> 4차 산업혁명은 삶과 일하는 방식에 어떠한 변화를 줄 것인가. 무엇보다 4차 산업혁명 시대에는 인류의 삶의 편의성이 더욱 향상될 것이라는 전망이다. 우선 의료 분야에서 빅데이터 활용과 인공지능의 분석력, 예측력이 높아지면서 질병 진단 및 치료 정확도를 향상시켜 궁극적으로 의료 비용 절감과 의료 품질 및 의료 접근성 향상 등의 긍정적인 영향을 미칠 것이다. 또한 고도화된 언어 인지와 자동 번역 기술의 발달로 국내외 서비스 이용이 편리해지고, 많은 사람들이 언어 장벽으로 인해 느끼는 불편이 크게 감소할 것이다.
>
> 인류의 생활환경도 한층 안전해질 것으로 전망된다. 경계 감시, 위험 임무 수행에 무인 시스템과 로봇·드론 기술이 도입되고, 빅데이터를 통한 범죄 예측 모델이 활용됨으로써 안전한 생활을 보장하는 시스템이 확산될 것이다. 아울러 각종 센서와 사물인터넷 기술을 이용해 실시간으로 교통 정보를 획득하고, 인공지능 기술로 교통 빅데이터를 분석·예측하면 교통 정보의 실시간 공유와 교통 흐름의 지능적 제어로 교통 혼잡을 줄여 교통사고도 획기적으로 줄일 수 있을 것이다.
>
> 또한 교육 분야에서는 개인 맞춤형 서비스 제공이 늘어나 학원·과외 등 사교육 부담이 줄어들게 되고, 보다 효율적·창의적인 교육 환경이 구축될 것이다. 최근 들어 점차 증가하는 복지 수요에 대한 효율적 대응도 가능해질 것이다. 노인·장애인·아동 등 취약계층과 저숙련·저임금 노동자 등의 빈곤계층에 대한 복지 사각지대의 예측을 강화해 복지 행정을 내실화하고, 복지 예산의 효율적 지출을 가능하게 한다.

① 해외여행을 떠난 A는 인공지능이 탑재된 번역 애플리케이션을 통해 현지인과 자유롭게 의사소통을 한다.

② B국에서는 신종 바이러스로 인해 감염증이 확산되자 사람과의 직접적인 접촉을 피하기 위해 체온을 측정하는 무인 로봇을 도입하였다.

③ C사가 개발한 전자 알약은 내장된 인공지능 칩을 통해 환자의 복약 순응도를 객관적으로 추적할 수 있다.

④ D사는 인공지능 기술로 교통 빅데이터를 분석하여 설 연휴 귀성·귀경길 교통 상황을 예측하고, 최적의 교통 정보를 제공하였다.

⑤ 공부방을 운영 중인 E씨는 다양한 연령대의 아동들을 혼합반으로 구성하여 관찰과 모방의 효율적 교육 경험을 제공한다.

03 다음 글의 빈칸에 들어갈 문장을 〈보기〉에서 찾아 순서대로 바르게 나열한 것은?

요즘에는 낯선 곳을 찾아갈 때 지도를 해석하며 어렵게 길을 찾지 않아도 된다. 이는 기술력의 발달에 따라 제공되는 공간 정보를 바탕으로 최적의 경로를 탐색할 수 있게 되었기 때문이다. _____ 이처럼 공간 정보가 시간에 따른 변화를 반영할 수 있게 된 것은 정보를 수집하고 분석하는 정보 통신 기술의 발전과 밀접한 관련이 있다.

공간 정보의 활용은 '위치 정보 시스템(GPS)'과 '지리 정보 시스템(GIS)' 등의 기술적 발전과 휴대전화나 태블릿 PC 등 정보 통신 기기의 보급을 기반으로 한다. 위치 정보 시스템은 공간에 대한 정보를 수집하고, 지리 정보 시스템은 정보를 저장·분류·분석한다. 이렇게 분석된 정보는 사용자의 요구에 따라 휴대전화나 태블릿 PC 등을 통해 최적화되어 전달된다.

길 찾기를 예로 들어 이 과정을 살펴보자. 휴대전화 애플리케이션을 이용해 사용자가 가려는 목적지를 입력하고 이동 수단으로 버스를 선택하였다면, 우선 사용자의 현재 위치가 위치 정보 시스템에 의해 실시간으로 수집된다. 그리고 목적지와 이동 수단 등 사용자의 요구와 실시간으로 수집된 정보에 따라 지리 정보 시스템은 탑승할 버스 정류장의 위치, 다양한 버스 노선, 최단 시간 등을 분석하여 제공한다. _____ _____ 예를 들어 여행지와 관련한 공간 정보는 여행자의 요구와 선호에 따라 선별적으로 분석되어 활용된다. 나아가 유동 인구를 고려한 상권 분석과 교통의 흐름을 고려한 도시 계획 수립에도 공간 정보 활용이 가능하게 되었다. 획기적으로 발전되고 있는 첨단 기술이 적용된 공간 정보가 국가 차원의 자연재해 예측 시스템에도 활발히 활용된다면 한층 정밀한 재해 예방 및 대비가 가능해질 것이다. 이로 인해 우리의 삶도 더 편리하고 안전해질 것으로 기대된다.

─〈보기〉─

⊙ 어떤 곳의 위치 좌표나 지리적 형상에 대한 정보뿐만 아니라 시간에 따른 공간의 변화를 포함한 공간 정보를 이용할 수 있게 되면서 가능해진 것이다.
ⓒ 더 나아가 교통 정체와 같은 돌발 상황과 목적지에 이르는 경로의 주변 정보까지 분석하여 제공한다.
ⓒ 공간 정보의 활용 범위는 계속 확대되고 있다.

① ⊙, ⓒ, ⓒ
② ⊙, ⓒ, ⓒ
③ ⓒ, ⊙, ⓒ
④ ⓒ, ⓒ, ⊙
⑤ ⓒ, ⊙, ⓒ

04 다음 글의 주제로 가장 적절한 것은?

최근에 사이버 공동체를 중심으로 한 시민의 자발적 정치 참여 현상이 많은 관심을 끌고 있다. 이러한 현상과 관련하여 A의 연구가 새삼 주목받고 있다. A의 연구에 따르면 공동체의 구성원이 됨으로써 얻게 되는 '사회적 자본'이 시민사회의 성숙과 민주주의 발전을 가져오는 원동력이다. A의 이론에서는 공동체에 대한 자발적 참여를 통해 사회 구성원 간의 상호 의무감과 신뢰, 구성원들이 공유하는 규칙과 관행, 사회적 유대 관계와 같은 사회적 자본이 늘어나면 사회 구성원 간의 협조적인 행위가 가능하게 된다고 보았다. 더 나아가 A는 자원봉사자와 같이 공동체 참여도가 높은 사람이 투표할 가능성이 높고 정부 정책에 대한 의견 개진도 활발해지는 등 정치 참여도가 높아진다고 주장하였다.

몇몇 학자들은 A의 이론을 적용하여 면대면(面對面) 접촉에 따른 인간관계의 산물인 사회적 자본이 사이버 공동체에서도 충분히 형성될 수 있다고 보았다. 그리고 사이버 공동체에서 사회적 자본의 증가가 정치 참여 또한 활성화시킬 것으로 기대했다. 하지만 이러한 기대와 달리 정치 참여는 활성화되지 않았다. 요즘 젊은이들을 보면 각종 사이버 공동체에 자발적으로 참여하는 수준은 높지만, 투표나 다른 정치 활동에는 무관심하거나 심지어 정치를 혐오하기도 한다. 이러한 측면에서 A의 주장은 사이버 공동체가 활성화된 오늘날에는 잘 맞지 않는다.

이러한 이유 때문에 오늘날 사이버 공동체를 중심으로 한 정치 참여를 더 잘 이해하기 위해서 '정치적 자본' 개념의 도입이 필요하다. 정치적 자본은 사회적 자본의 구성 요소와는 달리 정치 정보의 습득과 이용, 정치적 토론과 대화, 정치적 효능감 등으로 구성된다. 정치적 자본은 사회적 자본과 마찬가지로 공동체 참여를 통해서 획득되지만, 정치 과정에의 관여를 촉진한다는 점에서 사회적 자본과는 구분될 필요가 있다. 사회적 자본만으로는 정치 참여를 기대하기 어렵고, 사회적 자본과 정치 참여 사이를 정치적 자본이 매개할 때 비로소 정치 참여가 활성화된다.

① 사이버 공동체에의 자발적 참여 증가는 정치 참여를 활성화시킨다.
② 사이버 공동체의 특수성으로 인해 시민들의 정치 참여가 어렵게 되었다.
③ 사회적 자본이 많은 사회는 정치 참여가 활발하기 때문에 민주주의가 실현된다.
④ 사회적 자본은 정치적 자본을 포함하기 때문에 그 자체로 정치 참여의 활성화를 가져온다.
⑤ 사이버 공동체를 통해 축적된 사회적 자본에 정치적 자본이 더해질 때 정치 참여가 활성화된다.

05 다음 문단을 논리적 순서대로 바르게 나열한 것은?

> (가) 환경부 국장은 "급식 인원이 하루 50만 명에 이르는 L놀이공원이 음식 문화 개선에 앞장서는 것은 큰 의미가 있다."라면서 "이번 협약을 계기로 대기업 중심의 범국민적인 음식 문화 개선 운동이 빠르게 확산될 것으로 기대한다."라고 말했다.
>
> (나) L놀이공원은 하루 평균 15,000여 톤에 이르는 과도한 음식물 쓰레기 발생으로 연간 20조 원의 경제적인 낭비가 초래되고 있는 심각성을 인지하고, 환경부와 상호 협력하여 음식물 쓰레기를 줄이기 위한 방안을 적극 추진하기로 했다.
>
> (다) 이날 체결한 협약에 따라 L놀이공원에서 운영하는 전국 500여 곳의 단체급식 사업장과 외식 사업장에서는 구매·조리·배식 등 단계별로 음식물 쓰레기 줄이기 활동을 전개하고, 사업장별 특성에 맞는 감량 활동 및 다양한 홍보 캠페인을 실시하며, 인센티브를 제공함으로써 이용 고객들의 적극적인 참여를 유도할 계획이다.
>
> (라) 이에 환경부 국장과 L놀이공원 사업부장은 지난 26일, 환경부, 환경연구소 및 L놀이공원 관계자 등이 참석한 가운데 음식 문화 개선 대책에 관한 자발적 협약을 체결하였다.

① (나) – (라) – (가) – (다)
② (나) – (라) – (다) – (가)
③ (라) – (나) – (다) – (가)
④ (라) – (다) – (가) – (나)
⑤ (라) – (다) – (나) – (가)

다음 글의 주장에 대한 반박으로 가장 적절한 것은?

> 1880년 조지 풀맨은 미국 일리노이 주(州)에 풀맨 마을을 건설하였다. 이 마을은 그가 경영하는 풀맨 공장 노동자들을 위해 기획한 공동체이다. 이 마을의 소유자이자 경영자인 풀맨은 마을의 교회 수 및 주류 판매 여부 등을 결정했다. 1898년 일리노이 최고법원은 이런 방식의 마을 경영이 민주주의 정신과 제도에 맞지 않는다고 판결하고, 풀맨에게 공장 경영과 직접 관련되지 않은 정치적 권한을 포기할 것을 명령하였다. 이 판결이 보여주는 것은 민주주의 사회에서 소유권을 인정하는 것이 자동적으로 정치적 권력에 대한 인정을 함축하지 않는다는 점이다. 즉, 풀맨이 자신의 마을에서 모든 집과 가게를 소유하는 것은 적법하지만, 그가 노동자들의 삶을 통제하며 그 마을에서 민주적 자치의 방법을 배제했기 때문에 결과적으로 민주주의 정신을 위배했다는 것이다.
>
> 이 결정은 분명히 미국 민주주의 정신에 부합한다. 하지만 문제는 미국이 이와 비슷한 다른 사안에는 동일한 민주주의 정신을 적용하지 않았다는 것이다. 미국은 누군가의 소유물인 마을에서 노동자들이 민주적 결정을 하지 못하게 하는 소유자의 권력을 제지한 반면, 누군가의 소유물인 공장에서 노동자들이 민주적 의사결정을 도입하고자 하는 것에는 반대했다. 만약 미국의 민주주의 정신에 따라 마을에서 재산 소유권과 정치적 권력을 분리하라고 명령할 수 있다면, 공장 내에서도 재산 소유권과 정치적 권력은 분리되어야 한다고 명령할 수 있어야 한다. 공장 소유주의 명령이 공장 내에서 절대적 정치권력이 되어서는 안 된다는 것이다. 하지만 미국은 공장 내에서 소유주의 명령이 공장 운영에 대한 노동자의 민주적 결정을 압도하는 것을 묵인한다. 공장에서도 민주적 원리가 적용되어야만 미국의 민주주의가 일관성을 가진다.

① 미국의 경우 마을 운영과 달리 공장 운영에 관한 법적 판단은 주 법원이 아니라 연방 법원에서 다루어야 한다.

② 대부분의 미국 자본가들은 풀맨 마을과 같은 마을을 경영하지 않으므로 미국의 민주적 가치를 훼손하지 않는다.

③ 미국이 내세우는 민주적 가치는 모든 시민이 자신의 거주지 안에서 자유롭게 살 수 있는 권리를 가장 우선시한다.

④ 마을 운영이 정치적 문제에 속하는 것과 달리 공장 운영은 경제적 문제에 속하므로 전적으로 소유주의 권한에 속한다.

⑤ 공장에서 이루어지고 있는 소유와 경영의 분리는 공장뿐만 아니라 마을 공동체 등 사회의 다른 영역에도 적용되어야 한다.

07 다음 글에서 밑줄 친 ㉠에 대한 글쓴이의 주장으로 가장 적절한 것은?

> 인공지능을 면접에 활용하는 것은 바람직하지 않다. 인공지능 앞에서 면접을 보느라 진땀을 흘리는 인간의 모습을 생각하면 너무 안타깝다. 사람들은 미래에는 인공지능이 인간의 고유한 영역까지 대신할 것이라고 말하는데, ㉠ 인공지능이 인간을 대신할 수 있을까? 인간과 인공지능의 관계는 어떠해야 할까?
>
> 인공지능은 인간의 삶을 편리하게 돕는 도구일 뿐이다. 인간이 만든 도구인 인공지능이 인간을 평가할 수 있는지에 대해 생각해 볼 필요가 있다. 도구일 뿐인 기계가 인간을 평가하는 것은 정당하지 않다. 인간이 개발한 인공지능이 인간을 판단한다면 주체와 객체가 뒤바뀌는 객반위주(客反爲主)의 상황이 발생할 것이다. 인공지능이 발전하더라도 인간과 같은 사고는 불가능하다. 인공지능은 겉으로 드러난 인간의 말과 행동을 분석하지만, 인간은 말과 행동 이면의 의미까지 고려하여 사고한다. 인공지능은 빅데이터를 바탕으로 결과를 도출해 내는 기계에 불과하므로 통계적 분석을 할 뿐 타당한 판단을 할 수 없다. 기계가 타당한 판단을 할 것이라는 막연한 기대를 한다면 머지않아 인간이 기계에 예속되는 상황이 벌어질지도 모른다.
>
> 또한 인공지능은 사회적 관계를 맺을 수 없다. 반면 인간은 사회에서 의사소통을 통해 관계를 형성한다. 이 과정에서 축적된 인간의 경험이 바탕이 되어야 타인의 잠재력을 발견할 수 있다.

① 인공지능은 인간을 대신하여 인간의 말과 행동을 분석하고, 통계적 분석을 바탕으로 판단을 내린다. 즉, 인공지능이 인간의 대리인 역할을 수행한다.

② 인공지능은 인간을 대체할 수 없다. 인간의 삶을 결정하는 주체는 인간이고, 인공지능은 인간이 이용하는 객체일 뿐이다.

③ 현재의 인공지능은 인간을 대체할 수 없다. 그러나 기술이 계속 발전한다면 미래의 인공지능은 인간과 같은 사고를 하게 될 것이다.

④ 인공지능이 인간을 대신한다는 것은 어불성설(語不成說)이다. 인간과의 사회적 의사소통을 통해 경험을 충분히 쌓은 뒤에야 인간과 대등한 관계를 맺을 수 있다.

⑤ 인공지능은 인간을 온전히 대신할 수 없다. 다만, 인공지능은 인간의 부족한 부분을 채워주며 인간과 상호 보완의 관계를 갖는다.

08 다음 글의 내용으로 가장 적절한 것은?

OECD에 따르면 평균 수면 시간이 프랑스는 8시간 50분, 미국은 8시간 38분, 영국은 8시간 13분이며, 우리 나라는 7시간 49분으로 OECD 회원국 중 한국인의 수면 시간이 가장 적다. 사회 특성상 다른 국가에 비해 근무 시간이 많아 수면 시간이 짧은 것도 문제지만, 수면의 질 또한 낮아지고 있어 문제가 심각하다.

우리나라는 수면 장애 환자가 급격히 증가하는 추세이다. 정부의 조사에 따르면 수면 장애로 병원을 찾은 환자는 2019년 46만 1,000명에서 2024년 72만 1,000명으로 5년 새 56% 이상 급증했다. 당시 병원을 찾은 사람이 70만 명을 넘었다면, 현재 수면 장애로 고통받는 사람은 더 많을 것으로 추산된다.

수면 장애는 단순히 잠을 이루지 못하는 불면증뿐 아니라 충분한 수면을 취했음에도 낮 동안 각성을 유지하 지 못하는 기면증(과다수면증), 잠들 무렵이면 다리가 쑤시거나 저리는 증상, 코골이와 동반되어 수면 중에 호흡이 멈춰 숙면을 취하지 못하는 수면무호흡증 등 수면의 양과 질 저하로 생긴 다양한 증상을 모두 포괄한 다. 수면 장애는 학습 장애, 능률 저하는 물론이고 교통사고 등 안전사고, 정서 장애, 사회 적응 장애의 원인 이 될 수 있다. 방치하게 되면 지병이 악화되고 심근경색증, 뇌졸중 등 심각한 병을 초래하기도 한다.

수면 장애 환자는 여성이 42만 7,000명으로 남성(29만 4,000명)보다 1.45배 정도 더 많다. 여성은 임신과 출산, 폐경과 함께 찾아오는 갱년기 등 생체 주기에 따른 영향으로 전 연령에서 수면 장애가 보다 빈번하게 나타나는 경향을 보이는 것으로 보고된다. 특히 폐경이 되면 여성호르몬인 에스트로겐이 줄어들면서 수면과 관련이 있는 아세틸콜린 신경 전달 물질의 분비 역시 저하되어 체내 시계가 혼란스러움을 느끼게 돼 밤에 잘 잠들지 못하거나 자주 깨며 새벽에 일찍 일어나는 등 여러 형태의 불면증이 동반된다.

또한 연령별로는 40 ~ 50대 중·장년층이 36.6%로 가장 큰 비중을 차지했고, 이에 비해 20 ~ 30대는 17.3%로 나타났다. 흔히 나이가 들면 생체시계에 변화가 생겨 깊은 잠은 비교적 줄어들고 꿈 수면이 나타나 는 시간이 빨라지게 돼 상대적으로 얕은 수면과 꿈 수면이 많아지게 된다.

① 한국인의 수면 시간은 근무 시간보다 짧다.
② 수면 장애 환자는 20 ~ 30대에 가장 많다.
③ 수면 장애 환자는 여성보다 남성이 더 많다.
④ 한국인의 수면의 질이 낮아지고 있다.
⑤ 여성의 경우 에스트로겐의 증가가 불면증에 영향을 미친다.

09 다음 글의 내용으로 적절하지 않은 것은?

현재 전해지는 조선 시대의 목가구는 대부분 조선 후기의 것들이다. 이는 단단한 소나무·느티나무·은행나무 등의 곧은결을 기둥이나 쇠목으로 이용하고, 오동나무·느티나무·먹감나무 등의 늘결을 판재로 사용하여 자연스런 나뭇결의 재질을 살렸다. 또한 대나무 혹은 엇갈리거나 소용돌이 무늬를 이룬 뿌리 부근의 목재 등을 활용하여 자연스러운 장식이 되도록 하였다.

조선 시대의 목가구는 대부분 한옥의 온돌에서 사용되었기에 온도와 습도 변화에 따른 변형을 최대한 방지할 수 있는 방법이 필요하였다. 그래서 단단하고 가느다란 기둥재로 면을 나누고, 기둥재에 홈을 파서 판재를 끼워 넣는 특수한 짜임과 이음의 방법을 사용하였으며, 꼭 필요한 부위에만 접착제와 대나무 못을 사용하여 목재가 수축·팽창하더라도 뒤틀림과 휘어짐이 최소화될 수 있도록 하였다. 조선 시대 목가구의 대표적 특징으로 언급되는 '간결한 선'과 '명확한 면 분할'은 이러한 짜임과 이음의 방법에 기초한 것이다. 짜임과 이음은 조선 시대 목가구 제작에 필수적인 방법으로, 겉으로 드러나는 아름다움은 물론 보이지 않는 내부의 구조까지 고려한 격조 높은 기법이었다.

한편, 물건을 편리하게 사용할 수 있게 해주며, 목재의 결합 부위나 모서리에 힘을 보강하는 금속 장석은 장식의 역할도 했지만 기능상 반드시 필요하거나 나무의 질감을 강조하려는 의도에서 사용되어, 조선 시대 목가구의 절제되고 간결한 특징을 잘 살리고 있다.

① 조선 시대 목가구는 온도와 습도 변화에 따른 변형을 방지할 방법이 필요했다.
② 금속 장석은 장식의 역할도 했지만, 기능상 필요에 의해서도 사용되었다.
③ 나무의 곧은결을 기둥이나 쇠목으로 이용하고, 늘결을 판재로 사용하였다.
④ 접착제와 대나무 못을 사용하면 목재의 수축과 팽창이 발생하지 않게 된다.
⑤ 목재의 결합 부위나 모서리에 힘을 보강하기 위해 금속 장석을 사용하였다.

10 다음 글의 주제로 가장 적절한 것은?

우리 사회는 타의 추종을 불허할 정도로 빠르게 변화하고 있다. 가족 정책도 4인 가족 중심에서 1 ~ 2인 가구 중심으로 변해야 하며, 청년 실업률과 비정규직화, 독거노인의 증가를 더 이상 개인의 문제가 아닌 사회문제로 다뤄야 하는 시기이다. 여러 유형의 가구와 생애주기 변화, 다양해지는 수요에 맞춘 공동체 주택이야말로 최고의 주거복지 사업이다. 공동체 주택은 공동의 목표와 가치를 가진 사람들이 커뮤니티를 이뤄 사회문제에 공동으로 대처해 나가도록 돕고, 나아가 지역사회와도 연결시키는 작업을 진행하고 있다.

임대료 부담으로 작품 활동이나 생계에 어려움을 겪는 예술인을 위한 공동주택, 1인 창업과 취업을 위해 골몰하는 청년을 위한 주택, 지속적인 의료 서비스가 필요한 환자나 고령자를 위한 의료안심주택은 모두 시민의 삶의 질을 높이고 선별적 복지가 아닌 복지사회를 이루기 위한 노력의 일환이다. 혼자가 아닌 '함께 가는' 길에 더 나은 삶이 있기 때문에 오늘도 수요자 맞춤형 공공주택은 수요자에 맞게 진화하고 있다.

① 주거난에 대비하는 주거복지 정책   ② 4차 산업혁명과 주거복지
③ 선별적 복지 정책의 긍정적 결과   ④ 수요자 중심의 대출 규제 완화
⑤ 다양성을 수용하는 주거복지 정책

11 다음 문단을 논리적 순서대로 바르게 나열한 것은?

(가) 동아시아의 문명 형성에 가장 큰 영향력을 끼친 책을 꼽을 때, 그중에 『논어』가 빠질 수 없다. 『논어』는 공자(기원전 551 ~ 479)가 제자와 정치인 등을 만나서 나눈 이야기를 담고 있다. 공자의 활동 기간으로 따져보면 『논어』는 지금으로부터 대략 2,500년 전에 쓰인 것이다. 지금의 우리는 한나절에 지구 반대편으로 날아다니고, 여름에 겨울 과일을 먹는 그야말로 공자는 상상할 수도 없는 세상에 살고 있다.

(나) 2,500년 전의 공자와 그가 대화한 사람 역시 우리와 마찬가지로 '호모 사피엔스'이기 때문이다. 2,500년 전의 사람도 배고프면 먹고, 졸리면 자고, 좋은 일이 있으면 기뻐하고, 나쁜 일이 있으면 화를 내는 오늘날의 사람과 다름없었다. 불의를 보면 공분하고, 전쟁보다 평화가 지속되기를 바라고, 예술을 보고 들으며 즐거워했는데, 오늘날의 사람도 마찬가지이다.

(다) 물론 2,500년의 시간으로 인해 달라진 점도 많고 시대와 문화에 따라 '사람다움이 무엇인가?'에 대한 답은 다를 수 있지만, 사람은 돌도 아니고 개도 아니고 사자도 아니라 여전히 사람일 뿐인 것이다. 즉, 현재의 인간이 과거보다 자연의 힘에 두려워하지 않고 자연을 합리적으로 설명할 수는 있지만, 인간적 약점을 극복하고 신적인 존재가 될 수는 없는 그저 인간일 뿐인 것이다.

(라) 『논어』의 일부는 여성과 아동, 이민족에 대한 당시의 편견을 드러내고 있어 이처럼 달라진 시대의 흐름에 따라 폐기될 수밖에 없지만, 이를 제외한 부분은 '오래된 미래'로서 읽을 가치가 있는 것이다.

(마) 이론의 생명 주기가 짧은 학문의 경우, 2,500년 전의 책은 역사적 가치가 있을지언정 이론으로서는 폐기 처분이 당연시된다. 그런데 왜 21세기의 우리가 2,500년 전의 『논어』를 지금까지도 읽고, 또 읽어야 할 책으로 간주하고 있는 것일까?

① (가) – (마) – (나) – (다) – (라)
② (가) – (마) – (나) – (라) – (다)
③ (가) – (마) – (다) – (나) – (라)
④ (나) – (다) – (가) – (마) – (라)
⑤ (마) – (가) – (나) – (다) – (라)

12 다음 글의 빈칸에 들어갈 내용으로 가장 적절한 것은?

경제·시사 분야에서 빈번하게 등장하는 단어인 탄소배출권(CER; Certified Emission Reduction)의 개념을 이해하기 위해서는 교토메커니즘(Kyoto Mechanism)과 탄소배출권거래제(Emission Trading)를 알아둘 필요가 있다.

교토메커니즘은 지구 온난화의 규제 및 방지를 위한 국제 협약인 기후변화협약의 수정안인 교토 의정서에서, 온실가스를 보다 효과적이고 경제적으로 줄이기 위해 도입한 세 유연성 체제인 '공동이행제도', '청정개발체제', '탄소배출권거래제'를 묶어 부르는 것이다.

이 중 탄소배출권거래제는 교토의정서 6대 온실가스인 이산화탄소·메테인·아산화질소·과불화탄소·수소불화탄소·육불화황의 배출량을 줄여야 하는 감축의무국가가 의무감축량을 초과 달성하였을 경우에 그 초과분을 다른 국가와 거래할 수 있는 제도로, _____

결국 탄소배출권이란 현금화가 가능한 일종의 자산이자 가시적인 자연보호 성과인 셈이며, 이에 따라 많은 국가 및 기업에서 탄소배출을 줄임과 동시에 탄소감축 활동을 통해 탄소배출권을 획득하기 위해 동분서주하고 있다. 특히 기업들은 탄소배출권을 확보하는 주요 수단인 청정개발체제 사업을 확대하는 추세인데, 청정개발체제 사업은 개발도상국에 기술과 자본을 투자해 탄소배출량을 줄였을 경우에 이를 탄소배출량 감축목표 달성에 활용할 수 있도록 한 제도이다.

① 다른 국가를 도왔을 때 그로 인해 줄어든 탄소배출량을 감축목표량에 더할 수 있는 것이 특징이다.

② 교토메커니즘의 세 유연성 체제 중에서도 가장 핵심이 되는 제도라고 할 수 있다.

③ 6대 온실가스 중에서도 특히 이산화탄소를 줄이기 위해 만들어진 제도이다.

④ 의무감축량을 준수하지 못한 경우에도 다른 국가로부터 감축량을 구입할 수 있는 것이 특징이다.

⑤ 다른 감축의무국가를 도움으로써 획득한 탄소배출권이 사용되는 배경이 되는 제도이다.

13 다음 중 밑줄 친 ㉠의 주장으로 가장 적절한 것은?

> 문화가 발전하려면 저작자의 권리 보호와 저작물의 공정 이용이 균형을 이루어야 한다. 저작물의 공정 이용이란 저작권자의 권리를 일부 제한하여 저작권자의 허락이 없어도 저작물을 자유롭게 이용하는 것을 말한다. 비영리적인 사적 복제를 허용하는 것이 그 예이다. 우리나라의 저작권법에서는 오래전부터 공정 이용으로 볼 수 있는 저작권 제한 규정을 두었다.
>
> 그런데 디지털 환경에서 저작물의 공정 이용은 여러 장애에 부딪혔다. 디지털 환경에서는 저작물을 원본과 동일하게 복제할 수 있고 용이하게 개작할 수 있다. 따라서 저작물이 개작되더라도 그것이 원래 창작물인지 이차적 저작물인지 알기 어렵다. 그 결과 디지털화된 저작물의 이용 행위가 공정 이용의 범주에 드는 것인지 가늠하기가 더 어려워졌고 그에 따른 처벌 위험도 커졌다.
>
> 이러한 문제를 해소하기 위한 시도의 하나로 포괄적으로 적용할 수 있는 '저작물의 공정한 이용' 규정이 저작권법에 별도로 신설되었다. 그리하여 저작권자의 동의가 없어도 저작물을 공정하게 이용할 수 있는 영역이 확장되었다. 그러나 공정 이용 여부에 대한 시비가 자율적으로 해소되지 않으면 예나 지금이나 법적인 절차를 밟아 갈등을 해소해야 한다.
>
> 저작물 이용자들이 처벌에 대한 불안감을 여전히 느낀다는 점에서 저작물의 자유 이용 허락 제도와 같은 '저작물의 공유' 캠페인이 주목을 받고 있다. 이 캠페인은 저작권자들이 자신의 저작물에 일정한 이용 허락 조건을 표시해서 이용자들에게 무료로 개방하는 것을 말한다. 캠페인 참여자들은 저작권자와 이용자들의 자발적인 참여를 통해 자유롭게 활용할 수 있는 저작물의 양과 범위를 확대하려고 노력한다. 이들은 저작물의 공유가 확산되면 디지털 저작물의 이용이 활성화되고 그 결과 인터넷이 더욱 창의적이고 풍성한 정보 교류의 장이 될 것이라고 본다. 그러나 캠페인에 참여한 저작물을 이용할 때 허용된 범위를 벗어난 경우 법적 책임을 질 수 있다.
>
> 한편, ㉠다른 시각을 가진 사람들도 있다. 이들은 저작물의 공유 캠페인이 확산되면 저작물을 창조하려는 사람들의 동기가 크게 감소할 것이라고 우려한다. 이들은 결과적으로 활용 가능한 저작물이 줄어들게 되어 이용자들도 피해를 당하게 된다고 주장한다. 또 디지털 환경에서는 사용료 지불 절차 등이 간단해져서 '저작물의 공정한 이용' 규정을 별도로 신설할 필요가 없었다고 본다. 이들은 저작물의 공유 캠페인과 신설된 공정이용 규정으로 인해 저작권자들의 정당한 권리가 침해받고 있으므로 이를 시정하는 것이 오히려 공익에 더 도움이 된다고 말한다.

① 이용 허락 조건을 저작물에 표시하면 창작 활동이 더욱 활성화된다.

② 저작권자의 정당한 권리 보호를 위해 저작물의 공유 캠페인이 확산되어야 한다.

③ 비영리적인 경우 저작권자의 동의가 없어도 복제가 허용되는 영역을 확대해야 한다.

④ 저작권자가 자신들의 노력에 상응하는 대가를 정당하게 받을수록 창작 의욕이 더 커진다.

⑤ 자신의 저작물을 자유롭게 이용하도록 양보하는 것은 다른 저작권자의 저작권 개방을 유도하여 공익을 확장시킨다.

14 다음 글에 대한 반박으로 가장 적절한 것은?

인간은 사회 속에서만 자신을 더 나은 존재로 느낄 수 있기 때문에 자신을 사회화하고자 한다. 인간은 사회 속에서만 자신의 자연적 소질을 실현할 수 있는 것이다. 그러나 인간은 자신을 개별화하거나 고립시키려는 성향도 강하다. 이는 자신의 의도에 따라서만 행동하려는 반사회적인 특성을 의미한다. 그리고 저항하려는 성향이 자신뿐만 아니라 다른 사람에게도 있다는 사실을 알기 때문에, 그 자신도 곳곳에서 저항에 부딪히게 되리라 예상한다.

이러한 저항을 통하여 인간은 모든 능력을 일깨우고, 나태해지려는 성향을 극복하며, 명예욕이나 지배욕·소유욕 등에 따라 행동하게 된다. 그리하여 동시대인들 가운데에서 자신의 위치를 확보하게 된다. 이렇게 하여 인간은 야만의 상태에서 벗어나 문화를 이룩하기 위한 진정한 진보의 첫걸음을 내딛게 된다. 이때부터 모든 능력이 점차 계발되고 아름다움을 판정하는 능력도 형성된다. 나아가 자연적 소질에 의해 도덕성을 어렴풋하게 느끼기만 하던 상태에서 벗어나, 지속적인 계몽을 통하여 구체적인 실천 원리를 명료하게 인식할 수 있는 성숙한 단계로 접어든다. 그 결과 자연적인 감정을 기반으로 결합된 사회를 도덕적인 전체로 바꿀 수 있는 사유 방식이 확립된다.

인간에게 이러한 반사회성이 없다면, 인간의 모든 재능은 꽃피지 못하고 만족감과 사랑으로 가득 찬 목가적인 삶 속에서 영원히 묻혀 버리고 말 것이다. 그리고 양처럼 선량한 기질의 사람들은 가축 이상의 가치를 자신의 삶에 부여하기 힘들 것이다. 자연 상태에 머물지 않고 스스로의 목적을 성취하기 위해 자연적 소질을 계발하여 창조의 공백을 메울 때, 인간의 가치는 상승되기 때문이다.

① 사회성만으로도 충분히 목가적 삶을 영위할 수 있다.
② 반사회성만으로는 자신의 재능을 계발하기 어렵다.
③ 인간은 타인과의 갈등을 통해서도 사회성을 기를 수 있다.
④ 인간은 사회성만 가지고도 자신의 재능을 키워나갈 수 있다.
⑤ 인간의 자연적인 성질은 사회화를 방해한다.

15 다음 글의 빈칸에 들어갈 내용으로 가장 적절한 것은?

조선 시대의 금속활자는 제작 방법이나 비용의 문제로 민간에서 제작하기도 어려웠지만, 그 제작 및 소유를 금지하였다. 이 때문에 금속활자는 왕실의 위엄과 권위를 상징하는 것이었고 조선의 왕들은 금속활자 제작에 각별한 관심을 가졌다.

태종이 1403년 최초의 금속활자인 계미자(癸未字)를 주조한 것을 시작으로 조선은 왕의 주도하에 수십 차례에 걸쳐 활자를 제작하였고, 특히 정조는 금속활자 제작에 많은 공을 들였다. 세손 시절 영조에게 건의하여 임진자(壬辰字) 15만 자를 제작하였고, 즉위 후에도 정유자(丁酉字), 한구자(韓構字), 생생자(生生字) 등을 만들었으며, 이들 활자를 합하면 100만 자가 넘는다. 정조가 이렇게 많은 활자를 만들고 관리하는 데 신경을 쓴 것 역시 권위와 관련이 있다. 정조가 만든 수많은 활자 중에서도 정리자(整理字)는 이러한 측면을 가장 잘 보여주는 활자라 할 수 있다. 정리(整理)는 조선 시대에 국왕이 바깥으로 행차할 때 호조에서 국왕이 머물 행궁을 정돈하고 수리해서 새롭게 만드는 일을 의미한다.

1795년 정조는 어머니인 혜경궁 홍씨의 회갑을 기념하기 위해 대대적인 화성 행차를 계획하였다. 행사를 마친 후 행사와 관련된 여러 사항을 기록한 의궤를 『원행을묘정리의궤(園幸乙卯整理儀軌)』라 이름하였고, 이를 인쇄하기 위해 제작한 활자가 바로 정리자이다. 왕실의 행사를 기록한 의궤를 금속활자로 간행했다는 것은 그만큼 이 책을 널리 보급하겠다는 뜻이며, 왕실의 위엄을 널리 알리겠다는 것으로 받아들여진다. 이후 정리자는 『화성성역의궤(華城城役儀軌)』, 『진작의궤(進爵儀軌)』, 『진찬의궤(進饌儀軌)』의 간행에 사용되어 왕실의 위엄과 권위를 널리 알리는 효과를 발휘하였다.

정리자가 주조된 이후에도 고종 이전에는 과거 합격자를 기록한 『사마방목(司馬榜目)』을 대부분 임진자로 간행하였는데, 화성 행차가 있었던 을묘년 식년시의 방목만은 유독 정리자로 간행하였다. 이 역시 화성 행차의 의미를 부각하고자 했던 것으로 생각된다. 정조가 세상을 떠난 후 출간된 그의 문집 『홍재전서(弘齋全書)』를 정리자로 간행한 것은 아마도 이 활자가 _____

① 정조를 가장 잘 나타내기 때문이 아닐까?

② 정조가 가장 중시하고 분신처럼 여겼던 활자이기 때문이 아닐까?

③ 문집 제작에 적절한 서체였기 때문이 아닐까?

④ 문집 제작에 널리 쓰였기 때문이 아닐까?

⑤ 희귀하였기 때문이 아닐까?

16 다음 중 밑줄 친 단어와 의미가 가장 유사한 것은?

흑사병은 페스트균에 의해 발생하는 급성 열성 감염병으로, 쥐에 기생하는 벼룩에 의해 사람에게 전파된다. 중국 국가위생건강위원회의 자료에 따르면 중국에서는 최근에도 <u>간헐적</u>으로 흑사병 확진 판정이 나온 바 있다. 지난 2014년에는 중국 북서부에서 38살의 남성이 흑사병으로 목숨을 잃었으며, 2016년과 2017년에도 각각 1건씩 발병 사례가 확인됐다.

① 근근이   ② 자못
③ 이따금   ④ 빈번히
⑤ 흔히

17 다음 중 밑줄 친 ㉠ ~ ㉤에서 어법상 가장 적절한 것은?

오늘날 여성들은 지나치게 ㉠ <u>얇은</u> 허리와 팔, 다리를 선호하고 있어 과도한 다이어트가 사회적 문제로 떠오르고 있다. 심지어 온라인상에서는 특정 식품만 섭취하여 ㉡ <u>몇일</u> 만에 5kg 이상을 뺄 수 있다는 이른바 '원푸드 다이어트'가 유행하고 있으며, 몇몇 여성들은 어떤 제품이 다이어트 효과가 좋다고 소문만 나면 ㉢ <u>서슴치</u> 않고 검증되지 않은 다이어트약을 사서 복용하기도 한다. 그러나 무리한 다이어트는 영양실조 등으로 이어져 건강을 악화시키며, 오히려 요요 현상을 부추겨 이전 몸무게로 되돌아가거나 심지어 이전 몸무게보다 체중이 더 불어나게 만들기도 한다. 전문가들은 무리하게 음식 섭취를 줄이는 대신 생활 속에서 운동량을 조금씩 ㉣ <u>늘여</u> 열량을 소모할 것과, 무작정 유행하는 다이어트법을 따라할 것이 아니라 자신의 컨디션과 체질에 ㉤ <u>알맞은</u> 다이어트 방법을 찾을 것을 권하고 있다.

① ㉠   ② ㉡
③ ㉢   ④ ㉣
⑤ ㉤

18 다음 글의 제목으로 가장 적절한 것은?

20세기 한국 사회는 내부 노동시장에 의존한 평생직장 개념을 갖고 있었으나, 1997년 외환 위기 이후 인력 관리의 유연성이 향상되면서 그것은 사라지기 시작하였다. 기업은 필요한 우수 인력을 외부 노동시장에서 적기에 채용하고, 저숙련 인력은 주변화하여 비정규직을 계속 늘려간다는 전략을 구사하고 있다. 이러한 기업의 인력 관리 방식에 따라서 실업률은 계속 하락하는 동시에 주당 18시간 미만으로 일하는 불완전 취업자가 많이 증가하고 있다.

이러한 현상은 우리나라의 경제가 지식 기반 산업 위주로 점차 바뀌고 있음을 말해 준다. 지식 기반 산업이 주도하는 경제 체제에서는 고급 지식을 갖거나 숙련된 노동자는 더욱 높은 임금을 받게 된다. 다시 말해, 지식 기반 경제로의 이행은 지식 격차에 의한 소득 불평등의 심화를 의미한다. 우수한 기술과 능력을 갖춘 핵심 인력은 능력 개발 기회를 얻게 되어 '고급 기술 → 높은 임금 → 양질의 능력 개발 기회'의 선순환 구조를 갖지만, 비정규직·장기 실업자 등 주변 인력은 악순환을 겪을 수밖에 없다. 이러한 '양극화' 현상을 국가가 적절히 통제하지 못할 경우, 사회 계급 간의 간극은 더욱 확대될 것이다. 결국 고도 기술 사회가 온다고 해도 자본주의 사회 체제가 지속되는 한, 사회 불평등 현상은 여전히 계급 간 균열선을 따라 존재하게 될 것이다. 국가가 포괄적 범위에서 강력하게 사회정책적 개입을 추진하면 계급 간 차이를 현재보다는 축소시킬 수 있겠지만 아주 없어지지는 못할 것이다.

사회 불평등 현상은 나라들 사이에서도 발견된다. 각국 간 발전 격차가 지속적으로 확대되면서 전 지구적 생산의 재배치는 이미 20세기 중엽부터 진행됐다. 정보통신 기술은 지구의 자전 주기와 공간적 거리를 '장애물'에서 '이점'으로 변모시켰다. 그 결과, 전 지구적 노동시장이 탄생하였다. 기업을 비롯한 각 사회 조직은 국경을 넘어 인력을 충원하고, 재화와 용역을 구매하고 있다. 개인들도 인터넷을 통해 이러한 흐름에 동참하고 있다. 생산 기능은 저개발국으로 이전되고, 연구·개발·마케팅 기능은 선진국으로 모여드는 경향이 지속·강화되어 나라 간 정보 격차가 확대되고 있다. 유비쿼터스 컴퓨팅 기술에 의거하여 전 지구 사회를 잇는 지역 간 분업은 앞으로 더욱 활발해질 것이다. 나라 간의 경제적 불평등 현상은 국제 자본 이동과 국제 노동 이동으로 표출되고 있다. 노동 집약적 부문의 국내 기업이 해외로 생산 기지를 옮기는 현상에서 나아가, 초국적 기업화 현상이 본격적으로 대두되고 있다. 전 지구에 걸친 외부 용역 대치가 이루어지고, 콜센터를 외국으로 옮기는 현상도 보편화될 것이다.

① 국가 간 노동 인력의 이동이 가져오는 폐해
② 사회 계급 간 불평등 심화 현상의 해소 방안
③ 지식 기반 산업 사회에서의 노동시장의 변화
④ 선진국과 저개발국 간의 격차 축소 정책의 필요성
⑤ 저개발국에서 나타나는 사회 불평등 현상

19 다음 글에서 추론할 수 없는 것은?

언뜻 보아서는 살쾡이와 고양이를 구별하기 힘들다. 살쾡이가 고양잇과의 포유동물이어서 고양이와 흡사하기 때문이다. 그래서인지 '살쾡이'란 단어는 '고양이'와 연관이 있다. '살쾡이'의 '쾡이'가 '괭이'와 연관이 있는데, '괭이'는 '고양이'의 준말이기 때문이다.

'살쾡이'는 원래 '삵'에 '괭이'가 붙어서 만들어진 단어이다. '삵'은 그 자체로 살쾡이를 뜻하는 단어였다. 살쾡이의 모습이 고양이와 비슷해도 단어 '삵'은 '고양이'와는 아무런 연관이 없다. 그런데 '삵'에 고양이를 뜻하는 '괭이'가 덧붙게 되었다. 그렇다고 '살쾡이'가 '삵과 고양이', 즉 '살쾡이와 고양이'란 의미를 가지는 것은 아니다. 단지 '삵'에 비해 '살쾡이'가 후대에 생겨난 단어일 뿐이다. '호랑이'란 단어도 이런 식으로 생겨났다. '호랑이'는 '호(虎, 범)'와 '랑(狼, 이리)'으로 구성되어 있으면서도 '호랑이와 이리'란 뜻을 가진 것이 아니라 그 뜻은 역시 '범'인 것이다.

'살쾡이'는 '삵'과 '괭이'가 합쳐져 만들어진 단어이기 때문에 '삵괭이' 또는 '삭괭이'로도 말하는 지역이 있으며, '삵'의 'ㄱ' 때문에 뒤의 '괭이'가 된소리인 '꽹이'가 되어 '삭꽹이' 또는 '살꽹이'로 말하는 지역도 있다. 그리고 '삵'에 거센소리가 발생하여 '살쾡이'로 발음하는 지역도 있다. 이때 주로 서울 지역에서 '살쾡이'로 발음하기 때문에 '살쾡이'를 표준어로 삼았다. 반면에 북한의 사전에서는 '살쾡이'를 찾을 수 없고 '살괭이'만 찾을 수 있다. 남한에서 '살괭이'를 '살쾡이'의 방언으로 처리한 것과는 다르다.

① '호랑이'는 '호(虎, 범)'보다 나중에 형성되었다.
② 두 단어가 합쳐져 하나의 대상을 지시할 수 있다.
③ '살쾡이'가 남·북한 사전 모두에 실려 있는 것은 아니다.
④ '살쾡이'는 가장 광범위하게 사용되기 때문에 표준어로 정해졌다.
⑤ '살쾡이'의 방언이 다양하게 나타나는 것은 지역의 발음 차이 때문이다.

20 다음 글을 통해 알 수 있는 내용으로 가장 적절한 것은?

국내에서 벤처버블이 발생한 1999 ~ 2000년 동안 한국뿐 아니라 미국, 유럽 등 전 세계 주요 국가에서 벤처 버블이 나타났다. 미국 나스닥의 경우 1999년 초 이후에 주가가 급상승하여 2000년 3월을 전후해서 정점에 이르렀는데, 이는 한국의 주가 흐름과 거의 일치한다. 또한 한국에서는 1998년 5월부터 외국인의 종목별 투자한도를 완전 자유화하였는데, 외환 위기 이후 해외 투자를 유치하기 위한 이런 주식시장의 개방은 주가 상승에 영향을 미쳤다. 외국인 투자자들은 벤처버블이 정점에 이르렀던 1999년 12월에 벤처기업으로 구성되어 있는 코스닥 시장에서 투자 금액을 이전 달의 1조 4,000억 원에서 8조 원으로 늘렸으며, 투자 비중도 늘렸다.

또한 벤처버블 당시 국내에서는 인터넷이 급속히 확산되고 있었다. 초고속 인터넷 서비스는 1998년 첫해에 1만 3,000가구에 보급되었지만 1999년에는 34만 가구로 확대되었다. 또한 1997년 163만 명이던 인터넷 이용자는 1999년에 1,000만 명으로 폭발적으로 증가하였다. 이처럼 초고속 인터넷의 보급과 인터넷 사용 인구의 급증은 뚜렷한 수익 모델이 없는 업체라 할지라도 인터넷을 활용한 비즈니스를 내세우면 투자자들 사이에서 높은 잠재력을 가진 기업으로 인식되는 효과를 낳았다.

한편, 1997년 8월에 시행된 벤처기업 육성에 관한 특별조치법은 다음과 같은 상황으로 인해 제정되었다. 법 제정 당시 우리 경제는 혁신적 기술이나 비즈니스 모델에 의한 성장보다는 설비 확장에 토대한 외형 성장에 주력해 왔다. 그러나 급격한 임금 상승, 공장용지와 물류 및 금융 관련 비용 부담 증가, 후발 국가의 추격 등은 우리 경제가 하루빨리 기술과 지식을 경쟁력의 기반으로 하는 구조로 변화해야 할 필요성을 높였다. 게다가 1997년 말 외환 위기로 30대 재벌의 절반이 부도 또는 법정 관리에 들어가게 되면서 재벌을 중심으로 하는 경제성장 방식의 한계가 지적되었고, 이에 따라 우리 경제는 고용 창출과 경제성장을 주도할 새로운 기업군을 필요로 하게 되었다. 이로 인해 시행된 벤처기업 육성 정책은 벤처기업에 세제 혜택은 물론, 기술 개발, 인력 공급, 입지 공급까지 다양한 지원을 제공하면서 벤처기업의 폭증에 많은 영향을 주게 되었다.

① 해외 주식시장의 주가 상승은 국내 벤처버블 발생의 주요 원인이 되었다.
② 벤처버블은 한국뿐 아니라 전 세계 모든 국가에서 거의 비슷한 시기에 발생했다.
③ 국내의 벤처기업 육성책 실행은 한국 경제구조 변화의 필요성과 관련을 맺고 있다.
④ 국내 초고속 인터넷 서비스 확대는 벤처기업을 활성화시켰으나 대기업 침체의 요인이 되었다.
⑤ 외환 위기는 새로운 기업과 일자리 창출의 필요성을 불러왔고 해외 주식을 대규모로 매입하는 계기가 되었다.

개인의 자아실현은 사회·문화적 환경의 영향에서 자유로울 수 없다. 정도의 차이는 있겠지만, 모든 사회는 개인의 자아실현을 쉽게 이룰 수 없게 하는 여러 장애 요인들을 안고 있다. 우리가 살고 있는 시대도 마찬가지이다. 그중에서도 모든 사람들에게 커다란 영향을 미치면서 그 전모가 쉽게 드러나지 않는 것이 있다. 그것은 바로 남성과 여성에 대한 편견, 그리고 그에 근거한 차별이라 할 수 있다. 이 오래된 편견은 사람들의 마음속에 고정관념으로 자리 잡고 있으면서 수많은 남성과 여성의 삶을 제약하고 자아실현을 방해하고 있다.

성에 대한 고정관념을 지닌 사회에서 태어난 사람은 태어나는 순간부터 성별에 따라 다른 대우를 받게 된다. 여자 아기에게는 분홍색, 남자 아기에게는 파란색을 주로 입히거나 아기의 성별에 따라 부모가 서로 다른 행동을 하는 것 등이 대표적인 예가 될 수 있다. 아기가 커 가면서 이러한 구별은 더욱 엄격해져서 아동은 성별에 따라 해도 되는 행동과 해서는 안 되는 행동의 내용이 다르다는 것을 알게 된다. 타고난 호기심으로 성별과 무관하게 새로운 행동을 탐색해 나가는 과정에서, 아동은 자신의 성별에 적합한 행동을 할 때 칭찬, 상, 은근한 미소 등으로 격려를 받는 반면, 부적합한 행동을 할 때에는 꾸중, 벌, 무관심 등의 제지를 당하면서 자신의 풍성한 잠재력의 한 부분을 일찍이 잠재워 버리게 된다.

아동이 이러한 성 역할과 성적 고정관념을 보상과 처벌, 그리고 일정한 역할 모델을 통하여 습득하면 이는 아동의 자아 개념의 중요한 일부분을 형성하게 된다. 그리고 이렇게 자아 개념이 형성되면, 그 이후에는 외부로부터의 보상과 처벌에 관계없이도 자아 개념에 부합하도록 행동함으로써 스스로 심리적 보상을 받게 된다. 이는 초기에 형성된 고정관념을 계속 유지·강화하는 역할을 하게 된다. 이렇게 되면, 아동은 자신이 가진 무한한 잠재력을 다 발휘할 기회를 갖지 못하고 성별에 따라 제한된 영역에서만 활동하고 그에 만족을 느끼는 것이 옳다고 생각하게 된다. 최근에는 이러한 장벽을 무너뜨려 모든 사람들이 좀 더 자유롭게 살 수 있게 하기 위한 노력이 다방면에서 이루어지고 있다. 그러한 노력의 하나로 심리학에서 제안한 것이 양성성(兩性性)이라는 개념이다. 이것은 모든 여성은 '여성답고' 모든 남성은 '남성다운' 것이 바람직하다고 여겼던 고정관념과는 달리, 모든 인간은 각자의 고유한 특성에 따라 지금까지 여성적이라고 규정되어 왔던 바람직한 특성과 남성적이라고 규정되어 왔던 바람직한 특성을 동시에 지닐 수 있다고 보는 것이다.

미래 사회는 어떤 모습이 될 것인가? 생활양식과 가족 구조에 급격한 변화가 올 것은 자명하다. 사람들이 지향하는 가치관에도 변화가 올 것이다. 이런 사회가 도래했을 때, 지금도 유지되고 있는 전통적 성 역할 규범은 골동품이 되고 말 것이다. 남녀 모두가 집에서도 업무를 볼 수 있게 되고 함께 자녀를 돌보고 키우게 됨으로써 '남자는 일터에, 여자는 가정에'라는 케케묵은 공식은 더 이상 성립하지 않게 될 것이다. 여성다움이나 남성다움을 넘어 모든 인간이 자신이 가지고 있는 고유한 특성에 따라 자아를 실현할 수 있는 사회를 기대해 본다.

21 다음 중 윗글의 내용으로 적절하지 않은 것은?

① 사회·문화적 환경의 영향 중 커다란 영향력을 미치면서도 전모가 쉽게 드러나지 않는 것은 성차별이다.

② 전통적 성 역할 규범이 여전히 생활양식과 가족 구조에 큰 영향을 끼칠 것이다.

③ 성 역할의 규범은 성에 대한 고정관념을 지닌 사회에서 더 뚜렷이 나타난다.

④ 아동의 자아 개념 형성에 성 역할과 성적 고정관념이 중요한 역할을 한다.

⑤ 성차별은 남성과 여성에 관한 오래된 고정관념에 근거한 것이다.

22 다음 중 윗글의 제목으로 가장 적절한 것은?

① 편견, 자아실현의 방해 요소

② 성(性), 인간의 행동의 결과

③ 미래 사회의 가치관 변화

④ 양성성, 남성다움과 여성다움을 넘어

⑤ 성적 고정관념의 장·단점

23 다음 글의 주장에 대한 반박으로 가장 적절한 것은?

> 한국 사회의 행복 수준은 단순히 풍요의 역설로 설명할 수 없다. 행복에 대한 심리학적 연구에 따르면 타인과 비교하는 성향이 강한 사람일수록 행복감이 낮아지게 된다. 비교 성향이 강한 사람은 사회적 관계에서 자신보다 우월한 사람들을 준거집단으로 삼아 비교하기 쉽고 이로 인해 상대적 박탈감이 커질 수 있기 때문이다. 한국과 같은 경쟁 사회에서는 진학이나 구직 등에서 과열 경쟁이 벌어지고 등수에 의해 승자와 패자가 구분된다. 이 과정에서 비교 우위를 차지하지 못한 사람들은 좌절을 경험하기 쉬운데, 비교 성향이 강할수록 좌절감은 더 크다. 따라서 한국 사회의 행복감이 낮은 이유는 한국 사람들이 다른 사람들과 비교하는 성향이 매우 높은 데서 찾을 수 있다.

① 한국 사회는 1인당 소득 수준이 비슷한 다른 나라와 비교했을 때 행복감의 수준이 상당히 낮다.

② 준거집단을 자기보다 우월한 사람들로 삼지 않는 나라라 하더라도 행복감이 높지 않은 나라가 있다.

③ 자신보다 우월한 사람들을 준거집단으로 삼는 경향이 한국보다 강해도 행복감은 더 높은 나라가 있다.

④ 한국보다 소득 수준이 높고 대학 입학을 위한 입시 경쟁이 매우 치열한 나라도 있다.

⑤ 행복감을 높이는 데는 소득 수준 말고도 다양한 요인이 작용한다.

24 다음 글의 서술상 특징으로 가장 적절한 것은?

> 교육센터는 7가지 코스로 구성된다. 먼저, 기초 훈련 코스에서는 자동차 특성의 이해를 통해 안전운전의 기본 능력을 향상시킨다. 자유 훈련 코스는 운전자의 운전 자세 및 공간 지각 능력에 따른 안전 위험 요소를 교육한다. 위험 회피 코스에서는 돌발 상황 발생 시 위험 회피 능력을 향상시키며, 직선 제동 코스에서는 다양한 도로 환경에 적응하여 긴급 상황 시 효과적으로 제동할 수 있도록 교육한다. 빗길 제동 코스에서는 빗길 주행 시 위험 요인을 체득하여 안전운전 능력을 향상시키고, 곡선 주행 코스에서는 미끄러운 곡선 주행에서 안전운전을 할 수 있도록 가르친다. 마지막으로 일반·고속 주행 코스에서는 속도에 따라 발생할 수 있는 다양한 위험 요인의 대처 능력을 향상시켜 방어 운전 요령을 습득하도록 돕는다. 이외에도 친환경 운전 방법 '에코 드라이브'에 대해 교육하는 에코 드라이빙존, 안전한 교차로 통행 방법을 가르치는 딜레마존이 있다. 안전운전의 기본은 사업용 운전자의 올바른 습관이다. 교통안전 체험교육센터에서 교육만 받더라도 교통사고 발생 확률이 크게 낮아진다.

① 여러 가지를 비교하면서 그 우월성을 논하고 있다.

② 각 구조에 따른 특성을 대조하고 있다.

③ 상반된 결과를 통해 결론을 도출하고 있다.

④ 각 구성에 따른 특징과 그에 따른 기대 효과를 설명하고 있다.

⑤ 의견의 타당성을 검증하기 위해 수치를 제시하고 있다.

25 다음 글을 읽고 추론할 수 있는 내용으로 가장 적절한 것은?

> EU는 1995년부터 철제 다리 덫으로 잡은 동물 모피의 수입을 금지하기로 했다. 모피가 이런 덫으로 잡은 동물의 것인지, 아니면 상대적으로 덜 잔혹한 방법으로 잡은 동물의 것인지 구별하는 것은 불가능하다. 그렇기 때문에 EU는 철제 다리 덫 사용을 금지하는 나라의 모피만 수입하기로 결정했다. 이런 수입 금지 조치에 대해 미국, 캐나다, 러시아는 WTO에 제소하겠다고 밝혔다. 결국, EU는 WTO가 내릴 결정을 예상하여 철제 다리 덫으로 잡은 동물의 모피를 계속 수입하도록 허용했다.
>
> 또한 1998년부터 EU는 화장품 실험에 동물을 이용하는 것을 금지했을 뿐만 아니라, 동물실험을 거친 화장품의 판매조차 금지하는 법령을 채택했다. 그러나 동물실험을 거친 화장품의 판매 금지는 WTO 규정 위반이 될 것이라는 UN의 권고를 받았다. 결국, EU의 판매 금지는 실행되지 못했다.
>
> 한편, 그 외에도 EU는 성장 촉진 호르몬이 투여된 쇠고기의 판매 금지 조치를 시행하기도 했다. 동물복지를 옹호하는 단체들이 소의 건강에 미치는 영향을 우려해 호르몬 투여 금지를 요구했지만, EU가 쇠고기 판매를 금지한 것은 주로 사람의 건강에 대한 염려 때문이었다. 미국은 이러한 판매 금지 조치에 반대하며 EU를 WTO에 제소했고, 결국 WTO 분쟁 패널로부터 호르몬 사용이 사람의 건강을 위협한다고 믿을 만한 충분한 과학적 근거가 없다는 판정을 이끌어 내는 데 성공했다. EU는 항소했다. 그러나 WTO의 상소 기구는 미국의 손을 들어 주었다. 그럼에도 불구하고 EU는 금지 조치를 철회하지 않았다. 이에, 미국은 1억 1,600만 달러에 해당하는 EU의 농업 생산물에 100% 관세를 물리는 보복 조치를 발동했고, WTO는 이를 승인했다.

① EU는 환경의 문제를 통상 조건에서 최우선적으로 고려한다.

② WTO는 WTO 상소 기구의 결정에 불복하는 경우 적극적인 제재 조치를 취한다.

③ WTO는 사람의 건강에 대한 위협을 방지하는 것보다 국가 간 통상의 자유를 더 존중한다.

④ WTO는 제품의 생산 과정에서 동물의 권리를 침해한다는 이유로 해당 제품 수입을 금지하는 것을 허용하지 않는다.

⑤ WTO 규정에 의하면 각 국가는 타국의 환경, 보건, 사회 정책 등이 자국과 다르다는 이유로 타국의 특정 제품의 수입을 금지할 수 있다.

26 같은 해에 입사한 동기 A ~ E는 모두 L공사 소속으로 서로 다른 부서에서 일하고 있다. 이들이 근무하는 부서와 해당 부서의 성과급이 다음과 같을 때, 항상 옳은 것은?

〈부서별 성과급〉

비서실	영업부	인사부	총무부	홍보부
60만 원	20만 원	40만 원	60만 원	60만 원

※ 각 사원은 모두 각 부서의 성과급을 동일하게 받는다.

〈부서 배치 조건〉

- A는 성과급이 평균보다 적은 부서에서 일한다.
- B와 D의 성과급을 더하면 나머지 세 명의 성과급 합과 같다.
- C의 성과급은 총무부보다는 적지만 A보다는 많다.
- C와 D 중 한 사람은 비서실에서 일한다.
- E는 홍보부에서 일한다.

〈휴가 조건〉

- 영업부 직원은 비서실 직원보다 늦게 휴가를 가야 한다.
- 인사부 직원은 첫 번째 또는 제일 마지막으로 휴가를 가야 한다.
- B의 휴가 순서는 이들 중 세 번째이다.
- E는 휴가를 반납하고 성과급을 두 배로 받는다.

① A의 3개월 치 성과급은 C의 2개월 치 성과급보다 많다.
② C가 맨 먼저 휴가를 갈 경우, B가 맨 마지막으로 휴가를 가게 된다.
③ D가 C보다 성과급이 많다.
④ 휴가철이 끝난 직후, D와 E의 성과급 차이는 세 배이다.
⑤ B는 A보다 휴가를 먼저 출발한다.

27 이벤트에 당첨된 A ~ C에게 〈조건〉에 따라 경품을 지급하였다. 다음 〈보기〉 중 옳은 것을 모두 고르면?

〈조건〉

- 지급된 경품은 냉장고, 세탁기, 에어컨, 청소기가 각각 프리미엄형과 일반형 1대씩이었고, 전자레인지는 1대였다.
- 당첨자 중 1등은 A, 2등은 B, 3등은 C였으며, 이 순서대로 경품을 각각 3개씩 가져갔다.
- A는 프리미엄형 경품을 총 2개 골랐는데, 청소기 프리미엄형은 가져가지 않았다.
- B는 청소기를 고르지 않았다.
- C가 가져간 경품 중 A와 겹치는 종류가 1개 있다.
- B와 C가 가져간 경품 중 겹치는 종류가 1개 있다.
- 한 사람이 같은 종류의 경품을 2개 이상 가져가지 않았다.

〈보기〉

㉠ C는 반드시 전자레인지를 가져갔을 것이다.
㉡ A는 청소기를 가져갔을 수도, 그렇지 않을 수도 있다.
㉢ B가 가져간 프리미엄형 가전은 최대 1개이다.
㉣ C는 프리미엄형 가전을 가져가지 못했을 것이다.

① ㉠, ㉢
② ㉠, ㉣
③ ㉡, ㉢
④ ㉡, ㉣
⑤ ㉢, ㉣

28 L공사의 가대리, 나사원, 다사원, 라사원, 마대리 중 1명이 어제 출근하지 않았다. 이와 관련하여 5명의 직원이 다음과 같이 말했다. 이들 중 2명이 거짓말을 한다고 할 때, 출근하지 않은 직원은 누구인가?(단, 출근을 하였어도, 결근 사유를 듣지 못할 수도 있다)

가대리 : 나는 출근했고, 마대리도 출근했다. 누가 왜 출근하지 않았는지는 알지 못한다.
나사원 : 다사원은 출근하였다. 가대리님의 말은 모두 사실이다.
다사원 : 라사원은 출근하지 않았다.
라사원 : 나사원의 말은 모두 사실이다.
마대리 : 출근하지 않은 사람은 라사원이다. 라사원이 개인 사정으로 인해 출근하지 못한다고 가대리님에게 전했다.

① 가대리
② 나사원
③ 다사원
④ 라사원
⑤ 마대리

29 갑은 효율적인 월급 관리를 위해 펀드에 가입하고자 한다. A ~ D펀드 중에 하나를 골라 가입하려고 하는데, 안정적이고 우수한 펀드에 가입하기 위해 〈조건〉에 따라 비교하여 다음과 같은 결과를 얻었다. 〈보기〉에서 옳은 것을 모두 고르면?

〈조건〉

- 둘을 비교하여 우열을 가릴 수 있으면 우수한 쪽에는 5점, 아닌 쪽에는 2점을 부여한다.
- 둘을 비교하여 어느 한 쪽이 우수하다고 말할 수 없는 경우에는 둘 다 0점을 부여한다.
- 각 펀드는 다른 펀드 중 두 개를 골라 총 4번의 비교를 했다.
- 총합의 점수로는 우열을 가릴 수 없으며 각 펀드와의 비교를 통해서만 우열을 가릴 수 있다.

〈결과〉

A펀드	B펀드	C펀드	D펀드
7점	7점	4점	10점

〈보기〉

ㄱ. D펀드는 C펀드보다 우수하다.
ㄴ. B펀드가 D펀드보다 우수하다고 말할 수 없다.
ㄷ. A펀드와 B펀드의 우열을 가릴 수 있으면 A ~ D까지의 우열순위를 매길 수 있다.

① ㄱ
② ㄱ, ㄴ
③ ㄱ, ㄷ
④ ㄴ, ㄷ
⑤ ㄱ, ㄴ, ㄷ

다음은 L공사의 불법하도급 신고 보상 기준에 대한 자료이다. S사원은 이를 토대로 불법하도급 신고 보상액의 사례를 제시하고자 한다. S사원이 계산한 불법하도급 공사 계약금액에 대한 보상 지급금액이 바르게 연결된 것은?

〈불법하도급 신고 보상 기준〉

• 송·변전공사 이외 모든 공사(배전공사, 통신공사 등)

불법하도급 공사 계약금액	보상 지급금액 기준
5,000만 원 이하	5%
5,000만 원 초과 3억 원 이하	250만 원＋5,000만 원 초과금액의 3%
3억 원 초과 10억 원 이하	1,000만 원＋3억 원 초과금액의 0.5%
10억 원 초과 20억 원 이하	1,350만 원＋10억 원 초과금액의 0.4%
20억 원 초과	1,750만 원＋20억 원 초과금액의 0.2%

• 송·변전공사(관련 토건공사 포함)

불법하도급 공사 계약금액	보상 지급금액 기준
5,000만 원 이하	5%
5,000만 원 초과 3억 원 이하	250만 원＋5,000만 원 초과금액의 3%(한도 1,000만 원)
3억 원 초과 10억 원 이하	1,000만 원＋3억 원 초과금액의 0.5%(한도 1,350만 원)
10억 원 초과 100억 원 이하	1,350만 원＋10억 원 초과금액의 0.4%(한도 1,750만 원)

	불법하도급 공사 계약금액	보상 지급금액
①	배전공사 6,000만 원	280만 원
②	송전공사 12억 원	1,750만 원
③	변전공사 5억 원	1,250만 원
④	통신공사 23억 원	2,220만 원
⑤	송전공사 64억 원	3,510만 원

31 다음은 국내의 한 화장품 제조 회사에 대한 SWOT 분석 자료이다. 〈보기〉 중 분석에 따른 대응 전략으로 옳은 것을 모두 고르면?

〈국내의 한 화장품 제조 회사에 대한 SWOT 분석 결과〉

구분	분석 결과
강점(Strength)	• 신속한 제품 개발 시스템 • 차별화된 제조 기술 보유
약점(Weakness)	• 신규 생산 설비 투자 미흡 • 낮은 브랜드 인지도
기회(Opportunity)	• 해외시장에서의 한국 제품 선호 증가 • 새로운 해외시장의 출현
위협(Threat)	• 해외 저가 제품의 공격적 마케팅 • 저임금의 개발도상국과의 경쟁 심화

〈보기〉

ㄱ. 새로운 해외시장의 소비자 기호를 반영한 제품을 개발하여 출시한다.

ㄴ. 국내에 화장품 생산 공장을 추가로 건설하여 제품 생산량을 획기적으로 증가시킨다.

ㄷ. 차별화된 제조 기술을 통해 품질 향상과 고급화 전략을 추구한다.

ㄹ. 당사의 브랜드 인지도가 낮으므로 해외 현지 기업과의 인수ㆍ합병을 통해 해당 회사의 브랜드로 제품을 출시한다.

① ㄱ, ㄴ

② ㄱ, ㄷ

③ ㄴ, ㄷ

④ ㄴ, ㄹ

⑤ ㄷ, ㄹ

32 다음 〈조건〉을 바탕으로 항상 옳은 것은?

- 7층 건물에 A, B, C, D, E, F, G가 거주하고 있다.
- A~G가 좋아하는 스포츠에는 축구, 야구, 농구가 있다.
- A~G가 기르는 애완동물로는 개, 고양이, 새가 있다.

〈조건〉

- 한 층에 한 명이 산다.
- 이웃한 사람끼리는 서로 다른 스포츠를 좋아하고 다른 애완동물을 기른다.
- G는 맨 위층에 산다.
- 짝수 층 사람들은 축구를 좋아한다.
- B는 유일하게 개를 기르는 사람이다.
- 2층에 사는 사람은 고양이를 키운다.
- E는 농구를 좋아하며, D는 새를 키운다.
- A는 E의 아래층에 살며, B의 위층에 산다.
- 개는 1층에서만 키울 수 있다.

① C와 E는 이웃한다.
② G는 야구를 좋아하며 고양이를 키운다.
③ 홀수 층에 사는 사람은 모두 새를 키운다.
④ D는 5층에 산다.
⑤ F는 6층에 살며 고양이를 키운다.

33 다음은 6개 광종의 위험도와 경제성 점수에 대한 자료이다. 분류 기준을 이용하여 광종을 분류할 때 〈보기〉 중 옳은 것을 모두 고르면?

〈6개 광종의 위험도와 경제성 점수〉

(단위 : 점)

구분	금광	은광	동광	연광	아연광	철광
위험도	2.5	4.0	2.5	2.7	3.0	3.5
경제성	3.0	3.5	2.5	2.7	3.5	4.0

〈분류 기준〉

위험도와 경제성 점수가 모두 3.0점을 초과하면 비축필요광종으로 분류하고, 위험도와 경제성 점수 중 하나는 3.0점 초과, 다른 하나는 2.5점 초과 3.0점 이하인 경우에는 주시광종으로 분류하며, 그 외는 비축제외광종으로 분류한다.

─〈보기〉─

㉠ 주시광종으로 분류되는 광종은 1종류이다.
㉡ 비축필요광종으로 분류되는 광종은 은광, 아연광, 철광이다.
㉢ 모든 광종의 위험도와 경제성 점수가 현재보다 각각 20% 증가하면, 비축필요광종으로 분류되는 광종은 4종류가 된다.
㉣ 주시광종 분류 기준을 위험도와 경제성 점수 중 하나는 3.0점 초과, 다른 하나는 2.5점 이상 3.0점 이하로 변경한다면, 금광과 아연광은 주시광종으로 분류된다.

① ㉠, ㉢
② ㉠, ㉣
③ ㉢, ㉣
④ ㉠, ㉡, ㉢
⑤ ㉡, ㉢, ㉣

34 A∼E는 부산에 가기 위해 서울역에서 저녁 7시에 출발하여 대전역과 울산역을 차례로 정차하는 부산행 KTX 열차를 타기로 했다. 이들 중 2명은 서울역에서 승차하였고, 다른 2명은 대전역에서, 나머지 1명은 울산역에서 각각 승차하였다. 다음 대화를 토대로 항상 옳은 것은?(단, 같은 역에서 승차한 경우 서로의 탑승 순서는 알 수 없다)

> A : 나는 B보다 먼저 탔지만, C보다 먼저 탔는지는 알 수 없어.
> B : 나는 C보다 늦게 탔어.
> C : 나는 가장 마지막에 타지 않았어.
> D : 나는 대전역에서 탔어.
> E : 나는 내가 몇 번째로 탔는지 알 수 있어.

① A는 대전역에서 승차하였다.
② B는 C와 같은 역에서 승차하였다.
③ C와 D는 같은 역에서 승차하였다.
④ D는 E와 같은 역에서 승차하였다.
⑤ E는 울산역에서 승차하였다.

35 경영학과에 재학 중인 A∼E는 계절학기 시간표에 따라 요일별로 하나의 강의만 수강한다. 전공 수업을 신청한 C는 D보다 앞선 요일에 수강하고, E는 교양 수업을 신청한 A보다 나중에 수강한다고 할 때, 다음 중 항상 참이 되는 것은?

월	화	수	목	금
전공1	전공2	교양1	교양2	교양3

① A가 수요일에 강의를 듣는다면 E는 교양2 강의를 듣는다.
② B가 전공 수업을 듣는다면 C는 화요일에 강의를 듣는다.
③ C가 화요일에 강의를 듣는다면 E는 교양3 강의를 듣는다.
④ D는 반드시 전공 수업을 듣는다.
⑤ E는 반드시 교양 수업을 듣는다.

※ 다음은 자동차에 번호판을 부여하는 규칙이다. 이어지는 질문에 답하시오. [36~37]

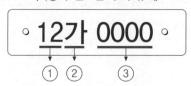

〈자동차 번호판 부여 규칙〉

각 숫자는 다음의 사항을 나타낸다.
① 자동차의 종류
② 자동차의 용도
③ 자동차의 등록번호

▶ 자동차의 종류

구분	숫자 기호
승용차	01 ~ 69
승합차	70 ~ 79
화물차	80 ~ 97
특수차	98 ~ 99

▶ 자동차의 용도

구분		문자 기호
비사업용		가, 나, 다, 라, 마, 거, 너, 더, 러, 머, 서, 어, 저, 고, 노, 도, 로, 모, 보, 소, 오, 조, 구, 누, 두, 루, 무, 부, 수, 우, 주
사업용	택시	아, 바, 사, 자
	택배	배
	렌터카	하, 허, 호

▶ 자동차의 등록번호
차량의 고유번호로 임의로 부여

36 L씨는 이사를 하면서 회사와 거리가 멀어져 출퇴근을 위해 새 승용차를 구입하였다. 다음 중 L씨가 부여받을 수 있는 자동차 번호판으로 옳지 않은 것은?

① 23겨 4839
② 67거 3277
③ 42서 9961
④ 31주 5443
⑤ 12모 4839

37 다음 중 나머지와 성격이 다른 자동차 번호판은?

① 80가 8425

② 84배 7895

③ 92보 1188

④ 81오 9845

⑤ 97주 4763

38 L대리는 사내 체육대회의 추첨에서 당첨된 직원들에게 나누어줄 경품을 선정하고 있다. 〈조건〉이 모두 참일 때, 다음 중 반드시 참인 것은?

> ─〈조건〉─
> • L대리는 펜, 노트, 가습기, 머그컵, 태블릿PC, 컵받침 중 3종류의 경품을 선정한다.
> • 머그컵을 선정하면 노트는 경품에 포함하지 않는다.
> • 노트는 반드시 경품에 포함된다.
> • 태블릿PC를 선정하면, 머그컵을 선정한다.
> • 태블릿PC를 선정하지 않으면, 가습기는 선정되고 컵받침은 선정되지 않는다.

① 가습기는 경품으로 선정되지 않는다.

② 머그컵과 가습기 모두 경품으로 선정된다.

③ 컵받침은 경품으로 선정된다.

④ 태블릿PC는 경품으로 선정된다.

⑤ 펜은 경품으로 선정된다.

※ 다음 글을 읽고 이어지는 질문에 답하시오. [39~40]

발산적 사고는 창의적 사고를 위해 필요한 것으로서 자유연상법, 강제연상법, 비교발상법 등을 통해 개발할 수 있다. 그중 '자유연상'은 목적과 의도 없이 자연스럽게 표현되는 것이다. 꿈이나 공상 등 정신 치료나 정신 분석에서 흔히 볼 수 있는 현상이다. 자유연상은 접근 연상, 유사 연상, 대비 연상 등의 유형으로 구분될 수 있다.

ⓐ 접근 연상은 주제와 관련이 있는 대상이나 과거의 경험을 떠올려 보는 활동이다. 유사 연상은 제시된 주제를 보고 유사한 대상이나 경험을 떠올려 보는 활동이다. 대비 연상은 주제와 반대가 되는 대상이나 과거의 경험 등 대비되는 관념을 생각해 보는 활동이다.

자유연상법의 예시로는 브레인스토밍이 있다. 브레인스토밍은 집단 구성원들의 상호작용을 통하여 많은 수의 아이디어를 발상하게 한다. 브레인스토밍 기법을 창안한 알렉스 오스본은 창의적인 문제해결 과정에서 아이디어 발상 및 전개 과정을 무엇보다 중요시하였고, 아이디어 발상을 증대시키기 위해 '판단 보류'와 '가능한 많은 숫자의 발상을 이끌어 낼 것'을 주장하였다. 여기서 판단 보류라는 것은 비판하지 않는다는 것을 가정하며, 초기에 아이디어에 대한 평가를 적게 하면 할수록 독창적이고, 비범하고, 흥미로운 아이디어가 더 많이 도출될 것이라고 하였다. 또한 다른 문제해결 방법과 차이를 갖는 특징으로 다음의 '4가지 규칙'을 제안하였다.

- 비판엄금(Support) : 평가 단계 이전에 결코 비판이나 판단을 해서는 안 되며, 평가는 나중까지 유보한다.
- 자유분방(Silly) : 무엇이든 자유롭게 말한다.
- 질보다 양(Speed) : 질에는 관계없이 가능한 많은 아이디어를 생성하도록 격려한다.
- 결합과 개선(Synergy) : 다른 사람의 아이디어에 자극되어 보다 좋은 생각이 떠오르고, 서로 조합하면 재미있는 아이디어가 될 것 같은 생각이 들면 즉시 조합시킨다.

39 다음 중 밑줄 친 ⓐ에 대한 생각으로 적절하지 않은 것은?

① 한 가지 사물로부터 그와 근접한 여러 가지 사물을 생각해야지!
② 주제와 반대되는 대상도 생각해 봐야지.
③ 생각하고 비교·선택하여 합리적인 판단이 필요해.
④ 예전에 있었던 일을 생각해 보는 것도 좋을 것 같아.
⑤ 폐수 방류 하면 물고기 떼죽음이 생각나.

40 다음 중 윗글에서 강조하고 있는 '4가지 규칙'을 어긴 사람은?

① 모든 아이디어에 대해 비판하지 않는 지수
② 다른 사람의 생각을 참고하여 아이디어를 내는 혜성
③ 보다 좋은 의견을 내기 위하여 오래 생각하는 수미
④ 다른 사람의 생각에 상관없이 떠오르는 모든 아이디어를 말하는 성태
⑤ 다른 사람의 부족한 아이디어에 결점을 해결할 수 있는 본인의 생각을 덧붙이여 더 좋은 안을 제시하는 효연

41

면접시험에서 순서대로 면접을 본 응시자들 중 다음 〈조건〉에 따라 평가 점수가 가장 높은 6명이 합격할 때, 합격자를 점수가 높은 순서대로 바르게 나열한 것은?(단, 동점인 경우 먼저 면접을 진행한 응시자를 우선으로 한다)

〈지원자 면접 점수〉

(단위 : 점)

구분	면접관 1	면접관 2	면접관 3	면접관 4	면접관 5	보훈 가점
A	80	85	70	75	90	–
B	75	90	85	75	100	5
C	70	95	85	85	85	–
D	75	80	90	85	80	–
E	80	90	95	100	85	5
F	85	75	95	90	80	–
G	80	75	95	90	95	10
H	90	80	80	85	100	–
I	70	80	80	75	85	5
J	85	80	100	75	85	–
K	85	100	70	75	75	5
L	75	90	70	100	70	–

〈조건〉

- 면접관 5명이 부여한 점수 중 최고점과 최저점을 제외한 나머지 면접관 3명이 부여한 점수의 평균과 보훈 가점의 합으로 평가한다.
- 최고점과 최저점이 1개 이상일 때는 1명의 점수만 제외한다.
- 소수점 셋째 자리에서 반올림한다.

① G − A − C − F − E − L
② D − A − F − L − H − I
③ E − G − B − C − F − H
④ G − E − B − C − F − H
⑤ G − A − B − F − E − L

42 L공사의 직원들은 산악회를 결성하여 정기적으로 등산을 하고 있다. 이번 산악회에는 A ~ H직원 중 5명이 참석한다고 할 때, 〈조건〉에 따라 반드시 산악회에 참가하는 사람은?

---〈조건〉---

- B, C, F 중에서 두 명만이 참가한다.
- C, E, G 중에서 두 명만이 참가한다.
- D, E, F 중에서 두 명만이 참가한다.
- H가 참가하지 않으면 A도 참가하지 않는다.

① B ② D
③ G ④ H
⑤ 알 수 없음

43 다음은 L섬유회사에 대한 SWOT 분석 자료이다. 이 분석에 따른 대응 전략으로 적절한 것을 〈보기〉에서 모두 고르면?

• 첨단 신소재 관련 특허 다수 보유	• 신규 생산 설비 투자 미흡 • 브랜드의 인지도 부족
S 강점	W 약점
O 기회	T 위협
• 고기능성 제품에 대한 수요 증가 • 정부 주도의 문화 콘텐츠 사업 지원	• 중저가 의류용 제품의 공급 과잉 • 저임금의 개발도상국과의 경쟁 심화

---〈보기〉---

ㄱ. SO전략으로 첨단 신소재를 적용한 고기능성 제품을 개발한다.
ㄴ. ST전략으로 첨단 신소재 관련 특허를 개발도상국의 경쟁업체에 무상 이전한다.
ㄷ. WO전략으로 문화 콘텐츠와 디자인을 접목한 신규 브랜드 개발을 통해 적극적 마케팅을 실시한다.
ㄹ. WT전략으로 기존 설비에 대한 재투자를 통해 대량생산 체제로 전환한다.

① ㄱ, ㄷ ② ㄱ, ㄹ
③ ㄴ, ㄷ ④ ㄴ, ㄹ
⑤ ㄷ, ㄹ

44 원형 테이블에 번호 순서대로 앉아 있는 다섯 명의 여자 1~5 사이에 다섯 명의 남자 A~E가 한 명씩 앉아야 한다. 다음 〈조건〉에 근거하여 자리를 배치할 때 옳지 않은 것은?

---〈조건〉---
- A는 짝수 번호의 여자 옆에 앉아야 하고, 5 옆에는 앉을 수 없다.
- B는 짝수 번호의 여자 옆에 앉을 수 없다.
- C가 3 옆에 앉으면 D는 1 옆에 앉는다.
- E는 3 옆에 앉을 수 없다.

① A는 1과 2 사이에 앉을 수 없다.
② D는 4와 5 사이에 앉을 수 없다.
③ C가 2와 3 사이에 앉으면 A는 반드시 3과 4 사이에 앉는다.
④ E가 1과 2 사이에 앉으면 C는 반드시 4와 5 사이에 앉는다.
⑤ E가 4와 5 사이에 앉으면 A는 반드시 2와 3 사이에 앉는다.

45 업무수행 과정에서 발생하는 문제를 발생형, 탐색형, 설정형의 세 가지 문제 유형으로 분류한다고 할 때, 다음 중 탐색형 문제로 가장 적절한 것은?

① 판매된 제품에서 이물질이 발생했다는 고객의 클레임이 발생하였다.
② 국내 생산 공장을 해외로 이전할 경우 발생할 수 있는 문제들을 파악하여 보고해야 한다.
③ 대외경쟁력과 성장률을 강화하기 위해서는 생산성을 15% 이상 향상시켜야 한다.
④ 공장의 생산 설비 오작동으로 인해 제품의 발주량을 미처 채우지 못하였다.
⑤ 향후 5년 동안 시장의 흐름을 예측한 후 자사의 새로운 성장 목표를 설정하기로 하였다.

46 다음 글을 근거로 판단할 때, 〈보기〉에서 옳은 것을 모두 고르면?

사슴은 맹수에게 계속 괴롭힘을 당하자 자신을 맹수로 바꾸어 달라고 산신령에게 빌었다. 사슴을 불쌍하게 여긴 산신령은 사슴에게 남은 수명 중 n년(n은 자연수)을 포기하면 여생을 아래 5가지의 맹수 중 하나로 살 수 있게 해주겠다고 했다.

사슴으로 살 경우의 1년당 효용은 40이며, 다른 맹수로 살 경우의 1년당 효용과 그 맹수로 살기 위해 사슴이 포기해야 하는 수명은 아래의 표와 같다. 예를 들어 사슴의 남은 수명이 12년일 경우 사슴으로 계속 산다면 $12 \times 40 = 480$의 총효용을 얻지만, 독수리로 사는 것을 선택한다면 $(12-5) \times 50 = 350$의 총효용을 얻는다. 사슴은 여생의 총효용이 줄어드는 선택은 하지 않으며, 포기해야 하는 수명이 사슴의 남은 수명 이상인 맹수는 선택할 수 없다. 1년당 효용이 큰 맹수일수록, 사슴은 그 맹수가 되기 위해 더 많은 수명을 포기해야 한다. 사슴은 자신의 남은 수명과 표의 '?'로 표시된 수를 알고 있다.

맹수	1년당 효용	포기해야 하는 수명(년)
사자	250	14
호랑이	200	?
곰	170	11
악어	70	?
독수리	50	5

〈보기〉

ㄱ. 사슴의 남은 수명이 13년이라면, 사슴은 곰을 선택할 것이다.

ㄴ. 사슴의 남은 수명이 20년이라면, 사슴은 독수리를 선택하지는 않을 것이다.

ㄷ. 호랑이로 살기 위해 포기해야 하는 수명이 13년이라면, 사슴의 남은 수명에 따라 사자를 선택했을 때와 호랑이를 선택했을 때 여생의 총효용이 같은 경우가 있다.

① ㄴ   ② ㄷ

③ ㄱ, ㄴ   ④ ㄴ, ㄷ

⑤ ㄱ, ㄴ, ㄷ

47 다음은 문제의 의미에 대한 설명이다. 이를 토대로 사례에서 성격이 다른 하나는?

> 문제란 원활한 업무수행을 위해 해결해야 하는 질문이나 의논 대상을 의미한다. 즉, 해결하기를 원하지만 실제로 해결해야 하는 방법을 모르고 있는 상태나 얻고자 하는 해답이 있지만 그 해답을 얻는 데 필요한 일련의 행동을 알지 못한 상태이다. 이러한 문제는 흔히 문제점과 구분하지 않고 사용하는데, 문제점이란 문제의 근본 원인이 되는 사항으로 문제해결에 필요한 열쇠인 핵심 사항을 말한다.

> 〈사례〉
>
> 전기밥솥에 밥을 지어놓고 부모는 잠시 다른 일을 하러 갔다. 그 사이 아이는 전기밥솥을 가지고 놀다가 전기밥솥에서 올라오는 연기에 화상을 입었다.

① 부모의 부주의　　　　　　　② 아이의 호기심
③ 아이의 화상　　　　　　　　④ 전기밥솥의 열기
⑤ 안전사고 발생 가능성에 대한 부주의

48 다음은 문제해결에 필요한 사고가 부족해 벌어진 사례이다. L사에 필요한 사고는 무엇인가?

> 〈L사의 아이돌 그룹 흥행 실패〉
>
> 아이돌 열풍이 부는 만큼 K-POP 신인 아이돌들이 대거 등장하였다. 이에 연예기획사 L사 역시 당사를 대표할 아이돌 그룹을 데뷔시켰고, 다른 회사들처럼 용모와 몸매 모두 특출난 아이돌들로 그룹을 구성하였다. 하지만 다른 회사의 아이돌들 역시 용모와 몸매 모두 특출났기 때문에 크게 이슈화되진 않았다. 그러던 와중 경쟁사인 Y사 역시 아이돌 그룹을 데뷔시켰는데, 이들의 외모는 일반적으로 데뷔해 오던 예쁘고 잘생긴 아이돌상의 이미지가 아닌 각자만의 개성이 뚜렷하였다. 그 결과 굉장히 이슈가 되어 다른 아이돌들에 비해 세간의 관심을 한 몸에 받았다.

① 전략적 사고　　　　　　　　② 분석적 사고
③ 성과 지향적 사고　　　　　　④ 발상의 전환
⑤ 내・외부자원의 효과적 활용

49 L공사에 근무하는 3명의 사원은 윤씨, 오씨, 박씨 성을 가졌다. 이 사원들은 A ~ C부서에 소속되어 근무 중이며, 각 부서 팀장의 성도 윤씨, 오씨, 박씨이다. 같은 성씨를 가진 사원과 팀장은 같은 부서에서 근무하지 않는다고 할 때, 다음 〈조건〉에 따라 같은 부서에 소속된 사원과 팀장의 성씨가 바르게 짝지어진 것은?

─────〈조건〉─────
- A부서의 팀장은 C부서 사원의 성씨와 같다.
- B부서의 사원은 윤씨가 아니며, 팀장의 성씨가 윤씨인 부서에 배치되지 않았다.
- C부서의 사원은 오씨가 아니며, 팀장의 성씨도 오씨가 아니다.

	부서	사원	팀장			부서	사원	팀장
①	A	오씨	윤씨		②	A	박씨	윤씨
③	A	오씨	박씨		④	B	오씨	박씨
⑤	C	박씨	윤씨					

50 L씨는 인터넷뱅킹 사이트에 가입하기 위해 가입 절차에 따라 정보를 입력하는데, 패스워드 생성 과정이 까다로워 계속 실패 중이다. 사이트 가입 시 패스워드 〈조건〉이 다음과 같을 때, 가장 적절한 패스워드는?

─────〈조건〉─────
- 패스워드는 7자리이다.
- 영어 대문자와 소문자, 숫자, 특수기호를 적어도 하나씩 포함해야 한다.
- 숫자 0은 다른 숫자와 연속해서 나열할 수 없다.
- 영어 대문자는 다른 영어 대문자와 연속해서 나열할 수 없다.
- 특수기호를 첫 번째로 사용할 수 없다.

① a?102CB
② 7!z0bT4
③ #38Yup0
④ ssng99&
⑤ 6LI◇234

2일 차
기출응용 모의고사

www.sdedu.co.kr

〈문항 및 시험시간〉

평가영역	문항 수	시험시간	모바일 OMR 답안분석
의사소통능력+문제해결능력	50문항	60분	

2일 차 기출응용 모의고사

문항 수 : 50문항
시험시간 : 60분

01 다음 글을 읽고 전선업계를 비판한 내용으로 가장 적절한 것은?

국내 전선산업은 구릿값 변동에 밀접하게 맞물려 성장과 침체를 거듭해 왔다. 케이블 원가의 60% 이상을 전기동이 차지하고, 회사의 매출·이익과 연관되다 보니 전선업계는 구리 관련 이슈에 매번 민감한 반응을 보일 수밖에 없는 상황이다. 특히 2024년은 전선업계에 그 어느 때보다도 구리 관련 이슈가 많았던 해로 기억될 전망이다. 계속해서 하향 곡선을 그리던 국제 구리 시세가 5년 만에 오름세로 반전, 전선산업에 직간접적으로 영향을 주기 시작했고, L공사가 지중배전 케이블의 구리 – 알루미늄 도체 성능 비교에 나서는 등 크고 작은 사건들이 일어났기 때문이다.

전선업계는 2023년 말, 수년간 약세를 보였던 구릿값이 강세로 돌아서자 기대감 섞인 시선을 보냈다. 수년 전의 경험을 바탕으로, 전선업계가 직면해 있던 만성적인 수급 불균형과 경기침체로 인한 위기를 조금이나마 해소할 계기가 될 것이라는 장밋빛 전망이 나왔던 것이다. 2009년부터 2011년까지 구리가 전선업계의 역사적 호황을 이끌었던 사례가 있다. 2008년 1톤당 2,700달러대였던 구릿값은 2011년 1만 달러를 돌파하며 끝없이 치솟았고, 전선업체들의 성장을 이끌었다.

그 이전만 해도 경제 위기와 공급 과잉 등으로 어려움을 겪었던 전선업계는 구릿값 상승 기류를 타고 분위기를 반전시켰다. 그러나 막상 2023년 11월 이후 상승세를 이어가고 있는 구리 시세가 시장에 적용되기 시작한 2024년에 들어서자, 이러한 업계의 기대감은 산산조각이 났다. 오히려 빠르게 치솟는 구릿값을 시장가격이 따라잡지 못하면서, 기업의 수익성에 부정적 영향을 미치는 등 부작용이 이어지고 있기 때문이다. 2023년 11월 1일 4,862.5달러였던 구리 시세가 2024년 10월에 7,073.50달러까지 45.5%가량 오르면서, 전선업체들의 매출도 대부분 올랐다. 반면 영업이익은 2023년과 비슷한 수준이거나 반대로 줄어든 곳이 많았다.

무엇보다 불공정 계약이 만연한 것도 동값 위기를 키우고 있다. 업계에 따르면 계약 체결 이후 제품을 납품하고 수금하는 과정에서 전선업체와 구매자 간 불공정 거래 문제가 심각한 상황이다. 전선업계는 구릿값이 상승할 경우 기존 계약 금액을 동결한 상태에서 결제를 진행하고, 반대로 구릿값이 떨어지면 그만큼의 차액을 계약금에서 차감해줄 것을 요구하는 등의 불공정 거래 행위가 여전히 이어지고 있다고 입을 모으고 있다.

① 개구리 올챙이 적 생각 못 한다더니 구릿값이 비쌌을 때 생각 못 하고 있네.
② 소 잃고 외양간 고친다더니 구릿값이 올라가니깐 후회하고 있구나.
③ 등잔 밑이 어둡다더니 전선업계는 자신들의 문제를 이해하지 못하는군.
④ 달면 삼키고 쓰면 뱉는다더니 자기의 이익만을 생각하고 있구나.
⑤ 떡 줄 사람은 꿈도 안 꾸는데 김칫국부터 마신다더니 구릿값이 내려가기만을 바라고 있네.

02 다음 문단을 논리적 순서대로 바르게 나열한 것은?

> (가) 킬러 T세포는 혈액이나 림프액을 타고 몸속 곳곳을 순찰하는 일을 담당하는 림프 세포의 일종이다. 킬러 T세포는 감염된 세포를 직접 공격하는데, 세포 하나하나를 점검하여 바이러스에 감염된 세포를 찾아낸다. 이 과정에서 바이러스에 감염된 세포가 킬러 T세포에게 발각이 되면 죽게 된다. 그렇다면 킬러 T세포는 어떤 방법으로 바이러스에 감염된 세포를 파괴할까?
>
> (나) 지금도 우리 몸의 이곳저곳에서는 비정상적인 세포분열이나 바이러스 감염이 계속되고 있다. 하지만 우리 몸에 있는 킬러 T세포가 병든 세포를 찾아내 파괴하는 메커니즘이 정상적으로 작동하고 있는 한 건강한 상태를 유지할 수 있다. 이렇듯 면역 시스템은 우리 몸을 지켜주는 수호신이다. 또한 우리 몸이 유기적으로 잘 짜인 구조임을 보여주는 좋은 예라고 할 수 있다.
>
> (다) 그 다음 킬러 T세포가 활동한다. 킬러 T세포는 자기 표면에 있는 TCR(T-cell Receptor), 즉 T세포 수용체를 통해 세포의 밖으로 나온 MHC*와 펩티드 조각이 결합해 이루어진 구조를 인식함으로써 바이러스 감염 여부를 판단한다. 만약 MHC와 결합된 펩티드가 바이러스 단백질의 것이라면 T세포는 활성화되면서 세포를 공격하는 단백질을 감염된 세포 속으로 보낸다. 이렇게 T세포의 공격을 받은 세포는 곧 죽게 되며, 그 안의 바이러스 역시 죽음을 맞이하게 된다.
>
> (라) 우리 몸은 자연적 치유의 기능을 가지고 있다. 자연적 치유는 우리 몸에 바이러스(항원)가 침투하더라도 외부의 도움 없이 이겨낼 수 있는 면역 시스템을 가지고 있다는 것을 의미한다. 그런데 이러한 면역 시스템에 관여하는 세포 중에서 매우 중요한 역할을 하는 세포가 있다. 그것은 바로 바이러스에 감염된 세포를 직접 찾아내 제거하는 킬러 T세포이다.
>
> (마) 면역 시스템에서 먼저 활동을 시작하는 것은 세포 표면에 있는 MHC이다. MHC는 꽃게 집게발 모양의 단백질 분자로, 세포 안에 있는 단백질 조각을 세포 표면으로 끌고 나오는 역할을 한다. 본래 세포 속에는 자기 단백질이 대부분이지만, 바이러스에 감염되면 원래 없던 바이러스 단백질이 세포 안에 만들어진다. 이렇게 만들어진 자기 단백질과 바이러스 단백질은 단백질 분해효소에 의해 펩티드 조각으로 분해되어 세포 속을 떠돌아다니다가 MHC와 결합해 세포 표면으로 배달되는 것이다.
>
> * MHC : Major Histocompatibility Complex, 즉 주요 조직 적합성 유전자 복합체로서, 모든 척추동물에서 발견된다. MHC 분자는 감염된 세포나 외부에서 유입된 병원체의 단백질을 인식하여 킬러 T세포에게 제시함으로써 면역 반응을 유도하는 역할을 한다.

① (가) – (나) – (마) – (라) – (다)
② (다) – (가) – (마) – (나) – (라)
③ (라) – (가) – (마) – (다) – (나)
④ (라) – (나) – (가) – (다) – (마)
⑤ (라) – (다) – (마) – (가) – (나)

03 다음 글에서 밑줄 친 ㉠의 내용과 가장 거리가 먼 것은?

우리나라가 양성평등의 사회로 접어들고, 과거에 비해 여성의 지위가 많이 향상되고 경제활동에 참여하는 비율은 꾸준히 높아졌지만, 여전히 노동 현장에서 여성은 사회적으로 불평등을 받는 대상이 되고 있다.

여성 노동자가 노동시장에서 남성에 비해 차별받는 원인은 갈등론적 측면에서 볼 때 남성 노동자들이 자신이 누리고 있던 자원의 독점과 기득권을 빼앗기지 않기 위해 여성에게 경제적 자원을 나누어 주지 않으려는 기존 기득권층의 횡포에 의한 것이라고 할 수 있다.

또한 여성 노동자에 대한 편견으로 인해서도 나타난다. 여성 노동자가 제대로 일하지 못한다거나 결혼과 임신·출산한 여성 노동자는 조직 전체에 부정적인 영향을 준다고 인식하는 경향이 강한데, 이러한 편견들이 여성 노동자에 대한 차별로 이어지게 된 것이다.

여성 노동자를 차별한 결과 여성들은 남성 노동자들보다 저임금을 받아야 하고 비교적 질이 좋지 않은 일자리에서 일해야 하며 고위직으로 올라가는 것 역시 힘들고 우선 임금 차별이 나타난다. 여성 노동자가 많이 근무하는 서비스업 등의 직업군의 경우 임금 자체가 상당히 낮게 책정되어 있어 남성에 비하여 많은 임금을 받지 못하는 구조로 되어 있는 것이다.

또한 여성 노동자들을 노동자 그 자체로 보기보다는 여성으로 바라보는 남성들의 잘못된 시선으로 인해 여성 노동자는 신성한 노동의 현장에서 성희롱을 당하고 있으며, 취업과 승진 등 모든 인적 자원 관리 측면에서 불이익을 경험하는 경우가 많다. 특히 임신과 출산을 경험하는 경우 따가운 시선을 감수해야 한다.

이와 같은 여성 노동자가 경험하는 차별 문제를 해결하기 위해서는 여성 노동자 역시 남성 노동자와 마찬가지의 권리를 가지고 있다는 점을 사회 전반에 인식할 수 있도록 해야 하고, 여성이라는 이유만으로 취업과 승진 등에 불이익을 받지 않도록 ㉠ 인식과 정책을 개선해야 한다.

① 결혼과 임신, 출산과 같은 가족계획을 지지하는 환경을 만들어야 한다.
② 여성 노동자가 주로 종사하는 직종의 임금 체계를 합리적으로 변화시켜야 한다.
③ 여성들이 종사하는 다양한 직업군에서 양질의 정규직 일자리를 만들어야 한다.
④ 임신으로 인한 공백 문제 등이 발생하지 않도록 법령 개정을 통해 공백 기간을 규제해야 한다.
⑤ 여성 노동자들을 단순히 여성으로만 여기기보다는 정당하게 노동력을 제공하고 그에 맞는 임금을 받을 권리를 가진 노동자로 바라보아야 한다.

04 다음 글의 ⓒ의 입장에서 ㉠의 생각을 비판한 내용으로 가장 적절한 것은?

> 17세기에 수립된 ㉠ 뉴턴(Newton)의 역학 체계는 3차원 공간에서 일어나는 물체의 운동을 다루었는데 공간 좌표인 x, y, z는 모두 시간에 따라 변하는 것으로 간주하였다. 뉴턴에게 시간은 공간과 무관한 독립적이고 절대적인 것이었다. 즉, 시간은 시작도 끝도 없는 영원한 것으로, 우주가 생겨나고 사라지는 것과 아무 관계 없이 항상 같은 방향으로 흘러간다. 시간은 빨라지지도 느려지지도 않는 물리량이며, 모든 우주에서 동일한 빠르기로 흐르는 실체인 것이다. 이러한 뉴턴의 절대 시간 개념은 19세기 말까지 물리학자들에게 당연한 것으로 받아들여졌다.
>
> 하지만 20세기에 들어 시간의 절대성 개념은 ㉡ 아인슈타인(Einstein)에 의해 근본적으로 거부되었다. 그는 빛의 속도가 진공에서 항상 일정하다는 사실을 기초로 하여 상대성 이론을 수립하였다. 이 이론에 의하면 시간은 상대적인 개념이 되어, 빠르게 움직이는 물체에서는 시간이 느리게 간다. 광속을 c라 하고 물체의 속도를 v라고 할 때 시간은 $\dfrac{1}{\sqrt{1-(v/c)^2}}$ 배 팽창한다. 즉, 광속의 50%의 속도로 달리는 물체에서는 시간 이 약 1.15배 팽창하고, 광속의 99%로 달리는 물체에서는 7.09배 정도 팽창한다. v가 c에 비하여 아주 작을 경우에는 시간 팽창 현상이 거의 감지되지 않지만 v가 c에 접근하면 팽창률은 급격하게 커진다.
>
> 아인슈타인에게 시간과 공간은 더 이상 별개의 물리량이 아니라 서로 긴밀하게 연관되어 함께 변하는 상대적인 양이다. 따라서 운동장을 질주하는 사람과 교실에서 가만히 바깥 풍경을 보고 있는 사람에게 시간의 흐름은 다르다. 속도가 빨라지면 시간 팽창이 일어나 시간이 그만큼 천천히 흐르는 시간 지연이 생긴다.

① 시간은 모든 공간에서 동일하게 흐르는 것이 아니므로 절대적이지 않다.

② 상대 시간 개념으로는 시간에 따라 계속 변하는 물체의 운동을 설명할 수 없다.

③ 시간은 인간이 만들어 낸 개념이므로 우주를 시작도 끝도 없는 영원한 것으로 보아서는 안 된다.

④ 시간과 공간은 긴밀하게 연관되어 있지만 독립적으로 존재할 수 있으므로 이 둘의 관련성에만 주목하면 안 된다.

⑤ 물체의 속도가 광속에 가까워지면 시간이 반대로 흐를 수 있으므로 시간이 항상 같은 방향으로 흐르는 것은 아니다.

05 다음 글의 주제로 가장 적절한 것은?

현재 우리나라의 진료비 지불 제도 중 가장 주도적으로 시행되는 지불 제도는 행위별수가제이다. 행위별수가제는 의료기관에서 의료인이 제공한 의료 서비스(행위·약제·치료 재료 등)에 대해 서비스별로 가격(수가)을 정하여 사용량과 가격에 의해 진료비를 지불하는 제도로, 의료보험 도입 당시부터 채택하고 있다. 그러나 최근 관련 전문가들로부터 이러한 지불 제도를 개선해야 한다는 목소리가 많이 나오고 있다.

조사에 의하면 우리나라의 국민의료비를 증대시키는 주요 원인은 고령화로 인한 진료비 증가와 행위별수가제로 인한 비용의 무한 증식이다. 현재 우리나라의 국민의료비는 경제협력개발기구(OECD) 회원국 중 최상위를 기록하고 있으며 앞으로 더욱 심화될 것으로 예측된다. 특히 행위별수가제는 의료 행위를 할수록 지불되는 진료비가 증가하므로 CT, MRI 등 영상 검사를 중심으로 의료 남용이나 과다 이용 문제가 발생하고 있고, 병원의 이익 증대를 위하여 환자에게는 의료비 부담을, 의사에게는 업무 부담을, 건강보험에는 재정 부담을 증대시키고 있다.

이러한 행위별수가제의 문제점을 개선하기 위해 일부 질병군에서는 환자가 입원해서 퇴원할 때까지 발생하는 진료에 대하여 질병마다 미리 정해진 금액을 내는 제도인 포괄수가제를 시행 중이며, 요양병원·보건기관에서는 입원 환자의 질병·기능 상태에 따라 입원 1일당 정액수가를 적용하는 정액수가제를 병행하여 실시하고 있다. 그러나 비용 산정의 경직성, 의사 비용과 병원 비용의 비분리 등 여러 가지 문제점이 있어 현실적으로 효과를 내지 못하고 있다는 지적이 많다.

기획재정부와 보건복지부는 시간이 지날수록 건강보험 적자가 계속 증대되어 머지않아 고갈될 위기에 있다고 발표하였다. 당장 행위별수가제를 전면적으로 폐지할 수는 없으므로 기존의 다른 수가제의 문제점을 개선하여 확대하는 등 의료비 지불 방식의 다변화가 구조적으로 진행되어야 할 것이다.

① 행위별수가제의 한계점
② 신포괄수가제의 정의
③ 의료비 지불 제도의 역할
④ 건강보험의 재정 상황
⑤ 다양한 의료비 지불 제도 소개

06 다음 글의 내용으로 적절하지 않은 것은?

> 대기업의 고객만족 콜센터에서 상담원으로 8년째 일하고 있는 김씨는 매일 아침 극심한 두통에 시달리며 잠에서 깬다. 김씨는 "욕설을 듣지 않은 날이 손에 꼽을 정도다."라며 "물론 보람을 느낄 때도 있지만, 대부분 자괴감이 드는 날이 많다."라고 '감정노동자'들의 고충을 호소했다.
>
> 이처럼 콜센터 안내원, 호텔관리자, 스튜어디스 등 고객들을 직접 마주해야 하는 서비스업 종사자의 감정노동 스트레스는 심각한 수준인 것으로 나타났다. 특히 텔레마케터의 경우 730가지 직업 가운데 감정노동 강도가 가장 높았다. 최근 지방자치단체와 시민단체·기업 등을 중심으로 감정노동자 보호를 위한 대안들이 나오고 있지만, 서비스업 종사자들이 느끼는 감정노동의 현실이 개선되기까지는 여전히 많은 시간이 걸릴 것으로 예상된다.
>
> 문제는 감정노동자들의 스트레스가 병으로도 이어질 수 있다는 점이다. L공단에 따르면 감정노동자들 중 80%가 인격 모독과 욕설 등을 경험했고, 38%가 우울감을 앓고 있는 것으로 조사되었다. 이는 심각한 경우 불안장애나 공황장애 등의 질환으로 발전할 수 있어 많은 전문가들은 감정노동자들에게 각별한 주의를 당부하고 있다.
>
> 하지만 이런 현실에 비해 아직 우리 사회의 노력은 많이 부족하다. 많은 감정노동자들이 스트레스로 인한 우울감과 정신질환을 앓고 있지만, 재계의 반대로 '산업재해보상보험법 시행령 및 시행규칙 개정안'은 여전히 공중에 맴돌고 있는 상태. 서비스업의 특성상 질병의 인과관계를 밝혀내기 어렵기 때문에 기업들은 산재보험료 인상으로 기업의 비용이 부담된다며 반대의 목소리를 내고 있다.

① 우울감은 심한 경우 정신장애를 일으킬 수 있다.

② 감정노동자 중 20%만이 욕설 등 모욕적인 발언을 경험하지 않았다.

③ 감정노동자에 대해 우리 사회도 더욱 관심을 가져야 할 필요가 있다.

④ 지방자치단체와 시민단체, 기업 등의 무관심이 서비스업 종사자들의 업무 환경을 더욱 악화시키고 있다.

⑤ 감정노동으로 발생한 질병의 인과관계를 밝히기 어렵다는 이유로 기업들은 산재보험법 시행령을 반대하고 있다.

07 다음 글의 빈칸에 들어갈 내용으로 가장 적절한 것은?

> 민주주의의 목적은 다수가 소수의 폭군이나 자의적인 권력 행사를 통제하는 데 있다. 민주주의의 이상은 모든 자의적인 권력을 억제하는 것으로 이해되었는데, 이것이 오늘날에는 자의적 권력을 정당화하기 위한 장치로 변화되었다. 이렇게 변화된 민주주의는 민주주의 그 자체를 목적으로 만들려는 이념이다. 이것은 법의 원천과 국가권력의 원천이 주권자 다수의 의지에 있기 때문에, 국민의 참여와 표결 절차를 통하여 다수가 결정한 법과 정부의 활동이라면 그 자체로 정당성을 갖는다는 것이다. 즉, 유권자 다수가 원하는 것이면 무엇이든 실현할 수 있다는 말이다.
>
> 이런 민주주의는 '무제한적(無制限的) 민주주의'이다. 어떤 제약도 없는 민주주의라는 의미이다. 이런 민주주의는 자유주의와 부합할 수가 없다. 그것은 다수의 독재이고 이런 점에서 전체주의와 유사하다. 폭군의 권력이든, 다수의 권력이든, 군주의 권력이든 위험한 것은 권력 행사의 무제한성이다. 중요한 것은 이러한 권력을 제한하는 일이다.
>
> 민주주의 그 자체를 수단이 아니라 목적으로 여기고 다수의 의지를 중시한다면, 그것은 다수의 독재를 초래할 뿐만 아니라 전체주의만큼이나 위험하다. 민주주의 존재 그 자체가 언제나 개인의 자유에 대한 전망을 밝게 해준다는 보장은 없다. 개인의 자유와 권리를 보장하지 못하는 민주주의는 본래의 민주주의가 아니다. 본래의 민주주의는 _____

① 다수의 의견을 수렴하여 이를 그대로 정책에 반영해야 한다.

② 서로 다른 목적의 충돌로 인한 사회적 불안을 해소할 수 있어야 한다.

③ 민주적 절차 준수에 그치지 않고 과도한 권력을 실질적으로 견제할 수 있어야 한다.

④ 무제한적 민주주의를 과도기적으로 거치며 개인의 자유와 권리 보장에 기여해야 한다.

⑤ 모든 것에 자유를 부여한다는 의미와 일맥상통한다.

08 다음 단락 뒤에 이어질 문단을 논리적 순서대로 바르게 나열한 것은?

> 봄에 TV를 켜면 황사를 조심하라는 뉴스를 볼 수 있다. 많은 사람이 알고 있듯이, 황사는 봄에 중국으로부터 바람에 실려 날아오는 모래바람이다. 그러나 황사를 단순한 모래바람으로 치부할 수는 없다.

> (가) 물론 황사도 나름대로 장점은 존재한다. 황사에 실려 오는 물질들이 알칼리성이기 때문에 토양의 산성화를 막을 수 있다. 그러나 이러한 장점만으로 황사를 방지하지 않아도 된다는 것은 아니다.
>
> (나) 그러므로 황사에는 중국에서 발생하는 매연이나 화학 물질 모두 함유되어 있다. TV에서 황사를 조심하라는 것은 단순히 모래바람을 조심하라는 것이 아니라 중국 공업지대의 유해 물질을 조심하라는 것과 같은 말이다.
>
> (다) 황사는 중국의 내몽골자치구나 고비 사막 등의 모래들이 바람에 실려 중국 전체를 돌고 나서 한국 방향으로 넘어오게 된다. 중국 전체를 돈다는 것은, 중국 대기의 물질을 모두 흡수한다는 것이다.
>
> (라) 개인적으로는 황사 마스크를 쓰고 외출 후에 손발을 청결히 하는 등 황사 피해에 대응할 수 있겠지만, 국가적으로는 쉽지 않다. 국가적으로는 모래바람이 발생하지 않도록 나무를 많이 심고, 공장지대의 매연을 제한하여야 하기 때문이다.

① (가) – (다) – (나) – (라)
② (나) – (다) – (가) – (라)
③ (다) – (나) – (가) – (라)
④ (다) – (나) – (라) – (가)
⑤ (라) – (가) – (다) – (나)

09 다음 문단을 논리적 순서대로 바르게 나열한 것은?

> (가) 하지만 막상 앱을 개발하려 할 때 부딪히는 여러 난관이 있다. 여행지나 주차장에 관한 정보를 모으는 것도 문제이고, 정보를 지속적으로 갱신하는 것도 문제이다. 이런 문제 때문에 결국 아이디어를 포기하는 경우가 많다.
>
> (나) 그러나 이제는 아이디어를 포기하지 않아도 된다. 바로 공공 데이터가 있기 때문이다. 공공 데이터는 공공 기관에서 생성·취득하여 관리하고 있는 정보 중 전자적 방식으로 처리되어 누구나 이용할 수 있도록 국민들에게 제공된 것을 말한다.
>
> (다) 현재 정부에서는 공공 데이터 포털 사이트를 개설하여 국민들이 쉽게 이용할 수 있도록 하고 있다. 공공 데이터 포털 사이트에서는 800여 개 공공 기관에서 생성한 15,000여 건의 공공 데이터를 제공하고 있으며, 제공하는 공공 데이터의 양을 꾸준히 늘리고 있다.
>
> (라) 앱을 개발하려는 사람들은 아이디어가 넘친다. 사람들이 여행 준비를 위해 많은 시간을 허비하는 것을 보면 한 번에 여행 코스를 짜 주는 앱을 만들어 보고 싶어 하고, 도심에 주차장을 못 찾아 헤매는 사람들을 보면 주차장을 쉽게 찾아 주는 앱을 만들어 보고 싶어 한다.

① (가) – (나) – (다) – (라)
② (가) – (라) – (나) – (다)
③ (다) – (가) – (나) – (라)
④ (라) – (가) – (나) – (다)
⑤ (라) – (나) – (다) – (가)

10 다음 글의 빈칸에 들어갈 내용으로 가장 적절한 것은?

일반적으로 물체·객체를 의미하는 프랑스어 '오브제(Objet)'는 라틴어에서 유래된 단어로, 어원적으로는 앞으로 던져진 것을 의미한다. 미술에서 대개 인간이라는 '주체'와 대조적인 '객체'로서의 대상을 지칭할 때 사용되는 오브제가 미술사 전면에 나타나게 된 것은 입체주의 이후이다.

20세기 초 입체파 화가들이 화면에 나타나는 공간을 자연의 모방이 아닌 독립된 공간으로 인식하기 시작하면서 회화는 재현 미술로서의 단순한 성격을 벗어나기 시작하였다. 즉, '미술은 그 자체가 실재이다. 또한 그것은 객관세계의 계시 혹은 창조이지 그것의 반영이 아니다.'라는 세잔의 사고에 의하여 공간의 개방화가 시작된 것이다. 이는 평면에 실제 사물이 부착되는 콜라주 양식의 탄생과 함께 일상의 평범한 재료들이 회화와 자연스레 연결되는 예술과 비예술의 결합으로 차츰 변화하게 되었다.

이러한 오브제의 변화는 다다이즘과 쉬르레알리슴(Surrealisme)에서 '일용의 기성품과 자연물 등을 원래의 그 기능이나 있어야 할 장소에서 분리하고, 그대로 독립된 작품으로서 제시하여 일상적 의미와는 다른 상징적·환상적인 의미를 부여하는 것'으로 일반화되었다. 그리고 동시에, 기존 입체주의에서 단순한 보조 수단에 머물렀던 오브제를 캔버스와 대리석을 대체하는 확실한 표현 방법으로 완성시켰다.

이후 오브제는 그저 예술가가 지칭하는 것만으로도 우리의 일상생활과 환경 그 자체가 곧 예술작품이 될 수 있음을 주장하였다. ＿＿＿＿＿＿＿＿＿＿＿＿＿＿＿ 거기에서 더 나아가 오브제는 일상의 오브제를 다양하게 전환시켜 다양성과 대중성을 내포하고, 오브제의 진정성과 상징성을 제거하는 팝아트에서 다시 한 번 새롭게 변화하기에 이르렀다.

① 무너진 베를린 장벽의 조각을 시내 한복판에 장식함으로써 예술과 비예술이 결합한 것이다.
② 화려하게 채색된 소변기를 통해 일상성에 환상적인 의미를 부여한 것이다.
③ 평범한 세면대일지라도 예술가에 의해 오브제로 정해진다면 일상성을 간직한 미술과 일치되는 것이다.
④ 폐타이어나 망가진 금관악기 등으로 제작된 자동차를 통해 일상의 비일상화를 나타낸 것이다.
⑤ 기존의 수프 통조림을 실크 스크린으로 동일하게 인쇄하여 손쉽게 대량생산되는 일상성을 풍자하는 것이다.

11 다음 글의 주제로 가장 적절한 것은?

정부는 탈원전·탈석탄 공약에 발맞춰 2030년까지 전체 국가 발전량의 20%를 신재생에너지로 채운다는 정책 목표를 수립하였다. 목표를 달성하기 위해 신재생에너지에 대한 송·변전 계획을 제8차 전력수급기본계획에 처음으로 수립하겠다는 게 정부의 방침이다.

정부는 기존의 수급계획이 수급 안정과 경제성을 중점적으로 수립된 것에 반해, 8차 계획은 환경성과 안전성을 중점으로 하였다고 밝히고 있으며, 신규 발전설비는 원전, 석탄화력발전에서 친환경, 분산형 재생에너지와 LNG 발전을 우선시하는 방향으로 수요관리를 통합 합리적 목표수용 결정에 주안점을 두었다고 밝혔다. 그동안 많은 NGO 단체에서 에너지 분산에 관한 다양한 제안을 해왔지만 정부 차원에서 고려하거나 논의가 활발히 진행된 적은 거의 없었으며 명목상으로 포함하는 수준이었다. 그러나 이번 정부에서는 탈원전·탈석탄 공약을 제시하는 등 중앙집중형 에너지 생산시스템에서 분산형 에너지 생산시스템으로 정책의 방향을 전환하고자 한다. 이 기조에 발맞춰 분산형 에너지 생산시스템은 지방선거에서도 해당 지역에 대한 다양한 선거공약으로 제시될 가능성이 높다.

중앙집중형 에너지 생산시스템은 환경오염, 송전선 문제, 지역 에너지 불균형 문제 등 다양한 사회적인 문제를 야기하였다. 하지만 그동안은 값싼 전기인 기저전력을 편리하게 사용할 수 있는 환경을 조성하고자 하는 기존 에너지계획과 전력수급계획에 밀려 중앙집중형 발전원 확대가 꾸준히 진행되었다. 그러나 현재 대통령은 중앙집중형 에너지 정책에서 분산형 에너지정책으로 전환되어야 한다는 것을 대선공약 사항으로 밝혀 왔으며, 현재 분산형 에너지정책으로 전환을 모색하기 위한 다각도의 노력을 하고 있다. 이러한 정부의 정책 변화와 아울러 석탄화력발전소가 국내 미세먼지에 주는 영향과 일본 후쿠시마 원자력 발전소 문제, 국내 경주 대지진 및 포항 지진 문제 등으로 인한 원자력에 대한 의구심 또한 커지고 있다.

제8차 전력수급계획(안)에 의하면, 우리나라의 에너지 정책은 격변기를 맞고 있다. 우리나라는 현재 중앙집중형 에너지 생산시스템이 대부분이며, 분산형 전원시스템은 그 설비용량이 극히 적은 상태이다. 또한 우리나라의 발전설비는 2016년 말 105GW이며, 2014년도 최대 전력치를 보면 80GW 수준이므로, 25GW 정도의 여유가 있는 상태이다. 25GW라는 여유는 원자력발전소 약 25기 정도의 전력생산 설비가 여유가 있는 상황이라고 볼 수 있다. 또한 제7차 전력수급기본계획의 2015 ~ 2016년 전기수요 증가율을 4.3 ~ 4.7%라고 예상하였으나, 실제 증가율은 1.3 ~ 2.8% 수준에 그쳤다는 점은 우리나라의 전력 소비량 증가량이 둔화하고 있는 상태라는 것을 나타내고 있다.

① 중앙집중형 에너지 생산시스템의 발전 과정
② 에너지 분권의 필요성과 방향
③ 전력 소비량과 에너지 공급량의 문제점
④ 중앙집중형 에너지 정책의 한계점
⑤ 전력수급기본계획의 내용과 수정 방안 모색

신문이나 잡지는 대부분 유료로 판매된다. 반면에 인터넷 뉴스 사이트는 신문이나 잡지의 기사와 같거나 비슷한 내용을 무료로 제공한다. 왜 이런 현상이 발생하는 것일까?

이 현상 속에는 경제학적 배경이 숨어 있다. 대체로 상품의 가격은 그 상품을 생산하는 데 드는 비용의 언저리에서 결정된다. 생산 비용이 많이 들수록 상품의 가격이 상승하는 것이다. 그런데 인터넷에 게재되는 기사를 생산하는 데 드는 비용은 0원에 가깝다. 기자가 컴퓨터로 작성한 기사를 신문사 편집실로 보내 종이 신문에 게재하고, 그 기사를 그대로 재활용하여 인터넷 뉴스 사이트에 올리기 때문이다. 또한 인터넷 뉴스 사이트 방문자 수가 증가하면 사이트에 걸어 놓은 광고를 통한 수입도 증가하게 된다. 이러한 이유로 신문사들은 경쟁적으로 인터넷 뉴스 사이트를 개설하여 무료로 운영했던 것이다.

그런데 이렇게 무료로 인터넷 뉴스 사이트를 이용하는 사람들이 폭발적으로 늘어나면서 돈을 지불하고 신문이나 잡지를 구독하는 사람들이 점점 줄어들기 시작했다. 그 결과 언론사들의 수익률이 감소하여 재정이 악화되었다. 문제는 여기서 그치지 않는다. 언론사들의 재정적 악화는 깊이 있고 정확한 뉴스를 생산하는 그들의 능력을 저하시키거나 사라지게 할 수도 있다. 결국 그로 인한 피해는 뉴스를 이용하는 소비자에게로 되돌아올 것이다.

그래서 점차 언론사들, 특히 신문사들의 재정 악화 해소를 위해 인터넷 뉴스를 유료화해야 한다는 의견이 제시되고 있다. 하지만 그러한 주장을 현실화하는 것은 그리 간단하지 않다. 소비자들은 어떤 상품을 구매할 때 그 상품의 가격이 얼마 정도면 구입할 것이고, 얼마 이상이면 구입하지 않겠다는 마음의 선을 긋는다. 이 선의 최대치가 바로 최대 지불의사(Willingness to Pay)이다. 소비자들의 머릿속에 한번 각인된 최대 지불의사는 좀처럼 변하지 않는 특성이 있다. 인터넷 뉴스의 경우 오랫동안 소비자에게 무료로 제공되었고, 그러는 사이 인터넷 뉴스에 대한 소비자들의 최대 지불의사도 0원으로 굳어진 것이다. 그런데 이제 와서 무료로 이용하던 정보를 유료화한다면 소비자들은 여러 이유를 들어 불만을 토로할 것이다.

해외 신문 중 일부 경제 전문지는 이러한 문제를 성공적으로 해결했다. 그들은 매우 전문화되고 깊이 있는 기사를 작성하여 소비자에게 제공하는 대신 인터넷 뉴스 사이트를 유료화했다. 그럼에도 불구하고 많은 소비자들이 기꺼이 돈을 지불하고 이들 사이트의 기사를 이용하고 있다. 전문화되고 맞춤화된 뉴스일수록 유료화 잠재력이 높은 것이다. 이처럼 제대로 된 뉴스를 만드는 공급자와 정당한 값을 내고 제대로 된 뉴스를 소비하는 수요자가 만나는 순간 문제 해결의 실마리를 찾을 수 있을 것이다.

12 다음 중 윗글의 바탕이 되는 경제관으로 적절하지 않은 것은?

① 경제적 이해관계는 사회현상의 변화를 초래한다.

② 상품의 가격이 상승할수록 소비자의 수요가 증가한다.

③ 소비자들의 최대 지불의사는 상품의 구매 결정과 밀접한 관련이 있다.

④ 일반적으로 상품의 가격은 상품 생산의 비용과 가까운 수준에서 결정된다.

⑤ 적정 수준의 상품 가격이 형성될 때 소비자의 권익과 생산자의 이익이 보장된다.

13 다음 중 윗글을 읽은 사람들의 반응으로 적절하지 않은 것은?

① 정보를 이용할 때 정보의 가치에 상응하는 이용료를 지불하는 것은 당연한 거라고 생각해.

② 현재 무료인 인터넷 뉴스 사이트를 유료화하려면 먼저 전문적이고 깊이 있는 기사를 제공해야만 해.

③ 인터넷 뉴스가 광고를 통해 수익을 내는 경우도 있으니, 신문사의 재정을 악화시키는 것만은 아니야.

④ 인터넷 뉴스 사이트 유료화가 정확하고 공정한 기사를 양산하는 결과에 직결되는 것은 아니라고 생각해.

⑤ 인터넷 뉴스만 보는 독자들의 행위가 품질이 나쁜 뉴스를 생산하게 만드는 근본적인 원인이므로 종이 신문을 많이 구독해야겠어.

14 다음 글의 중심 내용으로 가장 적절한 것은?

쇼펜하우어에 따르면 우리가 살고 있는 세계의 진정한 본질은 의지이며, 그 속에 있는 모든 존재는 맹목적인 삶에의 의지에 의해서 지배당하고 있다. 쇼펜하우어는 우리가 일상적으로 또는 학문적으로 접근하는 세계는 단지 표상의 세계일뿐이라고 주장하는데, 인간의 이성은 단지 이러한 표상의 세계만을 파악할 수 있을 뿐이다. 그에 따르면 존재하는 세계의 모든 사물들은 우선적으로 표상으로서 드러나게 된다. 시간과 공간 그리고 인과율에 의해서 파악되는 세계가 나의 표상인데, 이러한 표상의 세계는 오직 나에 의해서, 즉 인식하는 주관에 의해서만 파악되는 세계이다. 쇼펜하우어에 따르면 이러한 주관은 모든 현상의 세계, 즉 표상의 세계에서 주인의 역할을 하는 '나'이다.

이러한 주관을 이성이라고 부를 수도 있는데, 이성은 표상의 세계를 이끌어가는 주인공의 역할을 하는 것이다. 그러나 쇼펜하우어는 여기서 한발 더 나아가 표상의 세계에서 주인의 역할을 하는 주관 또는 이성은 의지의 지배를 받는다고 주장한다. 즉, 쇼펜하우어는 이성에 의해서 파악되는 세계의 뒤편에는 참된 본질적 세계인 의지의 세계가 있으므로 표상의 세계는 제한적이며 표면적인 세계일 뿐, 이성에 의해서 또는 주관에 의해서 결코 파악될 수 없다고 주장한다. 오히려 그는 그동안 인간이 진리를 파악하는 데 최고의 도구로 칭송받던 이성이나 주관을 의지에 끌려다니는 피지배자일 뿐이라고 비판한다.

① 세계의 본질로서 의지의 세계

② 표상 세계의 극복과 그 해결 방안

③ 의지의 세계와 표상의 세계 간의 차이

④ 세계의 주인으로서 주관의 표상 능력

⑤ 표상 세계 안에서의 이성의 역할과 한계

15 다음 글에 대한 반론으로 가장 적절한 것은?

> 사회복지는 소외 문제를 해결하고 예방하기 위하여, 사회 구성원들이 각자의 사회적 기능을 원활하게 수행하게 하고, 삶의 질을 향상시키는 데 필요한 제반 서비스를 제공하는 행위와 그 과정을 의미한다. 현대 사회가 발전함에 따라 계층 간·세대 간의 갈등 심화, 노령화와 가족 해체, 정보 격차에 의한 불평등 등의 사회 문제가 다각적으로 생겨나고 있는데, 이들 문제는 때로 사회 해체를 우려할 정도로 심각한 양상을 띠기도 한다. 이러한 문제의 기저에는 경제 성장과 사회 분화 과정에서 나타나는 불평등과 불균형이 있으며, 이런 점에서 사회 문제는 대부분 소외 문제와 관련되어 있음을 알 수 있다.
>
> 사회복지 찬성론자들은 이러한 문제들의 근원에 자유 시장 경제의 불완전성이 있으며, 이러한 사회적 병리 현상을 해결하기 위해서는 국가의 역할이 더 강화되어야 한다고 주장한다. 예컨대 구조 조정으로 인해 대량의 실업 사태가 생겨나는 경우를 생각해 볼 수 있다. 이 과정에서 생겨난 희생자들을 방치하게 되면 사회 통합은 물론 지속적 경제 성장에 막대한 지장을 초래할 것이다. 따라서 사회가 공동의 노력으로 이들을 구제할 수 있는 안전망을 만들어야 하며, 여기서 국가의 주도적 역할은 필수적이라 할 것이다. 현대 사회에 들어와 소외 문제가 사회 전 영역으로 확대되고 있는 상황을 감안할 때, 국가와 사회가 주도하여 사회복지 제도를 체계적으로 수립하고 그 범위를 확대해 나가야 한다는 이들의 주장은 충분한 설득력을 갖는다.

① 사회복지는 소외 문제 해결을 통해 구성원들의 사회적 기능 수행을 원활하게 한다.
② 사회복지는 제공 행위뿐만 아니라 과정까지를 의미한다.
③ 사회복지의 확대는 근로 의욕의 상실과 도덕적 해이를 불러일으킬 수 있다.
④ 사회가 발전함에 따라 불균형이 심해지고 있다.
⑤ 사회 병리 현상 과정에서 생겨나는 희생자들을 그대로 두면 악영향을 불러일으킬 수 있다.

16 다음 A ~ C의 주장에 대한 평가로 적절한 것을 〈보기〉에서 모두 고르면?

> A : 정당에 대한 충성도와 공헌도를 공직자 임용 기준으로 삼아야 한다. 이는 전쟁에서 전리품은 승자에게 속한다는 국제법의 규정에 비유할 수 있다. 즉, 주기적으로 실시되는 대통령 선거에서 승리한 정당이 공직자 임용의 권한을 가져야 한다는 것이다. 이러한 임용 방식은 공무원에 대한 정치 지도자의 지배력을 강화해 지도자가 구상한 정책 실현을 용이하게 할 수 있다.
>
> B : 공직자 임용 기준은 개인의 능력·자격·적성에 두어야 하며 공개경쟁 시험을 통해서 공무원을 선발하는 것이 좋다. 그러면 신규 채용 과정에서 공개와 경쟁의 원칙이 준수되기 때문에 정실 개입의 여지가 줄어든다. 공개경쟁 시험은 무엇보다 공직자 임용에서 기회균등을 보장하여 우수한 인재를 임용함으로써 행정의 능률을 높일 수 있고, 공무원의 정치적 중립을 통하여 행정의 공정성이 확보될 수 있다는 장점이 있다. 또한 공무원의 신분 보장으로 행정의 연속성과 직업적 안정성도 강화될 수 있다.
>
> C : 사회를 구성하는 모든 지역 및 계층으로부터 인구 비례에 따라 공무원을 선발하고, 그들을 정부 조직 내의 각 직급에 비례적으로 배치함으로써 정부 조직이 사회의 모든 지역과 계층에 가능한 한 공평하게 대응하도록 구성되어야 한다. 공무원들은 가치 중립적인 존재가 아니다. 그들은 자신의 출신 집단의 영향을 받은 가치관과 신념을 가지고 정책 결정과 집행에 깊숙이 개입하고 있으며, 이 과정에서 자신의 견해나 가치를 반영하고자 노력한다.

〈보기〉

ㄱ. 공직자 임용의 정치적 중립성을 보장할 필요성이 대두된다면, A의 주장은 설득력을 얻는다.
ㄴ. 공직자 임용 과정의 공정성을 높일 필요성이 부각된다면, B의 주장은 설득력을 얻는다.
ㄷ. 인구의 절반을 차지하는 비수도권 출신 공무원의 비율이 1/4에 그쳐 지역 편향성을 완화할 필요성이 제기된다면, C의 주장은 설득력을 얻는다.

① ㄱ
② ㄴ
③ ㄷ
④ ㄱ, ㄷ
⑤ ㄴ, ㄷ

17 다음 글의 내용으로 가장 적절한 것은?

> 인류가 남긴 수많은 미술 작품을 살펴보다 보면 다양한 동물들이 등장하고 있음을 알 수 있다. 미술 작품 속에 등장하는 동물에는 일상에서 흔히 접할 수 있는 개나 고양이, 꾀꼬리 등도 있지만 해태나 봉황 등 인간의 상상에서 나온 동물도 적지 않다.
>
> 미술 작품에 등장하는 동물은 그 성격에 따라 나누어 보면 종교적 · 주술적인 동물, 신을 위한 동물, 인간을 위한 동물로 구분할 수 있다. 물론 이 구분은 엄격한 것이 아니므로 서로의 개념을 넘나들기도 하며, 여러 뜻을 동시에 갖기도 한다.
>
> 종교적 · 주술적인 성격의 동물은 가장 오랜 연원을 가진 것으로, 사냥 미술가들의 미술에 등장하거나 신앙을 목적으로 형성된 토템 등에서 확인할 수 있다. 여기에 등장하는 동물들은 대개 초자연적인 강대한 힘을 가지고 인간 세계를 지배하거나 수호하는 신적인 존재이다. 인간의 이지(理智)가 발달함에 따라 이들의 신적인 기능은 점차 감소하여, 결국 이들은 인간에게 봉사하는 존재로 전락하고 만다.
>
> 동물은 절대적인 힘을 가진 신의 위엄을 뒷받침하고 신을 도와 치세(治世)의 일부를 분담하기 위해 이용되기도 한다. 이 동물들 역시 현실 이상의 힘을 가지며 신성시되는 것이 보통이지만, 이는 어디까지나 신의 권위를 강조하기 위한 것에 지나지 않는다. 이들은 신에게 봉사하기 위해서 많은 동물 중에서 특별히 선택된 것들이다. 그리하여 그 신분에 알맞은 모습으로 조형화되었다.

① 미술 작품 속에는 일상에서 흔히 접할 수 있는 개나 고양이 · 꾀꼬리 등이 주로 등장하고, 해태나 봉황 등은 찾아보기 어렵다.

② 미술 작품에 등장하는 동물은 성격에 따라 종교적 · 주술적인 동물, 신을 위한 동물, 인간을 위한 동물로 엄격하게 구분한다.

③ 종교적 · 주술적 성격의 동물은 초자연적인 강대한 힘으로 인간 세계를 지배하거나 수호하는 신적인 존재로 나타난다.

④ 인간의 이지(理智)가 발달함에 따라 신적인 기능이 감소한 종교적 · 주술적 동물은 신에게 봉사하는 존재로 전락한다.

⑤ 신의 위엄을 뒷받침하고 신을 도와 치세(治世)의 일부를 분담하기 위해 이용되는 동물은 별다른 힘을 지니지 않는다.

18 다음 중 밑줄 친 ㉠~㉤에서 적절하지 않은 것은?

> 강사 : 오늘은 의사소통의 종류에 대해 설명하려 합니다. 의사소통은 크게 언어적 의사소통과 문서적 의사소통으로 구분할 수 있어요. 먼저 ㉠ 언어적 의사소통이란 대화·전화통화 등과 같이 상호적으로 의사를 표현하고 경청하는 것을 말하고, 문서적 의사소통이란 기획서·메모 등의 문서를 통해 의사를 작성하는 것을 말합니다. 따라서 ㉡ 언어적 의사소통에서는 상대방의 이야기를 듣고 의미를 제대로 파악할 수 있는 경청능력과 ㉢ 자신의 의사를 설득력 있게 표현할 수 있는 의사표현능력이 중요한 데 반해, ㉣ 문서적 의사소통에서는 문서를 통해 필요한 정보를 수집하고 이를 종합적으로 이해하는 능력과 문서를 상황과 목적에 맞게 작성할 수 있는 능력이 중요합니다. 이러한 특징들로 인해 ㉤ 언어적 의사소통은 권위감과 정확성이 높은 반면, 문서적 의사소통은 전달성과 보존성이 높습니다.

① ㉠

② ㉡

③ ㉢

④ ㉣

⑤ ㉤

19 다음 중 맞춤법이 적절하지 않은 것은?

① 과녁에 화살을 맞추다.

② 오랜만에 친구를 만났다.

③ 그는 저기에 움츠리고 있었다.

④ 단언컨대 내 말이 맞다.

⑤ 저건 정말 희한하다.

20 다음 글의 내용으로 가장 적절한 것은?

감염에 대한 일반적인 반응은 열(熱)을 내는 것이다. 우리는 발열을 흔한 '질병의 증상'이라고만 생각한다. 아무런 기능도 없이 불가피하게 일어나는 수동적인 현상처럼 여긴다. 그러나 우리의 체온은 유전적으로 조절되는 것이며 아무렇게나 변하지 않는다. 병원체 중에는 우리의 몸보다 열에 더 예민한 것들도 있다. 체온을 높이면 그런 병원체들은 우리보다 먼저 죽게 되므로 발열 증상은 우리 몸이 병원체를 죽이기 위한 능동적인 행위가 되는 것이다.

또 다른 반응은 면역 체계를 가동시키는 것이다. 백혈구를 비롯한 우리의 세포들은 외부에서 침입한 병원체를 능동적으로 찾아내어 죽인다. 우리 몸은 침입한 병원체에 대항하는 항체를 형성하여 일단 치유된 뒤에는 다시 감염될 위험이 적어진다. 인플루엔자나 보통 감기 따위의 질병에 대한 우리의 저항력은 완전한 것이 아니어서 결국 다시 그 병에 걸릴 수도 있다. 어떤 질병에 대해서는 한 번의 감염으로 자극을 받아 생긴 항체가 평생 동안 그 질병에 대한 면역성을 준다. 바로 이것이 예방접종의 원리이다. 죽은 병원체를 접종함으로써 질병을 실제로 경험하지 않고 항체 생성을 자극하는 것이다.

일부 영리한 병원체들은 인간의 면역성에 굴복하지 않는다. 어떤 병원체는 우리의 항체가 인식하는 병원체의 분자 구조, 즉 항원(抗原)을 바꾸어 우리가 그 병원체를 알아보지 못하게 한다. 예를 들어 인플루엔자는 항원을 변화시키기 때문에 이전에 인플루엔자에 걸렸던 사람이라고 해도 새로이 나타난 다른 균종으로부터 안전할 수 없는 것이다.

인간의 가장 느린 방어 반응은 자연선택에 의한 반응이다. 어떤 질병이든지 남들보다 유전적으로 저항력이 더 많은 사람들이 있기 마련이다. 어떤 전염병이 한 집단에서 유행할 때 그 특정 병원체에 저항하는 유전자를 가진 사람들은 그렇지 못한 사람들에 비해 생존 가능성이 높다. 따라서 역사적으로 특정 병원체에 자주 노출되었던 인구 집단에는 그 병에 저항하는 유전자를 가진 개체의 비율이 높아질 수밖에 없다. 이와 같은 자연선택의 예로 아프리카 흑인에게서 자주 발견되는 겸상(鎌狀) 적혈구 유전자를 들 수 있다. 겸상 적혈구 유전자는 적혈구의 모양을 정상적인 도넛 모양에서 낫 모양으로 바꾸어서 빈혈을 일으키므로 생존에 불리함을 주지만, 말라리아에 대해서는 저항력을 가지게 한다.

① 발열 증상은 수동적인 현상이지만 감염병의 회복에 도움을 준다.
② 예방접종은 질병을 실제로 경험하게 하여 항체 생성을 자극한다.
③ 겸상 적혈구 유전자는 적혈구 모양을 도넛 모양으로 변화시켜 말라리아로부터 저항성을 가지게 한다.
④ 병원체의 항원이 바뀌면 이전에 형성된 항체가 존재하는 사람도 그 병원체가 일으키는 병에 걸릴 수 있다.
⑤ 어떤 질병이 유행한 적이 없는 집단에서는 그 질병에 저항력을 주는 유전자가 보존되는 방향으로 자연선택이 이루어졌다.

21 다음 글의 주장으로 가장 적절한 것은?

우리는 우리가 생각한 것을 말로 나타낸다. 또 다른 사람의 말을 듣고, 그 사람이 무슨 생각을 가지고 있는지를 짐작한다. 그러므로 생각과 말은 서로 떨어질 수 없는 깊은 관계를 가지고 있다.

그러면 말과 생각은 얼마나 깊은 관계를 가지고 있을까? 이 문제를 놓고 사람들은 오랫동안 여러 가지 생각을 하였다. 그 가운데 가장 두드러진 것이 두 가지 있다. 그중 하나는 말과 생각이 서로 꼭 달라붙은 쌍둥이인데 한 놈은 생각이 되어 속에 감추어져 있고 다른 한 놈은 말이 되어 사람 귀에 들리는 것이라는 생각이다. 다른 하나는 생각이 큰 그릇이고 말은 생각 속에 들어가는 작은 그릇이어서 생각에는 말 이외에도 다른 것이 더 있다는 생각이다.

이 두 가지 생각 가운데서 앞의 것은 조금만 깊이 생각해 보면 틀렸다는 것을 즉시 깨달을 수 있다. 우리가 생각한 것은 거의 대부분 말로 나타낼 수 있지만, 가슴 속에 응어리진 어떤 생각이 분명히 있기는 한데 그것을 어떻게 말로 표현해야 할지 몰라 애태운 경험을 누구나 가지고 있을 것이다. 이것 한 가지만 보더라도 말과 생각이 서로 안팎을 이루는 쌍둥이가 아님은 쉽게 판명된다.

인간의 생각이라는 것은 매우 넓고 큰 것이며, 말이란 결국 생각의 일부분을 주워 담는 작은 그릇에 지나지 않는다. 그러나 아무리 인간의 생각이 말보다 범위가 넓고 큰 것이라고 하여도 그것을 가능한 한 말로 바꾸어 놓지 않으면 그 생각의 위대함이나 오묘함이 다른 사람에게 전달되지 않기 때문에 말의 신세를 지지 않을 수가 없게 되어 있다. 그러니까 말을 통하지 않고는 생각을 전달할 수가 없는 것이다.

① 말은 생각의 폭을 확장시킨다.
② 말은 생각을 전달하기 위한 수단이다.
③ 생각은 말이 내면화된 쌍둥이와 같은 존재이다.
④ 말은 생각의 하위 요소이다.
⑤ 말은 생각을 제한하는 틀이다.

"기업들은 근로자를 학벌이나 연공서열이 아니라 직무능력과 성과로 평가해야 한다." L공사 P이사장은 제4차 포용적 성장 포럼에서 발제자로 나서 '일자리 창출과 포용적 성장'이라는 주제로 발표하며 "능력 중심의 사회를 만들어야 한다."라고 강조했다. P이사장은 "우리나라는 첫 직장을 어디서 출발하는지가 굉장히 중요하다."며 "대기업에서 시작하면 쭉 대기업에 있고 중소기업이나 비정규직으로 출발하면 벗어나기 어려워, 대기업에 가기 위해 젊은 청년들이 대학 졸업까지 미룬 채 몇 년씩 취업 준비를 한다."라고 지적했다. 중소기업에서 비정규직으로 출발해도 학벌이 아니라 능력으로 평가받는 시스템이 갖춰져 있다면 자연스럽게 대기업 정규직이 될 수 있는 사회적 문화와 제도적 보장이 이뤄질 수 있을 텐데 그렇지 못하다는 것이다. 청년 실업 문제를 해결하기 위해서는 일자리 미스매칭 문제가 해결돼야 하고 그를 위해 능력 중심의 평가가 필요하다는 것이 P이사장의 견해이다. P이사장은 "미국은 맥도널드 최고경영자 (CEO)가 매장 파트타이머 출신인 경우도 있지만 우리나라는 처음에 잘못 들어가면 발 빼고 못 간다."며 "능력 중심의 임금 체계 구축과 성과평가가 이뤄진다면 변화가 가능할 것"이라고 강조했다.

P이사장은 제대로 성과평가제를 실현하기 위해서는 성과연봉제의 도입이 필요하다고 강조했다. 그는 "지금도 성과평가제가 있기는 하지만 근로자의 성과가 연봉, 승진과 제대로 연동이 안 되다 보니 부실한 측면이 많았다."며 "성과평가가 승진, 연봉과 연결되어야 근로자들도 제대로 따져보고 항의도 하면서 제대로 된 성과평가제가 구축될 수 있을 것"이라고 설명했다. 규제 완화를 하면 일자리가 늘어날지 여부에 대해 P이사장은 유럽과 미국의 예를 들며 경험적으로 증명된 부분이지만 한국에도 적용될 수 있을지는 좀 더 살펴봐야 한다는 입장이었다. P이사장은 "세계경제가 1980년대 불황으로 유럽과 미국 모두 경제가 어려웠다가 다시 살아났는데, 미국과 유럽의 일자리를 비교해 보면 미국은 늘어났는데 유럽은 늘지 않았다."며 그 이유로 "유럽과 달리 미국이 해고하기 쉬워 사람을 많이 썼기 때문이었다."라고 설명했다.

22 다음 중 윗글을 읽고 직원들이 나눈 대화로 적절하지 않은 것은?

① 김대리 : 기업들이 근로자들을 학벌로 평가하는 것이 부당하다고 생각했었어.
　　유대리 : 맞아. 이제는 사원들을 학벌이 아닌 직무 능력으로 평가할 시대야.
② 강과장 : 그러고 보니 우리 대학 출신들이 이부장님 밑에 많지 않습니까?
　　이부장 : 강과장님, 저는 사원들을 그렇게 학벌로 줄 세우지 않을 생각입니다.
③ 박차장 : 우리나라는 첫 직장이 어디냐가 아주 중요한 문제죠.
　　강대리 : 첫 직장의 규모가 영세하면 그대로 가는 경우가 대부분이다 보니….
④ 김과장 : 능력 중심의 임금 체계 구축과 성과평가제가 도입되면 어떨까요?
　　이대리 : 성과평가제는 다소 불합리한 제도라 반발이 거셀 것 같습니다.
⑤ 차사원 : 일자리를 늘리기 위해 우리도 규제 완화를 빨리 실시해야 합니다.
　　정사원 : 규제 완화가 어느 정도 경험적으로 증명된 것은 사실이지만, 우리나라에 적용하기에는 아직 시간이 필요할 것으로 보입니다.

23 다음 중 윗글의 제목으로 가장 적절한 것은?

① 성과평가제란 무엇인가?

② 능력 중심의 사회, 규제 완화가 해답

③ 미국 맥도날드 CEO, 알고 보니 파트타이머 출신

④ 세계경제 불황기, 미국과 유럽의 차이점은?

⑤ 첫 직장 비정규직이면 점프하기 어려운 현실 … 능력 중심 평가 확산을

24 다음 글이 비판의 대상으로 삼는 주장으로 가장 적절한 것은?

> 경제 문제는 대개 해결이 가능하다. 대부분의 경제 문제에는 몇 개의 해결책이 있다. 그러나 모든 해결책은 누군가가 상당한 손실을 반드시 감수해야 한다는 특징을 갖고 있다. 하지만 누구도 이 손실을 자발적으로 감수하고자 하지 않으며, 우리의 정치제도는 누구에게도 이 짐을 짊어지라고 강요할 수 없다. 우리의 정치적·경제적 구조로는 실질적으로 제로섬(Zero-sum)적인 요소를 지니는 경제 문제에 전혀 대처할 수 없기 때문이다.
>
> 대개의 경제적 해결책은 대규모의 제로섬적인 요소를 갖기 때문에 큰 손실을 수반한다. 모든 제로섬 게임에는 승자가 있다면 반드시 패자가 있으며, 패자가 존재해야만 승자가 존재할 수 있다. 경제적 이득이 경제적 손실을 초과할 수도 있지만, 손실의 주체에게 손실의 의미란 상당한 크기의 경제적 이득을 부정할 수 있을 만큼 매우 중요하다. 어떤 해결책으로 인해 평균적으로 사회는 더 잘살게 될 수도 있지만, 이 평균이 훨씬 더 잘살게 된 수많은 사람과 훨씬 더 못살게 된 수많은 사람을 감춘다. 만약 당신이 더 못살게 된 사람 중 하나라면 내 수입이 줄어든 것보다 다른 누군가의 수입이 더 많이 늘었다고 해서 위안을 얻지는 않을 것이다. 결국 우리는 우리 자신의 수입을 보호하기 위해 경제적 변화가 일어나는 것을 막거나 사회가 우리에게 손해를 입히는 공공정책이 강제로 시행되는 것을 막기 위해 싸울 것이다.

① 빈부 격차를 해소하는 것만큼 중요한 정책은 없다.

② 사회의 총생산량이 많아지게 하는 정책이 좋은 정책이다.

③ 경제 문제에서 모두가 만족하는 해결책은 존재하지 않는다.

④ 경제적 변화에 대응하는 정치제도의 기능에는 한계가 존재한다.

⑤ 경제정책의 효율성을 높이는 방법은 일관성을 유지하는 것이다.

25 다음 글의 빈칸에 들어갈 내용으로 가장 적절한 것은?

기분관리 이론은 사람들의 기분과 선택 행동의 관계에 대해 설명하기 위한 이론이다. 이 이론의 핵심은 사람들이 현재의 기분을 최적 상태로 유지하려고 한다는 것이다. 따라서 기분관리 이론은 흥분 수준이 최적 상태보다 높을 때는 사람들이 이를 낮출 수 있는 수단을 선택한다고 예측한다. 반면에 흥분 수준이 낮을 때는 이를 회복시킬 수 있는 수단을 선택한다고 예측한다. 예를 들어, 음악 선택의 상황에서 전자의 경우에는 차분한 음악을 선택하고, 후자의 경우에는 흥겨운 음악을 선택한다는 것이다. 기분조정 이론은 기분관리 이론이 현재 시점에만 초점을 맞추고 있다는 점을 지적하고 이를 보완하고자 한다. 기분조정 이론을 음악 선택의 상황에 적용하면 '_____'고 예측할 수 있다.

연구자 A는 음악 선택 상황을 통해 기분조정 이론을 검증하기 위한 실험을 했다. 그는 실험 참가자들을 두 집단으로 나누고 집단 1에게는 한 시간 후 재미있는 놀이를 하게 된다고 말했고, 집단 2에게는 한 시간 후 심각한 과제를 하게 된다고 말했다. 집단 1은 최적 상태 수준에서 즐거워했고, 집단 2는 최적 상태 수준을 벗어날 정도로 기분이 가라앉았다. 이때 연구자 A는 참가자들에게 기다리는 동안 음악을 선택하게 했다. 그랬더니 집단 1은 다소 즐거운 음악을 선택한 반면, 집단 2는 과도하게 흥겨운 음악을 선택했다. 그런데 30분이 지나고 각 집단이 기대하는 일을 하게 될 시간이 다가오자 두 집단 사이에는 뚜렷한 차이가 나타났다. 집단 1의 선택에는 큰 변화가 없었으나, 집단 2는 기분을 가라앉히는 차분한 음악을 선택하는 쪽으로 변하는 경향을 보인 것이다. 이러한 선택의 변화는 기분조정 이론을 뒷받침하는 것으로 간주되었다.

① 사람들은 현재의 기분을 지속하는 데 도움이 되는 음악을 선택한다.
② 사람들은 다음에 올 상황을 고려해 흥분을 유발할 수 있는 음악을 선택한다.
③ 사람들은 다음에 올 상황에 맞추어 현재의 기분을 조정하는 음악을 선택한다.
④ 사람들은 현재의 기분과는 상관없이 자신이 평소 선호하는 음악을 선택한다.
⑤ 사람들은 현재의 기분이 즐거운 경우에는 그것을 조정하기 위해 그와 반대되는 기분을 자아내는 음악을 선택한다.

26 퇴직을 앞둔 회사원 L씨는 1년 뒤 샐러드 도시락 프랜차이즈 가게를 운영하고자 한다. 다음은 L씨가 회사 근처 샐러드 도시락 프랜차이즈 가게에 대해 SWOT 분석을 실시한 결과이다. 〈보기〉 중 분석에 따른 대응 전략으로 적절한 것을 모두 고르면?

〈샐러드 도시락 프랜차이즈 가게 SWOT 분석 결과〉

구분	분석 결과
강점(Strength)	• 다양한 연령층을 고려한 메뉴 • 월별 새로운 메뉴 제공
약점(Weakness)	• 부족한 할인 혜택 • 홍보 및 마케팅 전략의 부재
기회(Opportunity)	• 건강한 식단에 대한 관심 증가 • 회사원들의 간편식 점심 수요 증가
위협(Threat)	• 경기 침체로 인한 외식 소비 위축 • 주변 음식점과의 경쟁 심화

〈보기〉
ㄱ. 다양한 연령층이 이용할 수 있도록 새로운 한식 도시락을 출시한다.
ㄴ. 계절 채소를 이용한 샐러드 런치 메뉴를 출시한다.
ㄷ. 제품의 가격 상승을 유발하는 홍보 방안보다 먼저 품질 향상 방안을 마련해야 한다.
ㄹ. 주변 회사와 제휴하여 이용 고객에 대한 할인 서비스를 제공한다.

① ㄱ, ㄴ
② ㄱ, ㄷ
③ ㄴ, ㄷ
④ ㄴ, ㄹ
⑤ ㄷ, ㄹ

27 이웃해 있는 10개의 건물에 초밥 가게, 옷 가게, 신발 가게, 편의점, 약국, 카페가 있다. 카페가 3번째 건물에 있을 때, 다음 〈조건〉을 토대로 항상 옳은 것은?(단, 한 건물에 한 가지 업종만 들어갈 수 있다)

〈조건〉

- 초밥 가게는 카페보다 앞에 있다.
- 초밥 가게와 신발 가게 사이에 건물이 6개 있다.
- 옷 가게는 편의점과 인접해 있지 않고, 신발 가게와 인접해 있다.
- 신발 가게 뒤에는 아무것도 없는 건물이 2개 있다.
- 2번째와 4번째 건물은 아무것도 없는 건물이다.
- 편의점과 약국은 인접해 있다.
---

① 카페와 옷 가게는 인접해 있다.
② 초밥 가게와 약국 사이에 2개의 건물이 있다.
③ 편의점은 6번째 건물에 있다.
④ 신발 가게는 8번째 건물에 있다.
⑤ 옷 가게는 5번째 건물에 있다.

28 다음은 독감의 변인 3가지에 대한 실험을 한 후 작성된 보고서이다. 다음과 같은 변인 3가지 외에 다른 변인은 없다고 했을 때, 〈보기〉 중 옳은 것을 모두 고르면?

선택 1. 수분 섭취를 잘하였고, 영양 섭취와 예방 접종은 하지 않았는데 독감에 걸리지 않았다.
선택 2. 수분 섭취는 하지 않았고, 영양 섭취와 예방 접종은 하였는데 독감에 걸리지 않았다.
선택 3. 영양 섭취와 예방 접종, 수분 섭취를 모두 하였는데 독감에 걸리지 않았다.
선택 4. 영양 섭취는 하였고, 예방 접종을 하지 않았으며, 수분 섭취는 하였는데 독감에 걸렸다.

〈보기〉

ㄱ. 선택 1, 2를 비교해 보았을 때, 수분 섭취를 하지 않아 독감에 걸렸을 것으로 추정된다.
ㄴ. 선택 1, 4를 비교해 보았을 때, 영양 섭취를 하지 않아 독감에 걸리지 않았을 것으로 추정된다.
ㄷ. 선택 2, 4를 비교해 보았을 때, 예방 접종을 하여 독감에 걸렸을 것으로 추정된다.
ㄹ. 선택 3, 4를 비교해 보았을 때, 예방 접종을 하면 독감에 걸리지 않는 것으로 추정된다.
---

① ㄱ   ② ㄴ, ㄷ
③ ㄴ, ㄹ   ④ ㄷ, ㄹ
⑤ ㄱ, ㄴ, ㄹ

29 L건설 개발 사업부에는 부장 1명, 과장 1명, 사원 2명, 대리 2명 총 6명이 근무하고 있다. 〈조건〉에 따라 5주 동안 개발 사업부 전원이 여름휴가를 다녀오려고 한다. 휴가는 1번씩 2주 동안 다녀온다고 할 때, 다음 중 항상 옳지 않은 것은?(단, 모든 휴가의 시작은 월요일, 끝은 일요일이다)

---〈조건〉---
- 회사에는 3명 이상 남아 있어야 한다.
- 같은 직위의 직원은 동시에 휴가 중일 수 없다.
- 과장과 부장은 휴가가 겹칠 수 없다.
- 1주 차에는 과장과 사원만 휴가를 갈 수 있다.

① 1주 차에 아무도 휴가를 가지 않는다.   ② 대리는 혼자 휴가 중일 수 있다.
③ 부장은 4주 차에 휴가를 출발한다.   ④ 5주 차에는 1명만 휴가 중일 수 있다.
⑤ 대리 중 1명은 3주 차에 휴가를 출발한다.

30 L씨는 로봇청소기를 합리적으로 구매하기 위해 모델별로 성능을 비교·분석하였다. L씨의 의견을 토대로 알 수 있는 L씨가 선택할 로봇청소기 모델은?

〈로봇청소기 모델별 성능 분석표〉

모델	청소 성능		주행 성능			소음 방지	자동 복귀	안전성	내구성	경제성
	바닥	카펫	자율주행 성능	문턱 넘김	추락 방지					
A	★★★	★	★★	★★	★★	★★★	★★★	★★★	★★★	★★
B	★★	★★★	★★★	★★★	★	★★★	★★	★★★	★★★	★★
C	★★★	★★★	★★★	★	★★★	★★★	★★★	★★★	★★★	★
D	★★	★★	★★★	★★	★	★★	★★	★★★	★★	★★
E	★★★	★★★	★★	★★★	★★	★★★	★★	★★★	★★★	★★★

L씨 : 로봇청소기는 내구성과 안전성이 1순위이고, 집에 카펫은 없으니 바닥에 대한 청소 성능이 2순위야. 글을 쓰는 아내를 위해서 소음도 중요하겠지, 문턱이나 추락할 만한 공간은 없으니 자율주행 성능만 좋은 것으로 살펴보면 되겠네. 나머지 기준은 크게 신경 안 써도 될 것 같아.

① A모델   ② B모델
③ C모델   ④ D모델
⑤ E모델

31 L휴게소의 물품 보관함에는 자물쇠로 잠긴 채 오랫동안 방치되고 있는 보관함 네 개가 있다. 휴게소 관리 직원인 L씨는 방치 중인 보관함을 정리하기 위해 사무실에서 보유하고 있는 6개의 A ~ F열쇠로 4개의 W ~ Z자물쇠를 모두 열어 보았다. 다음 〈조건〉을 참고할 때, 항상 참인 것은?(단, 하나의 자물쇠는 정해진 하나의 열쇠로만 열린다)

――――――〈조건〉――――――
- W자물쇠는 A열쇠 또는 B열쇠로 열렸다.
- X자물쇠와 Z자물쇠는 C열쇠로 열리지 않았다.
- F열쇠로는 어떤 자물쇠도 열지 못했다.
- X자물쇠 또는 Y자물쇠는 D열쇠로 열렸다.
- Y자물쇠는 D열쇠 또는 E열쇠로 열렸다.

① W자물쇠는 반드시 A열쇠로 열린다.
② X자물쇠가 B열쇠로 열리면, Y자물쇠는 E열쇠로 열린다.
③ Y자물쇠가 E열쇠로 열리면, Z자물쇠는 B열쇠로 열린다.
④ Z자물쇠가 E열쇠로 열리면, X자물쇠는 B열쇠로 열린다.
⑤ C열쇠로는 어떤 자물쇠도 열지 못한다.

32 L사원은 해외에서 열리는 세미나 참석을 위해 호텔을 예약하였다. 다음 자료에 따라 L사원이 호텔에 지불한 예치금은 얼마인가?

- 출장일 : 2024년 12월 18일(수) ~ 22일(일)

〈호텔 숙박가격〉

구분	평일(일 ~ 목)	주말(금 ~ 토)
가격	USD 120	USD 150

〈유의사항〉
- 호텔 숙박을 원하실 경우 총숙박비의 20%에 해당하는 금액을 예치금으로 지불하셔야 합니다.
- 개인 사정으로 호텔 예약을 취소 또는 변경하실 때는 숙박 예정일 4일 전까지는 전액 환불이 가능하지만, 그 이후로는 하루에 20%씩 취소 수수료가 부과됩니다. 노쇼(No - Show)의 경우와 체크인 당일 취소를 하실 경우에는 환불이 불가하오니, 이점 유의해 주시기 바랍니다.

① USD 105   ② USD 108
③ USD 110   ④ USD 120
⑤ USD 132

33 L공사는 본사 이전으로 인해 사무실 배치를 새롭게 바꾸기로 하였다. 다음 고려사항을 참고할 때, (가로) 3,000mm×(세로) 3,400mm인 직사각형의 사무실에 가능한 가구 배치는?

〈배치 시 고려사항〉

- 사무실 문을 여닫는 데 1,000mm의 간격이 필요함
- 서랍장의 서랍(●로 표시하며, 가로면 전체에 위치)을 열려면 400mm의 간격이 필요(회의 탁자, 책상, 캐비닛은 서랍 없음)하며, 반드시 여닫을 수 있어야 함
- 붙박이 수납장 문을 열려면 앞면 전체에 550mm의 간격이 필요하며, 반드시 여닫을 수 있어야 함
- 가구들은 쌓을 수 없음
- 각각의 가구는 사무실에 넣을 수 있는 것으로 가정함
  - 회의 탁자 : (가로) 1,500mm×(세로) 2,110mm
  - 책상 : (가로) 450mm×(세로) 450mm
  - 서랍장 : (가로) 1,100mm×(세로) 500mm
  - 캐비닛 : (가로) 1,000mm×(세로) 300mm
  - 붙박이 수납장은 벽 한 면 전체를 남김없이 차지함(깊이 650mm)

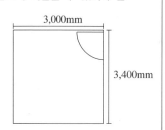

①

②

③

④

⑤

※ 다음은 L마트의 배송이용약관이다. 이어지는 질문에 답하시오. **[34~35]**

〈배송이용약관〉

▶ 배송기간

① 당일배송상품은 오전 주문 시 상품 당일 오후 배송(단, 당일 배송 주문마감 시간은 지점마다 상이함)

② 일반배송상품은 전국 택배점 상품은 상품 결제 완료 후 평균 2~4일 이내 배송 완료

③ 일반배송상품은 택배사를 이용해 배송되므로 주말, 공휴일, 연휴에는 배송되지 않음

④ 당일배송의 경우 각 지점에 따라 배송정책이 상이하므로 이용매장에 직접 확인해야 함

⑤ 꽃 배송은 전국 어디서나 3시간 내에 배달 가능(단, 도서 산간지역 등 일부 지역 제외, 근무시간 내 주문접수 되어야 함)

▶ 배송비

① L클럽(L마트 점포배송)을 제외한 상품은 무료배송이 원칙(단, 일부 상품의 경우 상품가격에 배송비가 포함될 수 있으며, 도서지역의 경우 도선료, 항공료 등이 추가될 수 있음)

② L클럽 상품은 지점별로 배송비 적용 정책이 상이함(해당점 이용안내 확인 필요)

③ 도서상품은 배송비 무료

④ CD / DVD 상품은 39,000원 미만 주문 시 배송비 3,000원 부과

⑤ 화장품 상품은 30,000원 미만 주문 시 배송비 3,000원 부과

⑥ 기타 별도의 배송비 또는 설치비가 부과되는 경우에는 해당 상품의 구매페이지에 게재함

▶ 배송확인

① [나의 e쇼핑 → 나의 쇼핑정보 → 주문 / 배송현황]에서 배송현황의 배송조회 버튼을 클릭하여 확인할 수 있음

② 주문은 [주문 완료] → [결제 완료] → [상품 준비 중] → [배송 중] → [배송 완료] 순으로 진행

• [주문 완료] : 상품대금의 입금 미확인 또는 결제가 미완료된 접수 상태

• [결제 완료] : 대금결제가 완료되어 주문을 확정한 상태

• [상품 준비 중] : 공급처가 주문내역을 확인 후 상품을 준비하여 택배사에 발송을 의뢰한 상태

• [배송 중] : 공급처에 배송지시를 내린 상태(공급처가 상품을 발송한 상태)

• [배송 완료] : 배송이 완료되어 고객님이 상품을 인수한 상태

※ 배송주소가 2곳 이상인 경우 주문할 상품의 상세페이지에서 [대량주문하기] 버튼을 클릭하면 여러 배송지로 상품 보내기 가능(배송주소를 여러 곳 설정할 때는 직접 입력 또는 엑셀파일로 작성 후 파일업로드 2가지 방식 이용)

34 서울 R대학의 기숙사 룸메이트인 갑과 을은 L마트에서 각각 물건을 구매했다. 두 명 모두 일반배송상품을 이용하였으며, 갑은 화장품 세트를, 을은 책 3권을 구매하였다. 이 경우 각각 물건을 구매하는 데 배송비를 포함하여 얼마가 들었는가?(단, 갑이 구매한 화장품 세트는 29,900원이며, 을이 구매한 책은 각각 10,000 원이다)

	갑	을
①	29,900원	30,000원
②	29,900원	33,000원
③	30,900원	33,000원
④	32,900원	33,000원
⑤	32,900원	30,000원

35 서울에 사는 병은 L마트에서 해운대에 사시는 부모님께 보내드릴 사과 한 박스를 주문했다. 사과는 L마트 일반배송상품으로 가격은 32,000원인데 현재 25% 할인을 하고 있다. 배송비를 포함하여 상품을 구매하는 데 총 얼마가 들었으며, 상품은 부모님 댁에 늦어도 언제까지 배송될 예정인가?

일	월	화	수	목	금	토
1	2	3	4	5	6 상품 결제 완료	7
8	9	10	11	12	13	14

	총가격	배송 완료일
①	24,000원	9일 월요일
②	24,000원	12일 목요일
③	27,000원	10일 화요일
④	32,000원	12일 목요일
⑤	32,000원	13일 금요일

※ L악기회사는 기타를 만들 때마다 다음과 같은 규칙을 적용하여 시리얼 번호를 부여하고 있다. 창고에 남은 기타들의 시리얼 넘버를 정리한 자료가 〈보기〉와 같을 때, 이어지는 질문에 답하시오. **[36~37]**

〈L악기회사 시리얼 번호 부여 방법〉

	M	생산한 공장을 의미한다. (M=멕시코)
MZ09042589	Z	생산한 시대를 의미한다. (Z=2000년대)
	0904	생산연도와 월을 의미한다. (09=2009년, 04=4월)
	2589	생산된 순서를 의미한다. (2589번)

생산한 공장		생산한 시대	
미국	U	1960년대	V
중국	C	1970년대	W
베트남	V	1980년대	X
멕시코	M	1990년대	Y
필리핀	P	2000년대	Z
인도네시아	I	2010년대	A

〈보기〉

CZ09111213	VA27126459	IA12025512	VZ09080523	MX95025124	PA15114581	VY94085214	IZ04081286
PY93122569	MZ06077856	MY03123268	VZ03033231	CZ05166237	VA13072658	CZ01120328	IZ08112384
MX89124587	PY96064568	CZ11128465	PY91038475	VZ09122135	IZ03081657	CA12092581	CY12056487
VZ08203215	MZ05111032	CZ05041249	IA12159561	MX83041235	PX85124982	IA11129612	PZ04212359
CY87068506	IA10052348	VY97089548	MY91084652	VA07107459	CZ09063216	MZ01124523	PZ05123458

36 다음 〈보기〉의 시리얼 번호를 생산한 공장을 기준으로 분류할 때, 모두 몇 개의 분류로 나뉠 수 있는가?

① 2개 ② 3개
③ 4개 ④ 5개
⑤ 6개

37 다음 〈보기〉의 시리얼 번호 중 생산연도와 월이 잘못 기입된 번호가 있다고 한다. 잘못 기입된 시리얼 번호는 모두 몇 개인가?

① 10개 ② 11개
③ 12개 ④ 13개
⑤ 14개

38 L공사는 현재 모든 사원과 연봉 협상을 하는 중이다. 연봉은 전년도 성과지표에 따라 결정되며 직원들의 성과지표가 다음과 같을 때, 가장 많은 연봉을 받을 직원은 누구인가?

〈성과지표별 가중치〉

(단위 : 원)

성과지표	수익 실적	업무 태도	영어 실력	동료 평가	발전 가능성
가중치	3,000,000	2,000,000	1,000,000	1,500,000	1,000,000

〈사원별 성과지표 결과〉

구분	수익 실적	업무 태도	영어 실력	동료 평가	발전 가능성
A사원	3	3	4	4	4
B사원	3	3	3	4	4
C사원	5	2	2	3	2
D사원	3	3	2	2	5
E사원	4	2	5	3	3

※ (당해 연도 연봉)=3,000,000원+(성과금)
※ 성과금은 각 성과지표와 그에 해당하는 가중치를 곱한 뒤 모두 더한다.
※ 성과지표의 평균이 3.5 이상인 경우 당해 연도 연봉에 1,000,000원이 추가된다.

① A사원 ② B사원
③ C사원 ④ D사원
⑤ E사원

※ 다음 글을 읽고 이어지는 질문에 답하시오. [39~40]

<상황>

L회사는 냉동핫도그를 주력으로 판매하고 있다. 현재까지 높은 판매율을 보이고 있으나, 제품개발팀에서는 새로운 제품을 만들겠다고 아이디어를 제시한다. 하지만 경영진의 반응은 차갑기만 하다.

<회의 내용>

제품개발팀장 : 저희 팀에서는 새로운 제품을 개발하자는 의견이 계속해서 나오고 있습니다. 현재의 상품에 좋은 반응이 이어지고 있지만, 이 제품만으로는 안주할 수 없습니다. 신제품 개발에 대해 서로의 상황을 인지하고 문제 상황을 해결해 보자는 의미로 이 회의 자리를 마련했습니다. 각 팀 내에서 거론되었던 의견들을 제시해 주십시오.

기획팀장 : 저희는 찬성하는 입장입니다. 요즘처럼 고객의 요구가 빠르게 변화하는 사회에선 끊임없는 새로운 제품 개발과 출시가 당연한 듯합니다.

마케팅팀장 : 최근 냉동핫도그 고급화 전략을 내세우는 곳이 많던데요. 혹시 제품개발팀에서는 어떤 방향으로 제품 개발을 생각하고 있으신가요?

제품개발팀장 : 네, 저희도 고급화로 접근하고자 합니다. 단순히 간단하게 먹는 음식이 아니라, 간단하지만 유명 맛집이나 호텔에서 즐길 수 있는 그런 퀄리티가 높은 음식으로 말이죠. 기존엔 조리법도 너무 간단하게 안내가 되었는데, 이제는 더욱 색다르고 제대로 된 맛을 느낄 수 있는 조리법도 함께 담았으면 합니다. 특히 핫도그에 감자나 고구마를 이용하여 여러 종류의 냉동핫도그를 출시하고자 합니다.

마케팅팀장 : 그런데 냉동핫도그 보관 기간이 길고 간편한 것이 장점인데, 고급화하게 되면 보관 기간이 줄어들거나 조리법이 어려워지는 건 아닐까요?

제품개발팀장 : 저희도 그 부분들에 대해 고민 중입니다. 다양한 재료를 생각해 보았으나, 냉동과 해동 과정에서 맛이 바뀌는 경우들이 있어서 아직 다양한 재료들을 더 고민해 봐야 할 것 같습니다.

기획팀장 : 보관 기간은 정말 중요합니다. 재고 관리에도 도움이 되고요.

마케팅팀장 : 퀄리티는 높이되 간편함과 보관 기간은 유지하자는 말씀이시죠?

제품개발부장 : 네, 그렇습니다. 우선 다양한 종류의 제품을 만들게 되었을 때, 물량 차이가 얼마나 있는지도 확인이 필요할 것 같습니다.

연구팀장 : 네, 그 부분에 대해서는 조금 더 논의가 필요할 것 같습니다. 검토해 보겠습니다.

마케팅팀장 : 좋은 의견들이 많이 나온 것 같습니다. 고급화 신제품뿐 아니라 또 다른 제품이나 브랜딩에 대한 의견이 있으시다면 자유롭게 말씀해 주세요.

39 다음 중 윗글의 내용에 해당하는 문제해결 과정 단계는?

① 문제 인식   ② 문제 도출

③ 원인 분석   ④ 해결안 개발

⑤ 해결안 실행 및 평가

40 다음 중 윗글을 통해 알 수 있는 문제해결을 위한 사고로 가장 적절한 것은?

① 전략적 사고   ② 분석적 사고

③ 발상의 전환   ④ 내외부자원의 효과적 활용

⑤ 사실 지향적 사고

〈승진심사 점수〉

(단위 : 점)

구분	기획력	업무실적	조직 성과업적	청렴도	승진심사 평점
B과장	80	72	78	70	
D대리	60	70	48		63.6

※ 승진심사 평점은 기획력 30%, 업무실적 30%, 조직 성과업적 25%, 청렴도 15%로 계산한다.
※ 부문별 만점 기준점수는 100점이다.

41 다음 중 D대리의 청렴도 점수로 옳은 것은?

① 80점
② 81점
③ 82점
④ 83점
⑤ 84점

42 L공사에서 과장이 승진후보에 오르기 위해서는 승진심사 평점이 80점 이상이어야 한다. B과장이 승진후보가 되려면 몇 점이 더 필요한가?

① 4.2점
② 4.4점
③ 4.6점
④ 4.8점
⑤ 5.0점

43 다음 규칙을 근거로 판단할 때, 〈보기〉에서 적절한 것을 모두 고르면?

〈규칙〉

- △△배 씨름대회는 아래와 같은 대진표에 따라 진행되며, 11명의 참가자는 추첨을 통해 동일한 확률로 A부터 K까지의 자리 중에서 하나를 배정받아 대회에 참가한다.

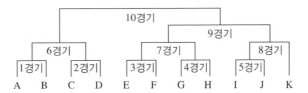

- 대회는 첫째 날에 1경기부터 시작되어 10경기까지 순서대로 매일 하루에 한 경기씩 쉬는 날 없이 진행되며, 매 경기에서는 무승부 없이 승자와 패자가 가려진다.
- 각 경기를 거듭할 때마다 패자는 제외시키면서 승자끼리 겨루어 최후에 남은 두 참가자 간에 우승을 가리는 승자 진출전 방식으로 대회를 진행한다.

〈보기〉

ㄱ. 이틀 연속 경기를 하지 않으면서 최소한의 경기로 우승할 수 있는 자리는 총 5개이다.
ㄴ. 첫 번째 경기에 승리한 경우 두 번째 경기 전까지 3일 이상을 경기 없이 쉴 수 있는 자리에 배정될 확률은 50% 미만이다.
ㄷ. 총 4번의 경기를 치러야 우승할 수 있는 자리에 배정될 확률이 총 3번의 경기를 치르고 우승할 수 있는 자리에 배정될 확률보다 높다.

---

① ㄱ   ② ㄴ
③ ㄷ   ④ ㄱ, ㄷ
⑤ ㄴ, ㄷ

※ 다음 4월 달력을 참고하여 이어지는 질문에 답하시오. **[44~45]**

<4월 달력>

월요일	화요일	수요일	목요일	금요일	토요일	일요일
		1	2	3	4	5
6	7	8	9	10	11	12
13	14	15 선거일	16	17	18	19
20	21	22	23	24	25	26
27	28	29	30			

44 L공사가 〈조건〉에 따라 4월 내로 가능한 빠르게 신입사원 채용시험을 진행한다고 할 때, 다음 중 채용시험일이 바르게 연결된 것은?

〈조건〉

• 최근 발생한 전염병으로 인해 L공사는 4월 10일까지 재택근무를 하기로 결정하였으나, 직원 중 한 명이 확진자로 판정받아 기존 재택근무 기간에서 일주일 더 연장하기로 결정하였다.
• L공사의 신입사원 채용시험은 필기시험과 면접시험으로 이루어지며, 각각 하루씩 소요된다. 필기시험 후 2일 동안 필기시험 결과를 바탕으로 면접시험 진행자를 선별해 필기시험일로부터 3일이 되는 날 면접시험 해당자에게 면접대상자임을 고지하고, 고지한 날로부터 2일이 되는 날 면접시험을 진행한다(단, 필기시험과 면접시험의 시험일이 월요일, 토요일, 일요일 및 법정공휴일인 경우 그 다음날로 한다).

	필기시험	면접시험
①	21일	28일
②	21일	29일
③	22일	28일
④	22일	29일
⑤	28일	29일

45 L공사는 채용시험에 최종 합격한 신입사원을 〈조건〉에 따라 부서에 배치하려 한다. 다음 중 신입사원이 소속 부서로 출근하는 날은 언제인가?(단, 면접시험일은 44번 문제를 통해 결정된 날짜이며, 토·일요일에는 회사 근무를 하지 않는다)

〈조건〉
- 면접시험일 이틀 뒤에 최종 합격자를 발표한다.
- 최종 합격자는 합격자 발표일 그 다음 주 월요일에 첫 출근을 한다.
- 최종 합격자는 첫 출근일을 포함하여 2주간 신입사원 교육을 받는다.
- 신입사원 교육이 끝난 뒤 이틀 동안의 회의를 통해 신입사원의 배치를 결정한다.
- 부서 배치가 결정되면 신입사원은 그 다음 주 월요일부터 소속 부서로 출근한다.
---

① 5월 4일
② 5월 11일
③ 5월 18일
④ 5월 20일
⑤ 5월 25일

46 다음은 문제의 유형에 대한 설명이다. 이를 참고해 사례의 ㉠~㉢을 바르게 분류한 것은?

업무수행 과정 중 발생한 문제를 효과적으로 해결하기 위해서는 문제의 유형을 파악하는 것이 우선시되어야 하며, 이러한 문제의 유형은 발생형 문제, 탐색형 문제, 설정형 문제의 세 가지로 분류할 수 있다.

〈사례〉
㉠ 지속되는 경기 악화에 따라 새로운 신약 개발에 사용되는 원료 중 일부의 단가가 상승할 것으로 예상되어 다른 공급처를 물색할 필요성이 대두되고 있다.
㉡ 새로운 신약 개발 과정 중에서의 임상시험 중 임상시험자의 다수가 부작용을 보이고 있어 신약 개발이 전면 중단되었다.
㉢ 현재는 신약개발이 주 업무인 제약회사이지만, 매년 새로운 감염병이 발생하고 있는 현 실정에 진단키트 개발도 추진한다면 회사의 성장 가능성은 더 커질 것으로 보고 있다.

	발생형 문제	탐색형 문제	설정형 문제
①	㉠	㉡	㉢
②	㉠	㉢	㉡
③	㉡	㉠	㉢
④	㉡	㉢	㉠
⑤	㉢	㉡	㉠

※ L공사에서는 동절기 근무복을 새롭게 구매하려고 한다. 다음 자료를 참고하여 이어지는 질문에 답하시오.
[47~48]

〈동절기 근무복 업체별 평가점수〉

구분	가격	디자인	보온성	실용성	내구성
A업체	★★★★	★★★	★★★★	★★	★★★★
B업체	★★★★★	★	★★★	★★★★	★
C업체	★★★	★★	★★★	★★★	★★
D업체	★★	★★★★	★★★★★	★★	★
E업체	★★★	★	★★	★	★★

※ ★의 개수가 많을수록 높은 평가점수이다.

47 L공사 임직원은 근무복의 가격과 보온성을 중요시한다. 임직원의 선호를 고려한다면, 다음 중 어떤 업체의 근무복을 구매하겠는가?(단, 가격과 보온성을 고려한 별 개수가 같을 경우 모든 부문의 별 개수 합계를 비교한다)

① A업체
② B업체
③ C업체
④ D업체
⑤ E업체

48 업체별 근무복 한 벌 구매가격이 다음과 같을 때, 예산 100만 원 내에서 어떤 업체의 근무복을 구매하겠는 가?(단, 지급될 동절기 근무복은 총 15벌이며, 가격과 보온성을 고려하여 구매한다)

〈업체별 근무복 가격〉

(단위 : 원)

A업체	B업체	C업체	D업체	E업체
63,000원	60,000원	75,000	80,000	70,000

※ 평가점수 총점이 같을 경우, 가격이 저렴한 업체를 선정한다.

① A업체
② B업체
③ C업체
④ D업체
⑤ E업체

※ 다음은 L공사에서 채용시험을 실시할 때 필요한 〈조건〉과 채용시험장 후보 대상에 대한 정보이다. 이어지는 질문에 답하시오. [49~50]

─────〈조건〉─────

- 신입직 지원자는 400명이고, 경력직 지원자는 80명이다(단, 지원자 모두 시험에 응시한다).
- 시험은 방송으로 진행되므로 스피커가 있어야 한다.
- 시험 안내를 위해 칠판이나 화이트보드가 있어야 한다.
- 신입직의 경우 3시간, 경력직의 경우 2시간 동안 시험이 진행된다.
- 비교적 비용이 저렴한 시설을 선호한다.

〈채용시험장 후보 대상〉

구분	A중학교	B고등학교	C대학교	D중학교	E고등학교
수용 가능 인원	380명	630명	500명	460명	500명
시간당 대여료	300만 원	450만 원	700만 원	630만 원	620만 원
시설	스피커, 화이트보드	스피커, 칠판	칠판, 스피커	화이트보드, 스피커	칠판
대여 가능 시간	토 ~ 일요일 10 ~ 13시	일요일 09 ~ 12시	토 ~ 일요일 14 ~ 17시	토요일 14 ~ 17시	토 ~ 일요일 09 ~ 12시 13 ~ 15시

49 L공사가 신입직 채용시험을 토요일에 실시한다고 할 때, 다음 중 채용시험 장소로 가장 적절한 곳은?

① A중학교
② B고등학교
③ C대학교
④ D중학교
⑤ E고등학교

50 L공사는 채용 일정이 변경됨에 따라 신입직과 경력직의 채용시험을 동시에 동일한 장소에서 실시하려고 한다. 다음 중 채용시험 장소로 가장 적절한 곳은?(단, 채용시험일은 토요일이나 일요일로 한다)

① A중학교
② B고등학교
③ C대학교
④ D중학교
⑤ E고등학교

3일 차
기출응용 모의고사

〈문항 및 시험시간〉

평가영역	문항 수	시험시간	모바일 OMR 답안분석
의사소통능력＋문제해결능력	50문항	60분	

3일 차 기출응용 모의고사

문항 수 : 50문항
시험시간 : 60분

01 다음 중 밑줄 친 ⊙ ~ @에 대한 판단으로 가장 적절한 것은?

동물실험은 교육, 시험, 연구 및 생물학적 제제의 생산 등 과학적 목적을 위해 동물을 대상으로 실시하는 실험 및 그 절차를 말한다. 동물실험은 오랜 역사를 가진 만큼 이에 대한 찬반 입장이 복잡하게 얽혀 있다. 인간과 동물의 몸이 자동 기계라고 보았던 근대 철학자 ⊙ 데카르트는 동물은 인간과 달리 영혼이 없어 쾌락이나 고통을 경험할 수 없다고 믿었다. 데카르트는 살아 있는 동물을 마취도 하지 않은 채 해부 실험을 했던 것으로 악명이 높다. 당시에는 마취술이 변변치 않았을뿐더러, 동물이 아파하는 행동도 진정한 고통의 반영이 아니라고 보았기 때문에 그는 양심의 가책을 느끼지 않았을 것이다. ⓒ 칸트는 이성 능력과 도덕적 실천 능력을 가진 인간은 목적으로서 대우해야 하지만, 이성도 도덕도 가지지 않는 동물은 그렇지 않다고 보았다. 그는 동물을 학대하는 일은 옳지 않다고 생각했는데, 동물을 잔혹하게 대하는 일이 습관화되면 다른 사람과의 관계에도 문제가 생기고 인간의 품위가 손상된다고 보았기 때문이다.

동물실험을 옹호하는 여러 입장들은 인간은 동물이 가지지 않은 언어 능력, 도구 사용 능력, 이성 능력 등을 가진다는 점을 근거로 삼는 경우가 많지만, 동물들도 지능과 문화를 가진다는 점을 들어 인간과 동물의 근본적 차이를 부정하는 이들도 있다. 현대의 ⓒ 공리주의 생명윤리학자들은 이성이나 언어 능력에서 인간과 동물이 차이가 있더라도 동물실험이 정당화되는 것은 아니라고 보고 있다. 이들에게 도덕적 차원에서 중요한 기준은 고통을 느낄 수 있는지 여부이다. 인종이나 성별과 무관하게 고통은 최소화되어야 하듯, 동물이 겪고 있는 고통도 마찬가지이다. 이들이 문제 삼는 것은 동물실험 자체라기보다는 그것이 초래하는 전체 복지의 감소에 있다. 따라서 동물에 대한 충분한 배려 속에서 전체적인 복지를 증대시킬 수 있다면, 일부 동물실험은 허용될 수 있다.

이와 달리, 현대 철학자 @ 리건은 몇몇 포유류의 경우 각 동물 개체가 삶의 주체로서 갖는 가치가 있다고 주장하면서, 이 동물에게는 실험에 이용되지 않을 권리가 있다고 본다. 이러한 고유한 가치를 지닌 존재는 존중되어야 하며 결코 수단으로 취급되어서는 안 된다. 따라서 개체로서의 가치와 동물권을 지니는 대상은 그 어떤 실험에도 사용되지 않아야 한다.

① ⊙과 ⓒ은 이성과 도덕을 갖춘 인간의 이익을 우선시하기 때문에 동물실험에 찬성한다.
② ⊙과 ⓒ은 동물이 고통을 느낄 수 있는지 여부에 관해 견해가 서로 다르다.
③ ⓒ과 @은 인간과 동물의 근본적 차이로 인해 동물을 인간과 다르게 대우해도 좋다고 본다.
④ ⓒ은 언어와 이성 능력에서 인간과 동물이 차이가 있음을 부정한다.
⑤ @은 동물이 고통을 느낄 수 있는 존재이기 때문에 각 동물 개체가 삶의 주체로서 가치를 지닌다고 본다.

02 다음 문단을 논리적 순서대로 바르게 나열한 것은?

> (가) 이날 시연회를 주관한 L공사 영업본부장은 "정부 역점 정책인 4차 산업혁명 구현에 있어 세계 최고의 전력 기술을 보유하고 있는 L공사가 앞으로 주도적인 역할을 할 것이며, 특히 사람이 먼저인 안전한 작업 환경을 만들기 위한 사회적 요구와 책임을 성실히 수행하겠다."고 밝혔다.
>
> (나) '빅데이터 기반의 설비 상태 자동 분석 기법'은 세계 최초로 빅데이터와 머신 러닝 기술을 접목한 첨단 기술로, 진단 장비 일체를 차량에 탑재하여 손쉽게 전력 설비를 진단할 뿐만 아니라, 자동으로 고장점을 찾아냄으로써 시간과 비용을 최대 10배까지 절감할 수 있는 기술이다. 현재 이 기술에 대해 중동과 동남아시아에서 많은 관심을 보여 L공사는 자체 활용뿐만 아니라 공동 개발에 참여한 중소기업과 함께 해외 수출도 추진 중에 있다.
>
> (다) L공사는 6월 22일 나주 혁신단지에서 '자율비행 드론 설비 진단 기술'과 '빅데이터 기반의 설비 상태 자동 분석 기법'을 소개하고 작업자 안전을 최우선 하는 '전력선 비접촉식 활선 작업 공법'에 대한 시연회를 개최하였다.
>
> (라) 또한 전력 설비를 유지·보수할 때 기존엔 작업자가 전기가 흐르는 특고압선을 직접 만지는 직접활선 공법을 활용하였으나, 2016년 6월부터 L공사는 작업자 안전을 최우선으로 하는 비접촉식 간접활선 공법으로의 정책 전환 및 관련 기술을 개발하게 되었다. 이 기술을 적용하면 감전 등 안전사고가 획기적으로 줄어들 것으로 예상된다.
>
> (마) '자율비행 드론 설비 진단 기술'은 정부에서 주관하는 '시장 창출형 로봇 보급 사업'에 참여한 사업으로 핵심 기술인 로봇 및 광학 기술을 접목하여, 차량 진입이 어려운 산악지 또는 지상에서 점검이 곤란한 전력 설비 상부를 GPS 경로를 따라 자율비행하면서 점검하는 기술이다.

① (가) - (라) - (다) - (마) - (나)

② (나) - (다) - (가) - (마) - (라)

③ (다) - (가) - (라) - (나) - (마)

④ (다) - (나) - (가) - (마) - (라)

⑤ (다) - (마) - (나) - (라) - (가)

03 다음 글을 통해 글쓴이가 말하고자 하는 바로 가장 적절한 것은?

프랜시스 베이컨은 사람을 거미와 같은 사람, 개미와 같은 사람, 꿀벌과 같은 사람 세 종류로 나누어 보았다. 첫째, '거미'와 같은 사람이 있다. 거미는 벌레들이 자주 날아다니는 장소에 거미줄을 쳐놓고 숨어 있다가, 벌레가 거미줄에 걸리면 슬그머니 나타나 잡아먹는다. 거미와 같은 사람은 땀 흘려 노력하지 않으며, 누군가 실수를 하기 기다렸다가 그것을 약점으로 삼아 그 사람의 모든 것을 빼앗는다.

둘째, '개미'와 같은 사람이 있다. 개미는 부지런함의 상징이 되는 곤충이다. 더운 여름에도 쉬지 않고 땀을 흘리며 먹이를 물어다 굴속에 차곡차곡 저장한다. 그러나 그 개미는 먹이를 남에게 나누어 주지는 않는다. 개미와 같은 사람은 열심히 일하고 노력하여 돈과 재산을 많이 모으지만, 남을 돕는 일에는 아주 인색하여 주변 이웃의 불행을 모른 체하며 살아간다.

셋째, '꿀벌'과 같은 사람이 있다. 꿀벌은 꽃의 꿀을 따면서도 꽃에 상처를 남기지 않고, 이 꽃 저 꽃으로 날아 다니며 꽃이 열매를 맺도록 도와준다. 만약 꿀벌이 없다면 많은 꽃은 열매를 맺지 못할 것이다. 꿀벌과 같은 사람은 책임감을 갖고 열심히 일하면서도 남에게 도움을 준다. 즉, 꿀벌과 같은 사람이야말로 우리 사회에 반드시 있어야 할 이타적 존재이다.

① 노력하지 않으면서 성공을 바라는 사람은 결코 성공할 수 없다.
② 다른 사람의 실수를 모른 체 넘어가 주는 배려가 필요하다.
③ 자신의 일만 열심히 하다 보면 누군가는 반드시 알아봐 준다.
④ 맡은 바 책임을 다하면서도 남을 돌볼 줄 아는 사람이 되어야 한다.
⑤ 자신의 삶보다 이웃의 삶을 소중하게 돌볼 줄 알아야 한다.

04 다음 글의 빈칸에 들어갈 내용으로 가장 적절한 것은?

탁월함은 어떻게 습득되는가, 그것을 가르칠 수 있는가? 이 물음에 대하여 아리스토텔레스는 지성의 탁월함은 가르칠 수 있지만, 성품의 탁월함은 비이성적인 것이어서 가르칠 수 없고, 훈련을 통해서 얻을 수 있다고 대답한다.

그는 좋은 성품을 얻는 것을 기술을 습득하는 것에 비유한다. 그에 따르면, 리라(Lyra)를 켬으로써 리라를 켜는 법을 배우며 말을 탐으로써 말을 타는 법을 배운다. 어떤 기술을 얻고자 할 때 처음에는 교사의 지시대로 행동한다. 그리고 반복 연습을 통하여 그 행동이 점점 더 하기 쉽게 되고 마침내 제2의 천성이 된다. 이와 마찬가지로 어린아이는 어떤 상황에서 어떻게 행동해야 진실되고 관대하며 예의를 차리게 되는지 일일이 배워야 한다. 훈련과 반복을 통하여 그런 행위들을 연마하다 보면 그것들을 점점 더 쉽게 하게 되고, 결국에는 스스로 판단할 수 있게 된다.

그는 올바른 훈련이란 강제가 아니고 그 자체가 즐거움이 되어야 한다고 지적한다. 또한 그렇게 훈련받은 사람은 일을 바르게 처리하는 것을 즐기게 되고, 일을 바르게 처리하고 싶어하게 되며, 올바른 일을 하는 것을 어려워하지 않게 된다. 이처럼 성품의 탁월함이란 사람들이 '하는 것'만이 아니라 사람들이 '하고 싶어 하는 것'과도 관련된다. 그리고 한두 번 관대한 행동을 한 것으로 충분하지 않으며, 늘 관대한 행동을 하고 그런 행동에 감정적으로 끌리는 성향을 갖고 있어야 비로소 관대함에 관하여 성품의 탁월함을 갖고 있다고 할 수 있다.

다음과 같은 예를 통해 아리스토텔레스의 견해를 생각해 보자. 갑돌이는 성품이 곧고 자신감이 충만하다. 그가 한 모임에 참석했는데, 거기서 다수의 사람들이 옳지 않은 행동을 한다고 생각했을 때, 그는 다수의 행동에 대해 비판의 목소리를 낼 것이며 그렇게 하는 데 별 어려움을 느끼지 않을 것이다. 한편, 수줍어하고 우유부단한 병식이도 한 모임에 참석했는데, 그 역시 다수의 행동이 잘못되었다는 판단을 했다고 하자. 이런 경우에 병식이는 일어나서 다수의 행동이 잘못되었다고 말할 수 있겠지만, 그렇게 하려면 엄청난 의지를 발휘해야 할 것이고 자신과 힘든 싸움도 해야 할 것이다. 그런데도 병식이가 그렇게 행동했다면 우리는 병식이가 용기 있게 행동했다고 칭찬할 것이다. 그러나 아리스토텔레스의 입장에서 성품의 탁월함을 가진 사람은 갑돌이다. 왜냐하면 _____ 우리가 어떠한 사람을 존경할 것인가가 아니라, 우리 아이를 어떤 사람으로 키우고 싶은가라는 질문을 받는다면 우리는 아리스토텔레스의 견해에 가까워질 것이다. 왜냐하면 우리는 우리 아이들을 갑돌이와 같은 사람으로 키우고 싶어 할 것이기 때문이다.

① 그는 내적인 갈등 없이 옳은 일을 하기 때문이다.
② 그는 옳은 일을 하는 천성을 타고났기 때문이다.
③ 그는 주체적 판단에 따라 옳은 일을 하기 때문이다.
④ 그는 자신이 옳다는 확신을 가지고 옳은 일을 하기 때문이다.
⑤ 그는 다른 사람들의 칭찬을 의식하지 않고 옳은 일을 하기 때문이다.

※ 다음 글을 읽고 이어지는 질문에 답하시오. [5~6]

나이가 들면서 크고 작은 신체장애가 오는 것은 동서고금(東西古今)의 진리이고 어쩔 수 없는 사실이다. 노화로 인한 신체장애는 사십대 중반의 갱년기를 넘기면 누구에게나 나타날 수 있는 현상이다.

원시가 된다든가, 치아가 약해진다든가, 높은 계단을 빨리 오를 수 없다든가, 귀가 잘 안 들려서 자신도 모르게 큰소리로 이야기한다든가, 기억력이 감퇴하는 것 등이 그 현상이다. 노인들에게 '당신들도 젊은이들처럼 할 수 있다.' 라고 헛된 자존심을 부추길 것이 아니라, _____ ㉠ _____ 우리가 장애인들에게 특별한 배려를 하는 것은 그들의 인권을 위해서이다. 그것은 건강한 사람과 동등하게 그들을 인간으로 대하는 태도이다. 늙음이라는 신체적 장애를 느끼는 노인들에 대한 배려도 그들의 인권을 보호하는 차원에서 이루어져야 할 것이다.

집안의 어르신을 잘 모시는 것을 효도의 관점에서만 볼 것이 아니라, 인권의 관점에서 볼 줄도 알아야 한다. 노부모에 대한 효도가 좀 더 보편적 차원의 성격을 갖지 못한다면, 앞으로의 세대들에게 설득력을 얻기 어려울 것이다. 나는 장애인을 위한 자원봉사에는 열심인 한 젊은이가 자립 능력이 없는 병약한 노부모 모시기를 거부하며, 효도의 ㉡ 시대착오적 측면을 적극 비판하는 경우를 보았다. 이렇게 인권의 사각지대는 가정 안에도 있을 수 있다. 보편적 관점에서 보면, 노부모를 잘 모시는 것은 효도의 차원을 넘어선 인권 존중이라고 할 수 있다. 인권 존중은 가까운 곳에서부터 시작되어야 하고, 인권은 그것이 누구의 인권이든, 언제 어디서든 존중되어야 한다.

05 다음 중 윗글의 빈칸 ㉠에 들어갈 내용으로 가장 적절한 것은?

① 모든 노인들을 가족처럼 공경해야 한다.
② 노인 스스로 그 문제를 해결할 수 있도록 해야 한다.
③ 노인들에게 실질적으로 경제적인 도움을 주어야 한다.
④ 노인성 질환 치료를 위해 노력해야 한다.
⑤ 사회가 노인들의 장애로 인한 부담을 나누어 가져야 한다.

06 다음 중 밑줄 친 ㉡의 사례로 적절하지 않은 것은?

① A씨는 투표할 때마다 반드시 입후보자들의 출신 고교를 확인한다.
② B씨는 직장에서 승진하였기에 자가용 자동차를 고급차로 바꾸었다.
③ C씨는 학생들의 효율적인 생활지도를 위해 두발 규제를 제안했다.
④ D씨는 생활비를 아끼기 위해 직장에 도시락을 싸가기로 했다.
⑤ E씨는 직원들의 창의적 업무 수행을 위해 직원들의 복장을 통일된 정장 차림으로 할 것을 건의하였다.

07 다음 글의 밑줄 친 주장을 강화하는 사례를 〈보기〉에서 모두 고르면?

최근에 트랜스 지방은 그 건강상의 위해 효과 때문에 주목받고 있다. 우리가 즐겨 먹는 많은 식품에는 트랜스 지방이 숨어 있다. 그렇다면 트랜스 지방이란 무엇일까?

지방에는 불포화 지방과 포화 지방이 있다. 식물성 기름의 주성분인 불포화 지방은 포화 지방에 비하여 수소의 함유 비율이 낮고 녹는점도 낮아 상온에서 액체인 경우가 많다.

불포화 지방은 그 안에 존재하는 이중 결합에서 수소 원자들의 결합 형태에 따라 시스(Cis)형과 트랜스 (Trans)형으로 나뉘는데, 자연계에 존재하는 대부분의 불포화 지방은 시스형이다. 그런데 조리와 보존의 편의를 위해 액체 상태인 식물성 기름에 수소를 첨가하여 고체 혹은 반고체 상태로 만드는 과정에서 트랜스 지방이 만들어진다. 그래서 대두, 땅콩, 면실유를 경화시켜 얻은 마가린이나 쇼트닝은 트랜스 지방의 함량이 높다. 또한 트랜스 지방은 식물성 기름을 고온으로 가열하여 음식을 튀길 때도 발생한다. 따라서 튀긴 음식이나 패스트푸드에는 트랜스 지방이 많이 들어 있다.

<u>트랜스 지방은 포화 지방인 동물성 지방처럼 심혈관계에 해롭다.</u> 트랜스 지방은 혈관에 나쁜 저밀도 지방단백질(LDL)의 혈중 농도를 증가시키는 한편 혈관에 좋은 고밀도 지방단백질(HDL)의 혈중 농도는 감소시켜 혈관벽을 딱딱하게 만들어 심장병이나 동맥경화를 유발하고 악화시킨다.

─────〈보기〉─────

ㄱ. 쥐의 먹이에 함유된 트랜스 지방 함량을 2% 증가시키자 쥐의 심장병 발병률이 25% 증가하였다.

ㄴ. 사람들이 마가린을 많이 먹는 지역에서 마가린의 트랜스 지방 함량을 낮추자 동맥경화의 발병률이 1년 사이에 10% 감소하였다.

ㄷ. 성인 1,000명에게 패스트푸드를 일정 기간 지속적으로 섭취하게 한 후 검사해 보니, HDL의 혈중 농도가 섭취 전에 비해 20% 감소하였다.

① ㄱ

② ㄴ

③ ㄱ, ㄷ

④ ㄴ, ㄷ

⑤ ㄱ, ㄴ, ㄷ

※ 다음 글을 읽고 이어지는 질문에 답하시오. [8~9]

독일의 발명가 루돌프 디젤이 새로운 엔진에 대한 아이디어를 내고 특허를 얻은 것은 1892년의 일이었다. 1876년 오토가 발명한 가솔린 엔진의 효율은 당시에 무척 떨어졌으며, 널리 사용된 증기 기관의 효율 역시 10%에 불과했고, 가동 비용도 많이 드는 단점이 있었다. 디젤의 목표는 고효율의 엔진을 만드는 것이었고, 그의 아이디어는 훨씬 더 높은 압축 비율로 연료를 연소시키는 것이었다.

일반적으로 가솔린 엔진은 기화기에서 공기와 연료를 먼저 혼합하고, 그 혼합 기체를 실린더 안으로 흡입하여 압축한 후, 점화 플러그로 스파크를 일으켜 동력을 얻는다. 이러한 과정에서 문제는 압축 정도가 제한된다는 것이다. 만일 기화된 가솔린에 너무 큰 압력을 가하면 멋대로 점화되어 버리는데, 이것이 엔진의 노킹 현상이다.

공기를 압축하면 뜨거워진다는 것은 알려져 있던 사실이다. 디젤 엔진의 기본 원리는 실린더 안으로 공기만을 흡입하여 피스톤으로 강하게 압축시킨 다음, 그 압축 공기에 연료를 분사하여 저절로 점화가 되도록 하는 것이다. 따라서 디젤 엔진에는 점화 플러그가 필요 없는 대신, 연료 분사기가 장착되어 있다. 또 압축 과정에서 공기와 연료가 혼합되지 않기 때문에 디젤 엔진은 최대 12 : 1의 압축 비율을 갖는 가솔린 엔진보다 훨씬 더 높은 25 : 1 정도의 압축 비율을 갖는다. 압축 비율이 높다는 것은 그만큼 효율이 높다는 것을 의미한다.

사용하는 연료의 특성도 다르다. 디젤 연료인 경유는 가솔린보다 훨씬 무겁고 점성이 강하며 증발하는 속도도 느리다. 왜냐하면 경유는 가솔린보다 훨씬 더 많은 탄소 원자가 길게 연결되어 있기 때문이다. 일반적으로 가솔린은 5 ~ 10개, 경유는 16 ~ 20개의 탄소를 가진 탄화수소들의 혼합물이다. 탄소가 많이 연결된 탄화수소물에 고온의 열을 가하면 탄소 수가 적은 탄화수소물로 분해된다. 한편, 경유는 가솔린보다 에너지 밀도가 높다. 1갤런의 경유는 약 1억 5,500만 줄의 에너지를 가지고 있지만, 가솔린은 1억 3,200만 줄을 가지고 있다. 이러한 연료의 특성들이 디젤 엔진의 높은 효율과 결합되면서, 디젤 엔진은 가솔린 엔진보다 좋은 연비를 내게 되는 것이다.

발명가 디젤은 디젤 엔진이 작고 경제적인 엔진이 되어야 한다고 생각했지만, 그의 생전에는 크고 육중한 것만 만들어졌다. 하지만 그 후 디젤의 기술적 유산은 이 발명가가 꿈꾼 대로 널리 보급되었다. 디젤 엔진은 원리상 가솔린 엔진보다 더 튼튼하고 고장도 덜 난다. 디젤 엔진은 연료의 품질에 민감하지 않고 연료의 소비 면에서도 경제성이 뛰어나 오늘날 자동차 엔진용으로 확고한 자리를 잡았다. 환경론자들이 걱정하는 디젤 엔진의 분진 배출 문제도 필터 기술이 나아지면서 점차 극복되고 있다.

08 다음 중 윗글을 읽고 추론한 내용으로 가장 적절한 것은?

① 손으로 만지면 경유보다는 가솔린이 더 끈적끈적할 것이다.
② 가솔린과 경유를 섞으면 가솔린이 경유 아래로 가라앉을 것이다.
③ 원유에 가하는 열의 정도에 따라 원유를 경유와 가솔린으로 변화시킬 수 있을 것이다.
④ 주유할 때 차체에 연료가 묻으면 경유가 가솔린보다 더 빨리 증발할 것이다.
⑤ 같은 양의 연료를 태우면 가솔린이 경유보다 더 큰 에너지를 발생시킬 것이다.

09 다음 중 윗글의 내용으로 가장 적절한 것은?

① 디젤 엔진은 가솔린 엔진보다 내구성이 뛰어나다.
② 디젤 엔진은 가솔린 엔진보다 먼저 개발되었다.
③ 가솔린 엔진은 디젤 엔진보다 분진을 많이 배출한다.
④ 디젤 엔진은 가솔린 엔진보다 연료의 품질에 민감하다.
⑤ 가솔린 엔진은 디젤 엔진보다 높은 압축 비율을 가진다.

10 다음 글을 읽고 추론할 수 있는 것을 〈보기〉에서 모두 고르면?

20세기 초만 해도 전체 사망자 중 폐암으로 인한 사망자의 비율은 대단히 낮았다. 그러나 20세기 중반에 들어서면서, 이 병으로 인한 사망률은 크게 높아졌다. 이러한 변화를 우리는 어떻게 설명할 수 있을까? 여러 가지 가설이 가능한 것으로 보인다. 예를 들어 자동차를 이용하면서 운동이 부족해진 사람들의 폐가 약해졌을지도 모른다. 또는 산업화 과정에서 증가한 대기 중의 독성 물질이 도시 거주자들의 폐에 영향을 주었을지도 모른다.

하지만 담배가 그 자체로 독인 니코틴을 함유하고 있다는 것이 사실로 판명되면서, 흡연이 폐암으로 인한 사망의 주요 요인이라는 가설은 다른 가설들보다 더 그럴듯해 보이기 시작한다. 담배 두 갑에 들어 있는 니코틴이 화학적으로 정제되어 혈류 속으로 주입된다면, 그것은 치사량이 된다. 이러한 가설을 지지하는 또 다른 근거는 담배 연기로부터 추출된 타르를 쥐의 피부에 바르면 쥐가 피부암에 걸린다는 사실에 기초해 있다. 이미 18세기 이후 영국에서는 타르를 함유한 그을음 속에서 일하는 굴뚝 청소부들이 다른 사람들보다 피부암에 더 잘 걸린다는 것이 정설이었다.

이러한 증거들은 흡연이 폐암의 주요 원인이라는 가설을 뒷받침해 주지만, 그것들만으로 이 가설을 증명하기에는 충분하지 않다. 의학자들은 흡연과 폐암을 인과적으로 연관시키기 위해서는 훨씬 더 많은 증거가 필요하다는 점을 깨닫고, 수십 가지 연구를 수행하고 있다.

〈보기〉

ㄱ. 화학적으로 정제된 니코틴은 폐암을 유발한다.
ㄴ. 19세기에 타르와 암의 관련성이 이미 보고되어 있었다.
ㄷ. 니코틴이 타르와 동시에 신체에 흡입될 경우 폐암 발생률은 급격히 증가한다.

① ㄱ
② ㄴ
③ ㄱ, ㄴ
④ ㄴ, ㄷ
⑤ ㄱ, ㄴ, ㄷ

11 다음 글을 읽고 알 수 있는 사실로 적절하지 않은 것은?

인류의 역사를 석기 시대, 청동기 시대 그리고 철기 시대로 구분한다면 현대는 '플라스틱 시대'라고 할 수 있을 만큼 플라스틱은 현대 사회에서 가장 혁명적인 물질 중 하나이다. "플라스틱은 현대 생활의 뼈, 조직, 피부가 되었다."라는 미국의 과학 저널리스트 수전 프라인켈(Susan Freinkel)의 말처럼 플라스틱은 인간 생활에 많은 부분을 차지하고 있다. 저렴한 가격과 필요에 따라 내구성, 강도, 유연성 등을 조절할 수 있는 장점 덕분에 일회용 컵부터 옷, 신발, 가구 등 플라스틱이 아닌 것이 거의 없을 정도이다. 그러나 플라스틱에는 치명적인 단점이 있다. 플라스틱이 지닌 특성 중 하나인 영속성(永續性)이다. 인간이 그동안 생산한 플라스틱은 바로 분해되지 않고 어딘가에 계속 존재하고 있어 환경오염의 원인이 된 지 오래이다.

치약, 화장품, 피부 각질 제거제 등 생활용품에 들어 있는 작은 알갱이의 성분은 '마이크로비드(Microbead)'라는 플라스틱이다. 크기가 1mm보다 작은 플라스틱을 '마이크로비드'라고 하는데, 이 알갱이는 정수 처리 과정에서 걸러지지 않고 생활 하수구에서 강으로, 바다로 흘러간다. 이 조그만 알갱이들은 바다를 떠돌면서 생태계의 먹이사슬을 통해 동식물 체내에 축적되어 면역 체계 교란, 중추신경계 손상 등의 원인이 되는 잔류성 유기 오염 물질(Persistent Organic Pollutants)을 흡착한다. 그리고 물고기, 새 등 여러 생물은 마이크로비드를 먹이로 착각해 섭취한다. 마이크로비드를 섭취한 해양 생물은 다시 인간의 식탁에 올라온다. 즉, 우리가 버린 플라스틱을 우리가 다시 먹게 되는 셈이다.

플라스틱 포크로 음식을 먹고, 플라스틱 컵으로 물을 마시는 등 음식을 먹기 위한 수단으로만 플라스틱을 생각했지 직접 먹게 되리라고는 상상도 못했을 것이다. 우리가 먹은 플라스틱이 우리 몸에 남아 분해되지 않고 큰 질병을 키우게 될 것을 말이다.

① 플라스틱은 필요에 따라 유연성·강도 등을 조절할 수 있고, 값이 싸다는 장점이 있다.
② 플라스틱은 바로 분해되지 않고 어딘가에 존재한다.
③ 마이크로비드는 크기가 작기 때문에 정수 처리 과정에서 걸러지지 않고 바다로 유입된다.
④ 마이크로비드는 잔류성 유기 오염 물질을 분해하는 역할을 한다.
⑤ 물고기 등 해양 생물들은 마이크로비드를 먹이로 착각해 먹는다.

12 다음 중 (가) ~ (마) 문단의 주제로 적절하지 않은 것은?

> (가) 한 아이가 길을 가다가 골목에서 갑자기 튀어나온 큰 개에게 발목을 물렸다. 아이는 이 일을 겪은 뒤 개에 대한 극심한 불안에 시달렸다. 멀리 있는 강아지만 봐도 몸이 경직되고 호흡 곤란을 느꼈으며 심할 경우 응급실을 찾기도 하였다. 이것은 한 번의 부정적인 경험이 공포증으로 이어진 경우라고 할 수 있다.
>
> (나) '공포증'이란 위의 경우에서 보듯이 특정 대상에 대한 과도한 두려움으로 그 대상을 계속해서 피하게 되는 증세를 말한다. 특정한 동물, 높은 곳, 비행기나 엘리베이터 등이 공포증을 유발하는 대상이 될 수 있다. 물론 일반적인 사람들도 이런 대상을 접하여 부정적인 경험을 할 수 있지만 공포증으로까지 이어지는 경우는 드물다.
>
> (다) 심리학자 와이너는 부정적인 경험을 한 상황을 어떻게 해석하느냐에 따라 이러한 공포증이 생길 수도 있고 그렇지 않을 수도 있으며, 공포증이 지속될 수도 있고 극복될 수도 있다고 했다. 그는 상황을 해석하는 방식을 설명하기 위해 상황의 원인을 어디에서 찾느냐, 상황의 변화 가능성에 대해 어떻게 인식하느냐의 두 가지 기준을 제시했다. 상황의 원인을 자신에게서 찾으면 '내부적'으로 해석한 것이고, 자신이 아닌 다른 것에서 찾으면 '외부적'으로 해석한 것이다. 또 상황이 바뀔 가능성이 전혀 없다고 생각하면 '고정적'으로 인식한 것이고, 상황이 충분히 바뀔 수 있다고 생각하면 '가변적'으로 인식한 것이다.
>
> (라) 와이너에 의하면, 큰 개에게 물렸지만 공포증에 시달리지 않는 사람들은 개에게 물린 상황에 대해 '내 대처 방식이 잘못되었어.'라며 내부적이고 가변적으로 해석한다. 이것은 나의 대처 방식에 따라 상황이 충분히 바뀔 수 있다고 생각하는 것이므로 이들은 개와 마주치는 상황을 굳이 피하지 않는다. 그 후 개에게 물리지 않는 상황이 반복되면 '나도 어떤 경우라도 개를 감당할 수 있어.'라며 내부적이고 고정적으로 해석하는 단계로 나아가게 된다.
>
> (마) 반면에 공포증을 겪는 사람들은 개에 물린 상황에 대해 '나는 약해서 개를 감당하지 못해.'라며 내부적이고 고정적으로 해석하거나 '개는 위험한 동물이야.'라며 외부적이고 고정적으로 해석한다. 자신의 힘이 개보다 약하다고 생각하거나 개를 맹수로 여기는 것이므로 이들은 자신이 개에게 물린 것을 당연한 일로 받아들인다. 하지만 공포증에 시달리지 않는 사람들처럼 상황을 해석하고 개를 피하지 않는 노력을 기울이면 공포증에서 벗어날 수 있다.

① (가) : 공포증이 생긴 구체적 상황
② (나) : 공포증의 개념과 공포증을 유발하는 대상
③ (다) : 와이너가 제시한 상황 해석의 기준
④ (라) : 공포증을 겪지 않는 사람들의 상황 해석 방식
⑤ (마) : 공포증을 겪는 사람들의 행동 유형

13 다음 글을 읽고 추론한 반응으로 가장 적절한 것은?

> 충전과 방전을 통해 반복적으로 사용할 수 있는 충전지는 양극에 사용되는 금속 산화 물질에 따라 납 충전지, 니켈 충전지, 리튬 충전지로 나눌 수 있다. 충전지가 방전될 때 양극 단자와 음극 단자 간에 전압이 발생하는데, 방전이 진행되면서 전압이 감소한다. 이렇게 변화하는 단자 전압의 평균을 공칭 전압이라 한다. 충전지를 크게 만들면 충전 용량과 방전 전류 세기를 증가시킬 수 있으나, 전극의 물질을 바꾸지 않는 한 공칭 전압은 변하지 않는다. 납 충전지의 공칭 전압은 2V, 니켈 충전지는 1.2V, 리튬 충전지는 3.6V이다.
>
> 충전지는 최대 용량까지 충전하는 것이 효율적이며 이러한 상태를 만충전이라 한다. 충전지를 최대 용량을 넘어서 충전하거나 방전 하한 전압 이하까지 방전시키면 충전지의 수명이 줄어들기 때문에 충전 양을 측정·관리하는 것이 중요하다. 특히 과충전 시에는 발열로 인해 누액이나 폭발의 위험이 있다. 니켈 충전지의 일종인 니켈카드뮴 충전지는 다른 충전지와 달리 메모리 효과가 있어서 일부만 방전한 후 충전하는 것을 반복하면 충전·방전할 수 있는 용량이 줄어든다.
>
> 충전에 사용하는 충전기의 전원 전압은 충전지의 공칭 전압보다 높은 전압을 사용하고, 충전지로 유입되는 전류를 저항으로 제한한다. 그러나 충전이 이루어지면서 충전지의 단자 전압이 상승하여 유입되는 전류의 세기가 점점 줄어들게 된다. 그러므로 이를 막기 위해 충전기에는 충전 전류의 세기가 일정하도록 하는 정전류 회로가 사용된다. 또한 정전압 회로를 사용하기도 하는데, 이는 회로에 입력되는 전압이 변해도 출력되는 전압이 일정하도록 해 준다. 리튬 충전지를 충전할 경우, 정전류 회로를 사용하여 충전하다가 만충전 전압에 이르면 정전압 회로로 전환하여 정해진 시간 동안 충전지에 공급하는 전압을 일정하게 유지함으로써 충전지 내부에 리튬 이온이 고르게 분포될 수 있게 한다.

① 니켈 충전지는 납 충전지보다 공칭 전압이 낮으므로 전압을 높이려면 크기를 더 크게 만들면 되겠군.

② 사용하는 리튬 충전지의 용량이 1,000mAh라면 전원 전압이 2V보다 높은 충전기를 사용해야겠군.

③ 니켈카드뮴 충전지를 오래 사용하려면 방전 하한 전압 이하까지 방전시킨 후에 충전하는 것이 좋겠어.

④ 충전지를 충전하는 과정에서 충전지의 온도가 과도하게 상승한다면 폭발의 위험이 있을 수 있으므로 중지하는 것이 좋겠어.

⑤ 리튬 충전지의 공칭 전압은 3.6V이므로 충전 시 3.6V에 이르면 충전기의 정전압 회로가 전압을 일정하게 유지하는 것이군.

14 직장 내에서의 의사소통은 반드시 필요하지만, 적절한 의사소통을 형성한다는 것은 쉽지 않다. 다음과 같은 갈등 상황을 유발하는 원인으로 가장 적절한 것은?

> 기획팀의 K대리는 팀원들과 함께 프로젝트를 수행하고 있다. K대리는 이번 프로젝트를 조금 여유 있게 진행할 것을 팀원들에게 요청하였다. 팀원들은 프로젝트 진행을 위해 회의를 진행하였는데, L사원과 P사원의 의견이 서로 대립하는 바람에 결론을 내리지 못한 채 회의를 마치게 되었다. K대리가 회의 내용을 살펴본 결과, L사원은 프로젝트 기획 단계에서 좀 더 꼼꼼하고 상세한 자료를 모으자는 의견이었고, 반대로 P사원은 여유 있는 시간을 프로젝트 수정·보완 단계에서 사용하자는 의견이었다.

① L사원과 P사원이 K대리의 의견을 서로 다르게 받아들였기 때문이다.
② L사원은 K대리의 고정적 메시지를 잘못 이해하고 있기 때문이다.
③ L사원과 P사원이 자신의 정보를 상대방이 이해하기 어렵게 표현하고 있기 때문이다.
④ L사원과 P사원이 서로 잘못된 정보를 전달하고 있기 때문이다.
⑤ L사원과 P사원이 서로에 대한 선입견을 갖고 있기 때문이다.

15 다음 글의 빈칸에 들어갈 내용으로 가장 적절한 것은?

> 발전은 항상 변화를 내포하고 있다. 그러나 모든 형태의 변화가 전부 발전에 해당하는 것은 아니다. 이를테면 교통신호등이 빨강에서 파랑으로, 파랑에서 빨강으로 바뀌는 변화를 발전으로 생각할 수는 없는 것이다. 즉, _____ 좀 더 구체적으로 말해, 사태의 진전 과정에서 나중에 나타나는 것은 적어도 그 이전 단계에 내재적으로나마 존재했던 것의 전개에 해당한다는 것이다. 이렇게 볼 때, 발전은 선적(線的)인 특성을 가지고 있다. 순전한 반복의 과정으로 보이는 것을 발전이라고 규정하지 않는 이유는 그 때문이다. 반복 과정에서는 최후에 명백히 나타나는 것이 처음에 존재했던 것과 거의 다르지 않다. 그러나 또 한편으로 우리는 비록 반복의 경우라도 때때로 그 과정 중의 특정 단계를 따로 떼 그것을 발견이라고 생각하기도 한다. 즉, 전체 과정에서 어떤 종류의 질이 그 시기에 특정의 수준까지 진전된 경우이다.

① 발전은 어떤 특정한 방향으로 일어나는 변화라는 의미를 내포하고 있다.
② 변화는 특정한 방향으로 발전하는 것을 의미한다.
③ 발전은 불특정 방향으로 일어나는 변모라는 의미이다.
④ 발전은 어떤 특정한 반복으로 일어나는 변화라는 의미로 사용된다.
⑤ 변화는 어떤 특정한 방향으로 일어나는 발전이라는 의미로 사용된다.

16 다음 글을 통해 알 수 있는 내용으로 적절하지 않은 것은?

물은 상온에서 액체 상태이며, 100℃에서 끓어 기체인 수증기로 변하고, 0℃ 이하에서는 고체인 얼음으로 변한다. 만일 물이 상온 상태에서 기체이거나 보다 높은 온도에서 액화되어 고체 상태라면 물이 구성 성분의 대부분을 차지하는 생명체는 존재하지 않았을 것이다.

생물체가 생명을 유지하기 위해서 물에 의존하는 것은 무엇보다 물 분자 구조의 특징에서 비롯된다. 물 1분자는 1개의 산소 원자(O)와 2개의 수소 원자(H)가 공유 결합을 이루고 있는데, 2개의 수소 원자는 약 104.5°의 각도로 산소와 결합한다. 이때 산소 원자와 수소 원자는 전자를 1개씩 내어서 전자쌍을 만들고 이를 공유한다. 하지만 전자쌍은 전자친화도가 더 큰 산소 원자 쪽에 가깝게 위치하여 산소 원자는 약한 음전하(−)를, 수소는 약한 양전하(+)를 띠게 되어 물 분자는 극성을 가지게 된다. 따라서 극성을 띤 물 분자들끼리는 서로 다른 물 분자의 수소와 산소 사이에 전기적 인력이 작용하는 결합이 형성된다. 물 분자가 극성을 가지고 있어서 물은 여러 가지 물질을 잘 녹이는 특성을 가진다.

그래서 물은 우리 몸에서 용매 역할을 하며, 각종 물질을 운반하는 기능을 담당한다. 물은 혈액을 구성하고 있어 영양소, 산소, 호르몬, 노폐물 등을 운반하며, 대사 반응, 에너지 전달 과정의 매질 역할을 하고 있다. 또한 전기적 인력으로 결합된 구조는 물이 비열이 큰 성질을 갖게 한다.

비열은 물질 1g의 온도를 1℃ 높일 때 필요한 열량을 말하는데, 물질의 고유한 특성이다. 체액은 대부분 물로 구성되어 있어서 상당한 추위에도 어느 정도까지는 체온이 내려가는 것을 막아 준다. 특히 우리 몸의 여러 생리 작용은 효소 단백질에 의해 일어나는데, 단백질은 온도 변화에 민감하므로 체온을 유지하는 것은 매우 중요하다.

① 물 분자는 극성을 띠어 전기적 인력을 가진다.
② 물의 분자 구조는 혈액의 역할에 영향을 미친다.
③ 물은 물질의 전달 과정에서 매질로 역할을 한다.
④ 물 분자를 이루는 산소와 수소는 전자를 공유한다.
⑤ 물의 비열은 쉽게 변하는 특징이 있다.

17 다음 글의 내용으로 적절하지 않은 것은?

최근 거론되고 있는 건 전자 파놉티콘(Panopticon)이다. 각종 전자 감시 기술은 프라이버시에 근본적인 위협으로 대두되고 있다. '감시'는 거대한 성장 산업으로 비약적인 발전을 거듭하고 있다. 2003년 7월 '노동자 감시 근절을 위한 연대모임'이 조사한 바에 따르면, 한국에서 전체 사업장의 90%가 한 가지 이상의 방법으로 노동자 감시를 하고 있는 것으로 밝혀졌다. "24시간 감시에 숨이 막힌다."라는 말까지 나오고 있다.

한때 러시아에서 공무원들의 근무 태만을 감시하기 위해 공무원들에게 감지기를 부착시켜 놓고 인공위성 추적 시스템을 도입하는 방안을 둘러싸고 논란이 벌어진 적이 있었다. 전자 감시 기술은 인간의 신체 속에까지 파고 들어갈 만반의 준비를 갖추고 있다. 어린아이의 몸에 감시 장치를 내장하면 아이의 안전을 염려할 필요는 없겠지만, 그게 과연 좋기만 한 것인지, 또 그 기술이 다른 좋지 않은 목적에 사용될 위험은 없는 것인지 따져볼 일이다. 감시를 위한 것이 아니라 하더라도 전자 기술에 의한 정보의 집적은 언제든 개인의 프라이버시를 위협할 수 있다.

① 전자 기술의 발전이 순기능만을 가지는 것은 아니다.

② 전자 감시 기술의 발달은 필연적이므로 프라이버시를 위협할 수도 있다.

③ 감시를 당하는 사람은 언제나 감시당하고 있다는 생각 때문에 자기 검열을 강화하게 될 것이다.

④ 전자 기술 사용의 일상화는 의도하지 않은 프라이버시 침해를 야기할 수도 있다.

⑤ 직장은 개인의 생활공간이라기보다 공공장소로 보아야 하므로 프라이버시의 보호를 바라는 것은 지나친 요구이다.

※ 다음 글을 읽고 이어지는 질문에 답하시오. [18~19]

영화의 역사는 신기한 눈요깃거리라는 출발점을 지나 예술적 가능성을 실험하며 고유의 표현 수단을 발굴해 온 과정이었다. 그 과정에서 미학적 차원의 논쟁과 실천이 거듭되었다. 그중 리얼리즘 미학의 확립에 큰 역할을 한 인물로 프랑스 영화 비평가 바쟁이 있다.

바쟁은 '미라(Mirra) 콤플렉스'와 관련하여 조형 예술의 역사를 설명한다. 고대 이집트인이 만든 미라에는 죽음을 넘어서 생명을 길이 보존하고자 하는 욕망이 깃들어 있거니와, 그러한 '복제의 욕망'은 회화를 비롯한 조형 예술에도 강력한 힘으로 작용해 왔다고 한다. 그 욕망은 르네상스 시대 이전까지 작가의 자기표현 의지와 일정한 균형을 이루어 왔다. 하지만 원근법이 등장하여 대상의 사실적 재현에 성큼 다가서면서 회화의 관심은 복제의 욕망 쪽으로 기울게 되었다. 그 상황은 사진이 발명되면서 다시 한번 크게 바뀌었다. 인간의 주관성을 배제한 채 대상을 기계적으로 재현하는 사진이 발휘하는 모사의 신뢰도는 회화에 비할 바가 아니었다. 사진으로 인해 조형 예술은 비로소 복제의 욕망으로부터 자유롭게 되었다.

영화의 등장은 대상의 재현에 또 다른 획을 그었다. 바쟁은 영화를, 사진의 기술적 객관성을 시간 속에서 완성함으로써 대상의 살아 숨 쉬는 재현을 가능케 한 진일보한 예술로 본다. 시간의 흐름에 따른 재현이 가능해진 결과, 더욱 닮은 지문(指紋) 같은 현실을 제공하게 되었다. 바쟁에 의하면 영화와 현실은 본질적으로 친화력을 지닌다. 영화는 현실을 시간적으로 구현한다는 점에서 현실의 연장이며, 현실의 숨은 의미를 드러내고 현실에 밀도를 제공한다는 점에서 현실의 정수이다. 영화의 이러한 리얼리즘적 본질은 그 자체로 심리적·기술적·미학적으로 완전하다는 것이 그의 시각이다.

바쟁은 형식주의적 기교가 현실의 복잡성과 모호성을 침해하여 현실을 왜곡할 수 있다고 본다. 그는 현실의 참모습을 변조하는 과도한 편집 기법보다는 단일한 숏(Shot)*을 길게 촬영하는 롱 테이크 기법을 지지한다. 그것이 사건의 공간적 단일성을 존중하고 현실적 사건으로서의 가치를 보장하기 때문이다. 그는 또한 전경에서 배경에 이르기까지 공간적 깊이를 제공하는 촬영을 지지한다. 화면 속에 여러 층을 형성하여 모든 요소를 균등하게 드러냄으로써 현실을 진실하게 반영할 수 있으며 관객의 시선에도 자유를 부여할 수 있다는 것이다.

영화는 현실을 겸손한 자세로 따라가면서 해석의 개방성을 담보해야 한다는 믿음, 이것이 바쟁이 내건 영화관(映畵觀)의 핵심에 놓여 있다. 그 관점은 수많은 형식적 기교가 발달한 오늘날에도 많은 지지를 얻으며 영화적 실천의 한 축을 이루고 있다.

* 숏(Shot) : 카메라가 한 번 촬영하기 시작해서 끝날 때까지의 연속된 한 화면 단위

18 다음 중 바쟁의 생각으로 적절하지 않은 것은?

① 조형 예술의 역사에는 '미라 콤플렉스'가 내재되어 있다.

② 영화는 회화나 사진보다 재현의 완성도가 높은 예술이다.

③ 영화는 현실을 의도적으로 변형하고 재구성하는 예술이다.

④ 영화는 현실의 풍부함과 진실을 드러낼 수 있는 예술이다.

⑤ 사진은 회화가 표현의 자율성을 확보하는 데 영향을 미쳤다.

19 다음 중 바쟁의 영화관(映畵觀)에 동조하는 감독이 영화를 제작했다고 할 때, 영화에 대한 반응으로 적절하지 않은 것은?

① 불가피한 경우를 제외하고는 편집을 자제하고 있구나.

② 현실을 대하는 것 같은 공간적 깊이감을 보여주는구나.

③ 대상을 왜곡할 수 있는 기교를 배제하려고 노력하는구나.

④ 숏의 길이를 길게 하여 현실의 시간과 유사한 느낌을 주는구나.

⑤ 화면 속의 중심 요소에 주목하게 하여 관객의 시선을 고정하고 있구나.

20 다음 중 문서적인 의사소통에 대한 설명으로 적절하지 않은 것은?

① 업무지시 메모, 업무보고서 작성 등이 있다.

② 문서적인 의사소통은 정확하지 않을 수 있다.

③ 언어적인 의사소통보다 권위감이 있다.

④ 언어적인 의사소통에 비해 유동성이 크다.

⑤ 언어적인 의사소통보다 전달성이 높고 보존성이 크다.

21 다음 글에서 〈보기〉가 들어갈 위치로 가장 적절한 곳은?

유럽, 특히 영국에서 가장 사랑받는 음료인 홍차의 기원은 16세기 중엽 중국에서 시작된 것으로 전해지고 있다. (가) 본래 홍차보다 덜 발효된 우롱차가 중국에서 만들어져 유럽으로 수출되기 시작했고, 그중에서도 강하게 발효된 우롱차가 환영을 받으면서 홍차가 탄생하게 되었다는 것이다. 중국인들이 녹차와 우롱차의 차이를 설명하는 과정에서 쓴 영어 'Black Tea'가 홍차의 어원이 되었다는 것이 가장 강력한 가설로 꼽히고 있다. (나) 홍차는 1662년 찰스 2세가 포르투갈 출신의 캐서린 왕비와 결혼하면서 영국에 전해지게 되었는데, 18세기 초에 영국은 홍차의 최대 소비 국가가 됐다. (다) 영국에서의 홍차 수요가 급증함과 동시에 홍차의 가격이 치솟아 무역 적자가 심화되자, 영국 정부는 자국 내에서 직접 차를 키울 수는 없을까 고민하지만 별다른 방법을 찾지 못했고, 홍차의 고급화는 점점 가속화됐다. (라) 하지만 영국의 탐험가인 로버트 브루스 소령이 아삼 지방에서 차나무의 존재를 발견하면서 홍차 산업의 혁명이 도래하는데, 아삼 지방에서 발견한 차는 찻잎의 크기가 중국종의 3배쯤이며 열대 기후에 강하고, 홍차로 가공했을 때 중국 차보다 뛰어난 맛을 냈다.

그러나 아이러니하게도 아삼 홍차는 3대 홍차에 꼽히지 않는데 이는 19세기 영국인들이 지닌 차에 대한 인식 때문이다. (마) 당시 중국 차에 대한 동경과 환상을 지녔던 영국인들은 식민지에서 자생한 차나무가 중국의 차나무보다 우월할 것이라고 믿지 못했기에 아삼 차를 서민적인 차로 취급한 것이었다.

〈보기〉

이처럼 홍차가 귀한 취급을 받았던 이유는 중국이 차의 수출국이란 유리한 입지를 지키기 위하여 차의 종자, 묘목의 수출 등을 엄중하게 통제함과 동시에 차의 기술이나 제조법을 극단적으로 지켰기 때문이다.

① (가)   ② (나)
③ (다)   ④ (라)
⑤ (마)

22 다음 중 밑줄 친 단어와 바꾸어 사용할 수 없는 것은?

- 그가 하는 이야기는 ㉠ 당착이 심하여 도무지 이해할 수가 없었다.
- 용하다고 소문난 점쟁이는 눈빛부터 ㉡ 용인과 달랐다.
- 마산만은 숱한 ㉢ 매립으로 인해 대부분의 해변이 사라졌다.
- 앞으로 국내에 6개월 이상 ㉣ 체류하는 외국인은 건강보험에 가입해야 한다.
- 공정경제 문화 정착을 위해 공공기관부터 공정경제의 ㉤ 모범이 되어야 한다.

① ㉠ : 모순   ② ㉡ : 범인
③ ㉢ : 굴착   ④ ㉣ : 체재
⑤ ㉤ : 귀감

23 다음 글의 내용으로 적절하지 않은 것은?

종종 독버섯이나 복어 등을 먹고 사망했다는 소식을 접한다. 그럼에도 우리는 흔히 천연물은 안전하다고 생각한다. 자연에 존재하는 독성분이 천연 화합물이라는 것을 쉽게 인지하지 못하는 것이다. 이처럼 외부에 존재하는 물질 외에 우리 몸 안에도 여러 천연 화합물이 있는데, 부신에서 생성되는 아드레날린이라는 호르몬이 그 예이다.

아드레날린은 1895년 폴란드의 시불스키(Napoleon Cybulski)가 처음으로 순수하게 분리했고, 1897년 미국 존스홉킨스 대학의 아벨(John Jacob Abel)이 그 화학 조성을 밝혔다. 처음에는 동물의 부신에서 추출한 아드레날린을 판매하였으나, 1906년에 합성 아드레날린이 시판되고부터 현재는 모두 합성 제품이 사용되고 있다.

우리가 경계하거나 위험한 상황에 처하면, 가슴이 두근거리면서 심박과 순환하는 혈액의 양이 늘어나게 되는데 이는 아드레날린 때문이다. 아드레날린은 뇌의 신경 자극을 받은 부신에서 생성되어 혈액으로 들어가 빠르게 수용체를 활성화시킨다. 이처럼 아드레날린은 위험을 경계하고 그에 대응해야 함을 알리는 호르몬으로 '경계, 탈출의 호르몬'이라고도 불린다. 또한 아드레날린은 심장마비, 과민성 쇼크, 심한 천식, 알레르기 등에 처방되고 있으며, 안구 수술 전 안압 저하를 위한 안약으로 쓰이는 등 의학에서 널리 쓰이고 있다.

그러나 아드레날린은 우리 몸에서 생산되는 천연물임에도 독성이 매우 커 LD50(50%가 생존 또는 사망하는 양)이 체중 킬로그램당 4mg이다. 이처럼 아드레날린은 생명을 구하는 약인 동시에 심장이 약한 사람이나 환자에게는 치명적인 독이 된다. 그러므로 모든 천연물이 무독하거나 무해하다는 생각은 버려야 한다.

① 아드레날린은 우리 몸속에 존재한다.
② 우리가 놀랄 때 가슴이 두근거리는 것은 아드레날린 때문이다.
③ 현재는 합성 아드레날린을 사용하고 있다.
④ 천연 아드레날린은 합성 아드레날린과는 다른 물질이다.
⑤ 독버섯 등에 포함된 독성분은 천연 화합물이다.

24 다음 글에 대한 추론으로 가장 적절한 것은?

> 파스타(Pasta)는 밀가루와 물을 주재료로 하여 만든 반죽을 소금물에 넣고 삶아 만드는 이탈리아 요리를 총 칭하는데, 파스타 요리의 가장 중요한 재료인 면을 의미하기도 한다.
>
> 파스타는 350여 가지가 넘는 다양한 종류가 있는데, 형태에 따라 크게 롱(Long) 파스타와 쇼트(Short) 파스 타로 나눌 수 있다. 롱 파스타의 예로는 가늘고 기다란 원통형인 스파게티, 넓적하고 얇은 면 형태인 라자냐 를 들 수 있고, 쇼트 파스타로는 속이 빈 원통형인 마카로니, 나선 모양인 푸실리를 예로 들 수 있다.
>
> 역사를 살펴보면, 기원전 1세기경에 고대 로마 시대의 이탈리아 지역에서 라자냐를 먹었다는 기록이 전해진 다. 이후 9 ~ 11세기에는 이탈리아 남부의 시칠리아에서 아랍인들로부터 제조 방법을 전수받아 건파스타 (Dried Pasta)의 생산이 처음으로 이루어졌다고 한다. 건파스타는 밀가루에 물만 섞은 반죽으로 만든 면을 말린 것인데, 이는 시칠리아에서 재배된 듀럼(Durum) 밀이 곰팡이나 해충에 취약해 장기 보관이 어려웠기 때문에 저장 기간을 늘리고 수송을 쉽게 하기 위함이었다.
>
> 듀럼 밀은 주로 파스타를 만들 때 사용하는 특수한 품종으로 일반 밀과 여러 가지 측면에서 차이가 난다. 일반 밀이 강수량이 많고 온화한 기후에서 잘 자라는 반면, 듀럼 밀은 주로 지중해 지역과 같이 건조하고 더운 기후에서 잘 자란다. 또한 일반 밀로 만든 하얀 분말 형태의 고운 밀가루는 이스트를 넣어 발효시킨 빵과 같은 제품들에 주로 사용되고, 듀럼 밀을 거칠게 갈아 만든 황색의 세몰라 가루는 파스타를 만드는 데 적합하다.

① 속이 빈 원통형인 마카로니는 롱 파스타의 한 종류이다.
② 건파스타 제조 방법은 시칠리아인들로부터 아랍인들에게 최초로 전수되었다.
③ 이탈리아 지역에서는 기원전부터 롱 파스타를 먹은 것으로 보인다.
④ 파스타를 만드는 데 사용하는 세몰라 가루는 곱게 갈아 만든 흰색의 가루이다.
⑤ 듀럼 밀은 곰팡이나 해충에 강해 건파스타의 주재료로 적합하다.

25 다음 중 밑줄 친 단어의 표기가 가장 적절한 것은?

① 그는 손가락으로 북쪽을 <u>가르켰다</u>.
② <u>뚝배기</u>에 담겨 나와서 시간이 지나도 식지 않았다.
③ 열심히 하는 것은 좋은데 <u>촛점</u>이 틀렸다.
④ 몸이 너무 약해서 보약을 <u>다려</u> 먹어야겠다.
⑤ 벽을 가득 덮고 있는 <u>덩쿨</u> 덕에 여름 분위기가 난다.

다음 대화를 근거로 판단할 때, 〈보기〉에서 옳은 것을 모두 고르면?

> 지구와 거대한 운석이 충돌할 것으로 예상되자, L국 정부는 인류의 멸망을 막기 위해 A ~ C 세 사람을 각각 냉동 캡슐에 넣어 보존하기로 했다. 운석 충돌 후 시간이 흘러 지구에 다시 사람이 살 수 있는 환경이 조성되자, 3개의 냉동 캡슐은 각각 다른 시점에 해동이 시작되어 하루 만에 완료되었다. 그 후 A ~ C 세 사람은 2120년 9월 7일 한 자리에 모여 다음과 같은 대화를 나누었다.
>
> A : 저는 2086년에 태어났습니다. 19살에 냉동캡슐에 들어갔고, 캡슐에서 해동된 지는 정확하게 7년이 되었습니다.
> B : 저는 2075년생입니다. 26살에 냉동 캡슐에 들어갔고, 캡슐에서 해동된 것은 지금으로부터 1년 5개월 전입니다.
> C : 저는 2083년 5월 17일에 태어났어요. 21살이 되기 두 달 전에 냉동 캡슐에 들어갔고, 해동된 건 1주일 전이에요.
> ※ 이들이 밝히는 나이는 만 나이이며, 냉동되어 있는 기간은 나이에 산입되지 않는다.

─────────〈보기〉─────────

ㄱ. A ~ C가 냉동되어 있던 기간은 모두 다르다.
ㄴ. 대화를 나눈 시점에 A가 C보다 나이가 어리다.
ㄷ. 가장 이른 연도에 냉동 캡슐에 들어간 사람은 A이다.

① ㄱ

② ㄱ, ㄴ

③ ㄱ, ㄷ

④ ㄴ, ㄷ

⑤ ㄱ, ㄴ, ㄷ

27 다음 자료를 참고할 때 A고객과 B고객이 내야 할 총액은 얼마인가?

<상품별 가격 정보>

구분	금액(원)	비고
전복(1kg)	50,000	–
블루베리(100g)	1,200	–
고구마(100g)	5,000	–
사과(5개)	10,000	–
오렌지(8개)	12,000	–
우유(1L)	3,000	S우유 구매 시 200원 할인
소갈비(600g)	20,000	LA갈비 18,000원
생닭(1마리)	9,000	손질 요청 시 1,000원 추가
배송비	3,000	12만 원 이상 구매 시 무료
신선포장	1,500	–
봉투비	100	배송 시 무료 제공

※ S카드로 결제 시 5% 할인

고객	품목	비고
A	전복(1kg), 블루베리(600g), 고구마(200g), 사과(10개), 오렌지(8개), 우유(1L)	배송, 신선포장, 봉투 1개 필요, 현금 결제
B	블루베리(200g), 오렌지(8개), S우유(1L), 소갈비(600g), 생닭(1마리)	생닭 손질, 봉투 2개 필요, S카드 결제

	A	B
①	105,600원	44,080원
②	105,600원	45,030원
③	106,500원	45,030원
④	106,700원	44,080원
⑤	106,700원	45,030원

〈업무 일정 기간 및 순서〉

구분	업무별 소요 기간	선결 업무
A업무	3일	–
B업무	1일	A
C업무	6일	–
D업무	7일	B
E업무	5일	A
F업무	3일	B, C

28 모든 업무를 끝마치는 데 걸리는 최소 소요 기간은?

① 8일

② 9일

③ 10일

④ 11일

⑤ 12일

29 다음 〈보기〉 중 자료에 대한 설명으로 옳지 않은 것을 모두 고르면?

─〈보기〉─

㉠ B업무의 소요 기간이 4일로 연장된다면 D업무를 마칠 때까지 11일이 소요된다.

㉡ D업무의 선결 업무가 없다면 모든 업무를 마치는 데 최소 8일이 소요된다.

㉢ E업무의 선결 업무에 C업무가 추가된다면 최소 소요 기간은 11일이 된다.

㉣ C업무의 소요 기간이 2일 연장되더라도 최소 소요 기간은 변하지 않는다.

① ㉠, ㉡

② ㉠, ㉢

③ ㉡, ㉢

④ ㉡, ㉣

⑤ ㉢, ㉣

30 중소벤처기업부는 우수 중소기업 지원자금을 5,000억 원 한도 내에서 다음 지침에 따라 A ~ D기업에 배분하고자 한다. 이때 기업별 지원 금액은 얼마인가?

〈지침〉

- 평가지표별 점수 부여 : 평가지표별로 1위 기업에게는 4점, 2위는 3점, 3위는 2점, 4위는 1점을 부여한다. 다만, 부채비율이 낮을수록 순위가 높으며, 나머지 지표는 클수록 순위가 높다.
- 기업 평가순위 부여 : 획득한 점수의 합이 큰 기업 순으로 평가순위(1 ~ 4위)를 부여한다.
- 지원한도
  (1) 평가순위 1위 기업에는 2,000억 원, 2위는 1,500억 원, 3위는 1,000억 원, 4위는 500억 원까지 지원할 수 있다.
  (2) 각 기업에 대한 지원한도는 순자산의 2/3로 제한된다. 다만, 평가순위가 3위와 4위인 기업 중 부채비율이 400% 이상인 기업에게는 순자산의 1/2만큼만 지원할 수 있다.
- 지원요구금액이 지원한도보다 적은 경우에는 지원요구금액만큼만 배정한다.

〈평가지표와 각 기업의 순자산 및 지원요구금액〉

구분		A기업	B기업	C기업	D기업
평가지표	경상이익률(%)	5	2	1.5	3
	영업이익률(%)	5	1	2	1.5
	부채비율(%)	500	350	450	300
	매출액증가율(%)	8	10	9	11
순자산(억 원)		2,100	600	900	3,000
지원요구금액(억 원)		2,000	500	1,000	1,800

	A기업	B기업	C기업	D기업
①	1,400억 원	500억 원	450억 원	1,800억 원
②	1,400억 원	400억 원	450억 원	1,800억 원
③	1,400억 원	400억 원	500억 원	2,000억 원
④	1,050억 원	500억 원	450억 원	2,000억 원
⑤	1,050억 원	500억 원	1,000억 원	1,800억 원

※ 어떤 의사는 다음 규칙에 따라 회진을 한다. 이어지는 질문에 답하시오. **[31~32]**

〈병실 위치〉

101호	102호	103호	104호
105호	106호	107호	108호

〈환자 정보〉

환자	호실	일정
A	101호	09:00~09:40 정기 검사
B	107호	11:00~12:00 오전 진료
C	102호	10:20~11:00 오전 진료
D	106호	10:20~11:00 재활 치료
E	103호	10:00~10:30 친구 문병
F	101호	08:30~09:45 가족 문병

〈회진 규칙〉

- 회진은 한 번에 모든 환자를 순서대로 한 번에 순회한다.
- 101호부터 회진을 시작한다.
- 같은 방에 있는 환자는 연속으로 회진한다.
- 회진은 9시 30분부터 12시까지 완료한다.
- 환자의 일정이 있는 시간은 기다린다.
- 회진은 환자 한 명마다 10분이 소요된다.
- 각 방을 이동하는 데 옆방(예 105호 옆방은 106호)은 행동 수치 1을, 마주보는 방(예 104호 마주보는 방 108호)은 행동 수치 2가 소요된다(시간에 적용하지는 않는다).
- 방을 이동하는 데 소요되는 행동 수치가 가장 적게 되도록 회진한다.

31 다음 중 의사가 3번째로 회진하는 환자는 누구인가?(단, 주어진 규칙 외의 다른 조건은 고려하지 않는다)

① B환자
② C환자
③ D환자
④ E환자
⑤ F환자

32 다음 중 의사의 회진에 대한 설명으로 옳은 것은?

① E환자는 B환자보다 먼저 진료한다.
② 네 번째로 진료하는 환자는 B환자이다.
③ 마지막으로 진료하는 환자는 E환자이다.
④ 회진은 11시 전에 모두 마칠 수 있다.
⑤ 10시부터 회진을 시작하면 마지막에 진료하는 환자가 바뀐다.

33 A ~ E 다섯 명은 직장에서 상여금을 받았다. 상여금은 순서와 관계없이 각각 25만 원, 50만 원, 75만 원, 100만 원, 125만 원이다. 〈조건〉이 다음과 같을 때, 옳지 않은 것은?

〈조건〉
- A의 상여금은 다섯 사람 상여금의 평균이다.
- B의 상여금은 C, D보다 적다.
- C의 상여금은 어떤 이의 상여금의 두 배이다.
- D의 상여금은 E보다 적다.
---

① A의 상여금은 A를 제외한 나머지 네 명의 평균과 같다.
② A의 상여금은 반드시 B보다 많다.
③ C의 상여금은 두 번째로 많거나 두 번째로 적다.
④ C의 상여금이 A보다 많다면, B의 상여금은 C의 50%일 것이다.
⑤ C의 상여금이 D보다 적다면, D의 상여금은 E의 80%일 것이다.

34 다음은 갑(甲) ~ 무(戊) 다섯 사람이 지원한 A ~ E 다섯 회사의 입사시험 결과이다. 〈보기〉에서 항상 옳은 것을 모두 고르면?

- 을(乙)은 네 개 회사에, 정(丁)은 한 개 회사에, 무(戊)는 세 개 회사에 합격하였다.
- A회사에는 한 명, B회사에는 두 명, E회사에는 세 명이 합격했다.
- D회사에 합격하였다면 B회사에는 합격하지 않았다.
- C회사에는 을(乙), 정(丁), 무(戊)만이 합격했다.
- 한 회사에도 합격하지 못한 지원자가 있다.

〈보기〉
ㄱ. A회사에 합격한 사람은 을(乙)이다.
ㄴ. 세 군데 이상 합격한 사람은 세 명이다.
ㄷ. 병(丙)은 D회사에 합격하지 못했다.
ㄹ. 한 명도 합격하지 못한 회사는 없다.
---

① ㄱ
② ㄱ, ㄴ
③ ㄱ, ㄷ
④ ㄱ, ㄹ
⑤ ㄴ, ㄷ, ㄹ

35 A~D 네 팀이 참여하여 체육대회를 하고 있다. 다음 순위 결정 기준과 각 팀의 현재까지 득점 현황에 근거하여 판단할 때, 항상 옳은 것을 〈보기〉에서 모두 고르면?

〈순위 결정 기준〉

• 각 종목의 1위에게는 4점, 2위에게는 3점, 3위에게는 2점, 4위에게는 1점을 준다.
• 각 종목에서 획득한 점수를 합산한 총점이 높은 순으로 종합 순위를 결정한다.
• 총점에서 동점이 나올 경우에는 1위를 한 종목이 많은 팀이 높은 순위를 차지한다.
  – 만약 1위 종목의 수가 같은 경우에는 2위 종목이 많은 팀이 높은 순위를 차지한다.
  – 만약 1위 종목의 수가 같고, 2위 종목의 수도 같은 경우에는 공동 순위로 결정한다.

〈득점 현황〉

종목명 \ 팀명	A	B	C	D
가	4	3	2	1
나	2	1	3	4
다	3	1	2	4
라	2	4	1	3
마	?	?	?	?
합계	?	?	?	?

※ 종목별 순위는 반드시 결정되고, 동순위는 나오지 않는다.

〈보기〉

ㄱ. A팀이 종목 마에서 1위를 한다면 종합 순위 1위가 확정된다.
ㄴ. B팀이 종목 마에서 C팀에게 순위에서 뒤지면 종합 순위에서도 C팀에게 뒤지게 된다.
ㄷ. C팀은 종목 마의 결과와 관계없이 종합 순위에서 최하위가 확정되었다.
ㄹ. D팀이 종목 마에서 2위를 한다면 종합 순위 1위가 확정된다.

① ㄱ
② ㄱ, ㄴ
③ ㄱ, ㄹ
④ ㄴ, ㄷ
⑤ ㄷ, ㄹ

36 L제품을 운송하는 A씨는 업무상 편의를 위해 고객의 주문 내역을 임의의 기호로 기록하고 있다. 다음과 같은 주문전화가 왔을 때, A씨가 기록한 기호로 옳은 것은?

<table>
<tr><td colspan="5" align="center">〈임의기호〉</td></tr>
<tr><td rowspan="2">재료</td><td>연강</td><td>고강도강</td><td>초고강도강</td><td>후열처리강</td></tr>
<tr><td>MS</td><td>HSS</td><td>AHSS</td><td>PHTS</td></tr>
<tr><td rowspan="2">판매량</td><td>낱개</td><td>1묶음</td><td>1box</td><td>1set</td></tr>
<tr><td>01</td><td>10</td><td>11</td><td>00</td></tr>
<tr><td rowspan="2">지역</td><td>서울</td><td>경기남부</td><td>경기북부</td><td>인천</td></tr>
<tr><td>E</td><td>S</td><td>N</td><td>W</td></tr>
<tr><td rowspan="2">윤활유 사용</td><td>청정작용</td><td>냉각작용</td><td>윤활작용</td><td>밀폐작용</td></tr>
<tr><td>P</td><td>C</td><td>I</td><td>S</td></tr>
<tr><td rowspan="2">용도</td><td>베어링</td><td>스프링</td><td>타이어코드</td><td>기계구조</td></tr>
<tr><td>SB</td><td>SS</td><td>ST</td><td>SM</td></tr>
</table>

※ A씨는 [재료] – [판매량] – [지역] – [윤활유 사용] – [용도]의 순서로 기호를 기록한다.

〈주문전화〉

B씨 : 어이~ A씨. 나야, 나. 인천 지점에서 같이 일했던 B. 내가 필요한 것이 있어서 전화했어. 일단 서울 지점의 C씨가 스프링으로 사용할 제품이 필요하다고 하는데 한 박스 정도면 될 것 같아. 이전에 주문 했던 대로 연강에 윤활용으로 윤활유를 사용한 제품으로 부탁하네. 나는 이번에 경기도 남쪽으로 가는 데 거기에 있는 내 사무실 알지? 거기로 초고강도강 타이어코드용으로 1세트 보내 줘. 튼실한 걸로 밀폐용 윤활유 사용해서 부탁해. 저번에 냉각용으로 사용한 제품은 생각보다 좋진 않았어.

① MS11EISB, AHSS00SSST
② MS11EISS, AHSS00SSST
③ MS11EISS, HSS00SSST
④ MS11WISS, AHSS10SSST
⑤ MS11EISS, AHSS00SCST

37 다음 중 SWOT 분석에 대한 설명으로 적절하지 않은 것은?

	강점 (Strengths)	약점 (Weaknesses)
기회 (Opportunities)	SO	WO
위협 (Threats)	ST	WT

① 강점과 약점은 외부환경요인에 해당하며, 기회와 위협은 내부환경요인에 해당한다.

② SO전략은 강점을 살려 기회를 포착하는 전략을 의미한다.

③ ST전략은 강점을 살려 위협을 회피하는 전략을 의미한다.

④ WO전략은 약점을 보완하여 기회를 포착하는 전략을 의미한다.

⑤ WT전략은 약점을 보완하여 위협을 회피하는 전략을 의미한다.

38 L공사 직원들이 이번 달 성과급에 대해 이야기를 나누고 있다. 성과급은 반드시 오르거나 줄었고, 다음의 직원 중 1명만 거짓말을 하고 있을 때, 항상 참인 것은?

> A직원 : 나는 이번에 성과급이 올랐어. 그래도 B만큼은 오르지는 않았네.
> B직원 : 맞아. 난 성과급이 좀 올랐지. D보다는 조금 더 올랐어.
> C직원 : 좋겠다. 오, E도 성과급이 올랐어.
> D직원 : 무슨 소리야. E는 C와 같이 성과급이 줄어들었는데.
> E직원 : 그런 것보다 D가 A보다 성과급이 조금 올랐는데.

① 직원 E의 성과급 순위를 알 수 없다.

② 직원 D의 성과급이 가장 많이 올랐다.

③ 직원 A의 성과급이 오른 사람 중 가장 적다.

④ 직원 C는 성과급이 줄어들었다.

⑤ 직원 B의 성과급이 가장 많이 올랐다.

※ 다음은 L회사의 A/S센터 연락망을 나타낸 자료이다. 이어지는 질문에 답하시오. **[39~40]**

근무자	연락 가능한 근무자
1	4, 5, 6
2	1, 3, 8
3	4, 6, 8
4	5, 6, 7
5	1, 3
6	7, 8
7	1, 2, 3
8	4, 7

39 2가 6에게 급히 연락할 일이 생겨서 최대한 빠르게 연락을 하려고 할 때, 중간에서 거쳐야 하는 최소 인원은 몇 명인가?(단, 2와 6은 세지 않는다)

① 1명

② 2명

③ 3명

④ 4명

⑤ 5명

40 다음 중 근무자 3을 통해 2에게 연락하려고 할 때, 연락이 가능하지 않은 경로는?

① 3 - 4 - 5 - 1 - 6 - 8 - 7 - 2

② 3 - 4 - 7 - 2

③ 3 - 6 - 7 - 5 - 2

④ 3 - 8 - 4 - 7 - 2

⑤ 3 - 8 - 7 - 2

다음 자료와 상황을 근거로 판단할 때, 〈보기〉에서 옳은 것을 모두 고르면?

L국 사람들은 아래와 같이 한 손으로 1부터 10까지의 숫자를 표현한다.

숫자	1	2	3	4	5
펼친 손가락 개수	1개	2개	3개	4개	5개
펼친 손가락 모양					

숫자	6	7	8	9	10
펼친 손가락 개수	2개	3개	2개	1개	2개
펼친 손가락 모양					

〈상황〉

L국에 출장을 간 갑은 L국의 언어를 하지 못하여 물건을 살 때 상인의 손가락을 보고 물건의 가격을 추측한다. L국 사람의 숫자 표현법을 제대로 이해하지 못한 갑은 상인이 금액을 표현하기 위해 펼친 손가락 1개당 1원씩 돈을 지불하려고 한다(단, 갑은 하나의 물건을 구매하며, 물건의 가격은 최소 1원부터 최대 10원까지라고 가정한다).

〈보기〉

ㄱ. 물건의 가격과 갑이 지불하려는 금액이 일치했다면, 물건의 가격은 5원 이하이다.
ㄴ. 상인이 손가락 3개를 펼쳤다면, 물건의 가격은 최대 7원이다.
ㄷ. 물건의 가격과 갑이 지불하려는 금액이 8원만큼 차이가 난다면, 물건의 가격은 9원이거나 10원이다.
ㄹ. 갑이 물건의 가격을 초과하는 금액을 지불하려는 경우가 발생할 수 있다.

① ㄱ, ㄴ
② ㄷ, ㄹ
③ ㄱ, ㄴ, ㄷ
④ ㄱ, ㄷ, ㄹ
⑤ ㄴ, ㄷ, ㄹ

42 A ~ D는 한 판의 가위바위보를 한 후 그 결과에 대해 각각 두 가지의 진술을 하였다. 두 가지의 진술 중 하나는 참이고, 하나는 거짓이라고 할 때, 다음 중 항상 참인 것은?

> A : C는 B를 이길 수 있는 것을 냈고, B는 가위를 냈다.
> B : A는 C와 같은 것을 냈지만, A가 편 손가락의 수는 나보다 적었다.
> C : B는 바위를 냈고, 그 누구도 같은 것을 내지 않았다.
> D : A, B, C 모두 참 또는 거짓을 말한 순서가 동일하다. 이 판은 승자가 나온 판이었다.

① B와 같은 것을 낸 사람이 있다.
② 보를 낸 사람은 1명이다.
③ D는 혼자 가위를 냈다.
④ B가 기권했다면 가위를 낸 사람이 지는 판이다.
⑤ 바위를 낸 사람은 2명이다.

43 9층 건물의 지하에서 출발한 엘리베이터에 타고 있던 A ~ I는 1층부터 9층까지 각각 다른 층에 내렸다. 다음 〈조건〉을 참고할 때, 짝수 층에 내리지 않은 사람은?

> ───── 〈조건〉 ─────
> • D는 F보다는 빨리 내렸고, A보다는 늦게 내렸다.
> • H는 홀수 층에 내렸다.
> • C는 3층에 내렸다.
> • G는 C보다 늦게 내렸고, B보다 빨리 내렸다.
> • B는 C보다 3층 후에 내렸고, F보다는 1층 전에 내렸다.
> • I는 D보다 늦게 내렸고, G보다는 일찍 내렸다.

① B   ② D
③ E   ④ G
⑤ I

44 다음은 L공사 직원들의 이번 주 초과근무 계획표이다. 하루에 5명 이상 초과근무를 할 수 없고, 직원들은 각자 일주일에 10시간을 초과하여 근무를 할 수 없다. 한 사람만 초과근무 일정을 변경할 수 있을 때, 규칙에 어긋난 요일과 중 일정을 변경해야 할 직원이 바르게 짝지어진 것은?(단, 주말은 1시간당 1.5시간으로 계산한다)

<표>

성명	초과근무 일정	성명	초과근무 일정
김혜정	월요일 3시간, 금요일 3시간	김재건	수요일 1시간
이설희	토요일 6시간	신혜선	수요일 4시간, 목요일 3시간
임유진	토요일 3시간, 일요일 1시간	한예리	일요일 6시간
박주환	목요일 2시간	정지원	월요일 3시간, 목요일 4시간
이지호	화요일 4시간	최명진	화요일 5시간
김유미	금요일 6시간, 토요일 2시간	김우석	목요일 1시간
이승기	화요일 1시간	차지수	금요일 6시간
정해리	월요일 5시간	이상엽	목요일 6시간, 일요일 3시간

〈초과근무 계획표〉

	요일	직원		요일	직원
①	월요일	김혜정	②	화요일	정지원
③	화요일	신혜선	④	목요일	이상엽
⑤	토요일	임유진			

45 발산적 사고를 개발하기 위한 방법으로는 자유연상법, 강제연상법, 비교발상법이 있다. 다음 글에서 사용된 사고 개발 방법으로 가장 적절한 것은?

> 충남 보령시는 보령해양머드박람회와 연계할 사업을 발굴하기 위한 보고회를 개최하였다. 경제적·사회적 파급 효과의 극대화를 통한 성공적인 박람회 개최를 도모하기 위해 마련된 보고회는 각 부서의 업무에 국한하지 않은 채 가능한 많은 양의 아이디어를 자유롭게 제출하는 방식으로 진행됐다.
> 홍보미디어실에서는 박람회 기간 가상현실(VR)·증강현실(AR) 체험을 통해 사계절 머드 체험을 할 수 있도록 사계절 머드체험센터 조성을, 자치행정과에서는 박람회 임시주차장 조성 및 박람회장 전선 지중화 사업을, 교육체육과에서는 세계 태권도 대회 유치를 제안했다. 또 문화새마을과에서는 KBS 열린음악회 및 전국노래자랑 유치를, 세무과에서는 E-스포츠 전용경기장 조성을, 회계과에서는 해상케이블카 조성 및 폐광지구 자립형 농어촌 숙박단지 조성 등을 제안했다. 사회복지과에서는 여성 친화 플리마켓을, 교통과에서는 장항선 복선전철 조기 준공 및 열차 증편을, 관광과는 체험·놀이·전시 등 보령머드 테마파크 조성 등의 다양한 아이디어를 내놓았다.
> 보령시는 이번에 제안된 아이디어를 토대로 실현 가능성 등을 검토하고, 박람회 추진에 참고자료로 적극 활용할 계획이다.

① 브레인스토밍
② SCAMPER 기법
③ NM법
④ Synectics법
⑤ 여섯 색깔 모자 기법

46 초등학교 담장에 벽화를 그리기 위해 바탕색을 칠하려고 한다. 5개의 벽에 바탕색을 칠해야 하고, 벽은 일자로 나란히 배열되어 있다고 한다. 다음 〈조건〉에 따라 벽화를 칠한다고 할 때, 항상 옳은 것은?(단, 칠하는 색은 빨간색, 주황색, 노란색, 초록색, 파란색이다)

〈조건〉
- 주황색과 초록색은 이웃해서 칠한다.
- 빨간색과 초록색은 이웃해서 칠할 수 없다.
- 파란색은 양 끝에 칠할 수 없으며, 빨간색과 이웃해서 칠할 수 없다.
- 노란색은 왼쪽에서 두 번째에 칠할 수 없다.

① 노란색을 왼쪽에서 첫 번째에 칠할 때, 주황색은 오른쪽에서 세 번째에 칠하게 된다.
② 칠할 수 있는 경우 중 한 가지는 주황색 – 초록색 – 파란색 – 노란색 – 빨간색이다.
③ 파란색을 오른쪽에서 두 번째에 칠할 때, 주황색은 왼쪽에서 첫 번째에 칠할 수도 있다.
④ 주황색은 왼쪽에서 첫 번째에 칠할 수 없다.
⑤ 빨간색은 오른쪽에서 첫 번째에 칠할 수 없다.

※ 다음은 L기업에 지원한 지원자들의 영역별 시험 점수 상위 5명에 대한 자료이다. 이어지는 질문에 답하시오 (단, 과목별로 동점자는 없었으며, 점수는 1점 단위이다). **[47~48]**

〈영역별 시험 점수〉

(단위 : 점)

순위	언어		수리		인성	
	이름	점수	이름	점수	이름	점수
1	하정은	94	신민경	91	양현아	97
2	성수민	93	하정은	90	박지호	95
3	김진원	90	성수민	88	황아영	90
4	양현아	88	황아영	82	신민경	88
5	황아영	85	양현아	76	하정은	84

47 성수민이 황아영보다 높은 총점을 기록하기 위해서는 인성 영역에서 몇 점 이상이어야 하는가?

① 75점
② 76점
③ 77점
④ 78점
⑤ 79점

48 다음 중 자료에 대한 설명으로 옳지 않은 것은?

① 언어와 수리 영역 점수의 합이 가장 높은 지원자는 하정은이다.
② 양현아는 하정은의 총점의 95% 이상을 획득했다.
③ 신민경이 획득할 수 있는 총점의 최댓값은 263점이다.
④ L기업 시험 합격 최저점이 총점기준 251점이라면 김진원은 불합격이다.
⑤ 박지호보다 김진원의 총점이 더 높다.

49 다음은 업무 수행 과정에서 발생하는 문제의 유형 3가지를 소개한 자료이다. 문제의 유형과 〈보기〉의 사례를 바르게 짝지은 것은?

〈문제의 유형〉

발생형 문제	현재 직면한 문제로, 어떤 기준에 대하여 일탈 또는 미달함으로써 발생하는 문제이다.
탐색형 문제	탐색하지 않으면 나타나지 않는 문제로, 현재 상황을 개선하거나 효율을 더 높이기 위해 발생하는 문제이다.
설정형 문제	미래지향적인 새로운 과제 또는 목표를 설정하면서 발생하는 문제이다.

〈보기〉

(가) A회사는 초콜릿 과자에서 애벌레로 보이는 곤충 사체가 발견되어 과자 제조 과정에 대해 고민하고 있다.
(나) B회사는 점차 다가오는 초고령사회에 대비하여 노인들을 위한 애플리케이션을 개발하기로 했다.
(다) C회사는 현재의 충전지보다 더 많은 전압을 회복시킬 수 있는 충전지를 연구하고 있다.
(라) D회사는 발전하고 있는 드론 시대를 위해 드론 센터를 건립하기로 결정했다.
(마) E회사는 업무 효율을 높이기 위해 근로시간을 단축하기로 결정했다.
(바) F회사는 올해 개발한 침대에 방사능이 검출되어 안전기준에 부적합 판정을 받았다.

	발생형 문제	탐색형 문제	설정형 문제
①	(가), (바)	(다), (마)	(나), (라)
②	(가), (마)	(나), (라)	(다), (바)
③	(가), (나)	(다), (바)	(라), (마)
④	(가), (나)	(마), (바)	(다), (라)
⑤	(가), (바)	(나), (다)	(라), (마)

50 다음은 공간정보 품질관리 사업에 대한 SWOT 분석 결과이다. 이에 대한 설명으로 적절하지 않은 것을 〈보기〉에서 모두 고르면?

〈공간정보 품질관리 사업에 대한 SWOT 분석 결과〉

구분	분석 결과
강점(Strength)	• 도로명주소 서비스의 정확성 개선사업을 통한 국토정보 유지관리 사업추진 경험 • 위치기반 생활지원 서비스인 '랜디랑'의 성공적 구축
약점(Weakness)	• 국토정보 수집 관련 기기 및 설비 운용인력의 부족 • 공공수요에 편중된 국토정보 활용
기회(Opportunity)	• 국토정보체계 표준화에 성공한 해외 기관과의 지원협력 기회 마련
위협(Threat)	• 드론 조종사 양성을 위한 예산 확보 어려움

〈보기〉

ㄱ. 유지관리 사업추진 노하우를 해외 기관에 제공하고 이를 더욱 개선하기 위해 국내에서 예산을 확보하는 것은 SO전략에 해당한다.
ㄴ. 랜디랑의 성공적 구축 사례를 활용해 드론 운용사업의 잠재성을 강조하여 드론 조종사 양성 예산을 확보해내는 것은 ST전략에 해당한다.
ㄷ. 해외 기관과의 협력을 통해 국토정보 유지관리 사업을 개선하는 것은 WO전략에 해당한다.
ㄹ. 드론 조종사 양성을 위한 예산을 확보하여 기기 운용인력을 확충하기 위해 노력하는 것은 WT전략에 해당한다.

① ㄱ, ㄴ
② ㄱ, ㄷ
③ ㄴ, ㄷ
④ ㄴ, ㄹ
⑤ ㄷ, ㄹ

4일 차
기출응용 모의고사

www.sdedu.co.kr

〈문항 및 시험시간〉

평가영역	문항 수	시험시간	모바일 OMR 답안분석
의사소통능력＋문제해결능력	50문항	60분	

4일 차 기출응용 모의고사

문항 수 : 50문항
시험시간 : 60분

01 다음 글을 읽고 알 수 없는 내용은?

> 콩나물의 가격 변화에 따라 콩나물의 수요량이 변하는 것은 일반적인 현상이다. 그러나 콩나물 가격은 변하지 않는데도 콩나물의 수요량이 변할 수 있다. 예를 들어, 시금치 가격이 상승하면 소비자들은 시금치를 콩나물로 대체한다. 그러면 콩나물 가격은 변하지 않는데도 시금치 가격의 상승으로 인해 콩나물의 수요량이 증가할 수 있다. 또는 콩나물이 몸에 좋다는 내용의 방송이 나가면 콩나물 가격은 변하지 않았음에도 불구하고 콩나물의 수요량이 급증한다. 이와 같이 특정한 상품의 가격은 변하지 않는데도 다른 요인으로 인하여 그 상품의 수요량이 변하는 현상을 수요의 변화라고 한다.
>
> 수요의 변화는 소비자의 소득 변화에 의해서도 발생한다. 예를 들어, 스마트폰 가격에 변동이 없음에도 불구하고 소득이 증가하면 스마트폰에 대한 수요량이 증가한다. 반대로 소득이 감소하면 수요량이 감소한다. 이처럼 소득의 증가에 따라 수요량이 증가하는 재화를 '정상재'라고 한다. 우리 주위에 있는 대부분의 재화들은 정상재이다. 그러나 소득이 증가하면 오히려 수요량이 감소하는 재화가 있는데 이를 '열등재'라고 한다. 예를 들어, 용돈을 받아 쓰던 학생 때는 버스를 이용하다 취직해서 소득이 증가하여 자가용을 타게 되면 버스에 대한 수요는 감소한다. 이 경우 버스는 열등재라고 할 수 있다.
>
> 정상재와 열등재는 수요의 소득탄력성으로도 설명할 수 있다. 수요의 소득탄력성이란 소득이 1% 변화할 때 수요량이 변화하는 정도를 말한다. 수요의 소득탄력성이 양수(陽數)인 재화는 소득이 증가할 때 수요량도 증가하므로 정상재이다. 반대로 수요의 소득탄력성이 음수(陰數)인 재화는 소득이 증가할 때 수요량이 감소하므로 열등재이다. 정상재이면서 소득탄력성이 1보다 큰, 즉 소득이 증가하는 것보다 수요량이 더 크게 증가하는 경우가 있다. 경제학에서는 이를 '사치재'라고 한다. 반면에 정상재이면서 소득탄력성이 1보다 작은 재화를 '필수재'라고 한다.
>
> 정상재와 열등재는 가격이나 선호도 등 다른 모든 조건이 변하지 않는 상태에서 소득만 변했을 때 재화의 수요가 어떻게 변했는지를 분석한 개념이다. 하지만 특정 재화를 명확하게 정상재나 열등재로 구별하기는 어렵다. 동일한 재화가 소득수준이나 생활환경에 따라 열등재가 되기도 하고 정상재가 되기도 하기 때문이다. 햄버거는 일반적으로 정상재로 볼 수 있지만, 소득이 매우 상승해 취향이 달라지면 햄버거에 대한 수요가 감소해 열등재가 될 수도 있다. 이처럼 재화의 수요의 변화는 재화의 가격뿐만 아니라 그 재화를 대체하거나 보완하는 다른 재화의 가격, 소비자의 소득·취향, 장래에 대한 예상 등의 여러 요인에 의해 결정된다.

① 수요의 변화란 무엇인가?
② 정상재와 열등재의 차이점은 무엇인가?
③ 수요의 변화가 발생하는 이유는 무엇인가?
④ 사치재와 필수재의 예로는 어떤 것이 있는가?
⑤ 사치재는 수요의 소득탄력성으로 설명할 수 있는가?

02 다음 중 빈칸에 들어갈 내용으로 가장 적절한 것은?

> 고대 그리스의 누드 조각, 르네상스의 누드화, 인상파, 로댕, 피카소 등에 이르기까지 서양의 에로티시즘은 생명을 새롭게 파악하여 현실의 여러 의미를 보여 준다. 발가벗은 인체를 예술의 소재로 삼는다는 것은 우리 인간의 생명의 비밀을 직시하려는 태도의 표명이며, 삶의 근원을 찾아내려는 모색의 과정이다. 또한 에로티시즘의 조형화(造型化)는 삶의 단순한 향유가 아니라 현실의 재확인이다. 그러므로 대중들이 즐기고 욕망하는 현실 감정이 가장 쉽게 그리고 직접적으로 누드에 반영된다.
>
> 우리의 미술사에서도 어느 정도 이러한 점을 확인할 수 있다. 성(性)을 경원시하고 남녀유별(男女有別)에 철저했던, 유교적 도덕으로 무장한 조선의 풍토에서 혜원(蕙園) 신윤복의 존재는 무엇을 말해주는가? 왜 혜원의 〈춘의도(春意圖)〉가 그 시대 산수도보다 대중들에게 잘 수용되었던가? 그것은 그가 당대의 사회적 풍토로 인해 억압되어 있었던 _____을 잘 드러냈기 때문이다.
>
> 그런데 근래의 우리 누드 화가들은 어떠한가? 누드를 통해 어떤 현실을 인식시키고 어떤 진실을 표현하려 하였던가? 가령 김승인의 〈나부(裸婦)〉를 놓고 보자. 이국적인 용모를 지닌 풍요한 여체가 옆면으로 등을 보이면서 소파 위에 앉아 있다. 주위의 실내 배경은 서구 스타일의 장식으로 간략히 정돈된 고전풍이다. 그에 따라 나부가 효과적으로 중심을 드러낸다. 기법은 인상주의 이전의 사실주의 수법으로 객관미를 표출하고 있다. 그럼에도 그의 누드는 우리에게 위화감을 불러일으킨다. 무엇 때문인가?
>
> 우리는 그의 누드 속의 인물, 즉 이국적 호사 취미에 알맞은 장식적 인물에서 그 단서를 발견할 수 있다. 우리가 보아온 누드 어디에 그 같은 취향이 있었던가? 이 누드의 풍요성과 같은 안정된 현실을 어느 시대에서 향유할 수 있었단 말인가? 결국 그의 누드에 담긴 장식적 현실은 부르주아적 모방 취미가 아닐 수 없다. 그런 누드화는 부유층의 수요에 의하여 생산되는 사치품에 불과하다. 이처럼 근래의 우리 누드화는 민중의 현실 속으로 파고들지 못했다.

① 불편한 진실
② 도덕적 불감증
③ 전통적인 가치관
④ 지배층의 물질적 욕망
⑤ 보편적인 감정의 진실

03 다음 글의 밑줄 친 ㉠~㉤ 중 전체 흐름과 맞지 않는 곳을 찾아 수정하려고 할 때, 가장 적절한 것은?

우울증을 잘 초래하는 성향은 창조성과 결부되어 있기 때문에 생존에 유리한 측면이 있었다. 따라서 우울증과 관련이 있는 유전자는 오랜 역사를 거쳐 오면서도 사멸하지 않고 살아남아 오늘날 현대인에게도 그 유전자가 상당수 존재할 가능성이 있다. 베토벤, 뉴턴, 헤밍웨이 등 위대한 음악가, 과학자, 작가들의 상당수가 우울한 성향을 갖고 있었다. ㉠ 천재와 우울증은 어찌 보면 동전의 양면으로, 인류 문명의 진보를 이끈 하나의 동력이자 그 부산물이라 할 수 있을지도 모른다.

우울증은 일반적으로 자기 파괴적인 질환으로 인식되어 왔지만 실은 자신을 보호하고 미래를 준비하기 위한 보호 기제일 수도 있다. 달성할 수 없거나 달성하기 매우 어려운 목표에 도달하기 위해 엄청난 에너지를 소모하는 것은 에너지와 자원을 낭비할 뿐만 아니라, 정신과 신체를 소진시킴으로써 사회적 기능을 수행할 수 없게 한다. 또한 주위의 도움이 없으면 생명을 유지하기 어려운 상태에 ㉡ 이르게도 할 수 있다. 이를 막기 위한 기제가 스스로의 자존감을 낮추고 그 목표를 포기하게 만드는 것이다. 이를 통해 고갈된 에너지를 보충하고 다시 도전할 수 있는 기회를 모색할 수 있다. ㉢ 또한 지금과 같은 경쟁 사회는 새로운 기술이나 생각에 대한 사회적 요구가 커지기 때문에 정신적 소진 상태를 초래하기 쉬운 환경이 되고 있다.

오늘날 우울증은 왜 이렇게 급격하게 늘어나는 것일까? 창조성이란 그 사회에 존재하고 있는 기술이나 생각에 대한 도전이자 대안 제시이며, 기존의 기술이나 생각을 엮어서 새로운 조합을 만들어 내는 것이다. 과거에 비해 현대 사회는 경쟁이 심화되고 혁신들이 더 가치를 인정받기 때문에 창조성이 있는 사람은 상당히 큰 선택적 이익을 갖게 된다. ㉣ 그렇지만 현대 사회처럼 기존에 존재하는 기술이나 생각이 엄청나게 많아 우리의 뇌가 그것을 담기에도 벅찬 경우에는 새로운 조합을 만들어 내는 일은 무척이나 많은 에너지를 필요로 한다. 결국 경쟁은 창조성을 ㉤ 발휘하게 하지만 지나친 경쟁은 정신적 소진을 초래하기 때문에 우울증이 많이 발생할 수 있다.

① ㉠ : 첫 번째 문단과 관련 없는 내용이므로 삭제한다.
② ㉡ : 문장의 주어와 호응되지 않으므로 '이른다'로 수정한다.
③ ㉢ : 두 번째 문단의 내용과 어울리지 않으므로 세 번째 문단으로 옮긴다.
④ ㉣ : 뒷 문장이 앞 문장의 결과이므로 '그리하여'로 수정한다.
⑤ ㉤ : 문맥상의 내용과 반대되는 내용이므로 '억제하지만'으로 수정한다.

04 다음 글의 내용으로 가장 적절한 것은?

> 아파트를 분양받을 경우 전용면적(專用面積), 공용면적(共用面積), 공급면적(供給面積), 계약면적(契約面積), 서비스면적이라는 용어를 자주 접하게 된다.
> 전용면적은 아파트의 방이나 거실·주방·화장실 등을 모두 포함한 면적으로, 개별 세대 현관문 안쪽의 전용 생활공간을 말한다. 다만 발코니 면적은 전용면적에서 제외된다.
> 공용면적은 주거공용면적과 기타공용면적으로 나뉜다. 주거공용면적은 세대가 거주를 위하여 공유하는 면적으로 세대가 속한 건물의 공용계단, 공용복도 등의 면적을 더한 것을 말한다. 기타공용면적은 주거공용면적을 제외한 지하층, 관리사무소, 노인정 등의 면적을 더한 것이다.
> 공급면적은 통상적으로 분양에 사용되는 용어로 전용면적과 주거공용면적을 더한 것이다. 계약면적은 공급면적과 기타공용면적을 더한 것이다. 서비스면적은 발코니(Balcony) 같은 공간의 면적으로 전용면적과 공용면적에서 제외된다.

① 발코니 면적은 계약면적에 포함된다.
② 관리사무소 면적은 공급면적에 포함된다.
③ 개별 세대 내 거실과 주방의 면적은 주거공용면적에 포함된다.
④ 공용계단과 공용복도의 면적은 공급면적에 포함되지 않는다.
⑤ 계약면적은 전용면적, 주거공용면적, 기타공용면적을 더한 것이다.

05 다음 글의 결론으로 가장 적절한 것은?

> 이론 P에 따르면 복지란 다른 시민의 기본권을 침해하지 않는 한, 각 시민이 갖고 있는 현재의 선호들만 만족시키는 것이다. 현재 선호만을 만족시켜야 한다고 주장하는 근거는 크게 두 가지이다. 첫째, 지금은 사라진 그 어떤 과거 선호들보다 현재의 선호가 더 강렬하다는 것이다. 둘째, 어떤 사람이 지금 선호하지 않는 것을 그에게 지금 제공하는 것은 그에게 만족의 기쁨을 주지 못한다는 사실이다. 만일 이 근거들이 약점을 갖고 있다면 우리는 이론 P를 받아들일 이유가 없다.
> 첫째 근거에 대해 이런 반론을 제기할 수 있다. 현재 선호와 과거 선호의 강렬함을 현재 시점에서 비교하는 것은 공정하지 않다. 시간에서 벗어나 둘을 비교한다면 현재의 선호보다 더 강렬했던 과거 선호가 있을 수 있다. 예컨대 10년 전 김 씨가 자신의 고향인 개성에 방문하기를 바랐던 것이 일생에서 가장 강렬한 선호였을 수 있다. 둘째 근거에 대해서는 이런 반론을 제기할 수 있다. 선호하는 시점과 만족하는 시점은 대부분의 경우 시간차가 존재한다. 만일 사람들의 선호가 자주 바뀐다면 그들의 현재 선호가 그것이 만족되는 시점까지 지속하리라는 보장이 없다. 이것이 사실이라면 정부가 시민의 현재 선호를 만족시키려고 노력하는 것은 낭비를 낳는다. 이처럼 현재 선호만을 만족시켜야 한다는 주장을 뒷받침하는 근거들은 허점이 많다.

① 사람들의 선호는 시간이 지남에 따라 변하기 때문에 그의 현재 선호도 만족시킬 수 없다.
② 복지를 시민의 현재 선호를 만족시키는 것으로 보는 이론은 받아들이기 어렵다.
③ 어느 선호가 더 강렬한 선호인지를 결정하는 것은 중요하지 않다.
④ 복지 문제에서 과거 선호를 만족시키는 것도 중요하다.
⑤ 복지가 무엇인지 정의하는 것은 불가능하다.

06 다음 글의 빈칸에 들어갈 말을 〈보기〉에서 골라 바르게 나열한 것은?

어떤 한 규범은 그와 다른 규범보다 강하거나 약할 수 있다. 예를 들어, "재산을 빼앗지 말라."는 규범은 "부동산을 빼앗지 말라."는 규범보다 강하다. 다른 이의 재산을 빼앗지 않는 사람이라면 누구든지 부동산 또한 빼앗지 않을 것이지만, 그 역은 성립하지 않기 때문이다. 한편, "재산을 빼앗지 말라."는 규범은 "해를 끼치지 말라."는 규범보다 약하다. 다른 이에게 해를 끼치지 않는 사람이라면 누구든지 재산을 빼앗지 않을 것이지만, 그 역은 성립하지 않기 때문이다. 그렇다고 해서 모든 규범이 위의 두 예처럼 어떤 다른 규범보다 강하다거나 약하다고 말할 수 있는 것은 아니다. 예를 들어, "재산을 빼앗지 말라."는 규범은 "운동 전에는 몸풀기를 충분히 하라."는 일종의 규범에 비해 약하지도 강하지도 않다. 다른 이의 재산에 관한 규범을 준수하는 사람이라도 운동에 앞서 몸풀기를 게을리할 수 있으며, 또 동시에 운동에 앞서 충분히 몸풀기하는 사람이라도 다른 이의 재산에 관한 규범을 어길 수 있기 때문이다.

규범 간의 이와 같은 강·약 비교는 일종의 규범인 교통법규에도 적용될 수 있다. 예를 들어, "도로에서는 시속 110km 이하로 운전하라."는 _____(가)_____ 보다 약하다. "도로의 교량 구간에서는 시속 80km 이하로 운전하라."는 "도로에서는 시속 110km 이하로 운전하라."보다는 약하다고 할 수 없지만, _____(나)_____ 보다는 약하다. 한편, "도로의 교량 구간에서는 100m 이상의 차간 거리를 유지한 채 시속 80km 이하로 운전하라."는 "도로의 교량 구간에서는 시속 80km 이하로 운전하라."보다는 강하지만 _____(다)_____ 보다는 강하다고 할 수 없다.

---〈보기〉---

㉠ "도로의 교량 구간에서는 시속 70km 이하로 운전하라."

㉡ "도로에서는 시속 80km 이하로 운전하라."

㉢ "도로의 교량 구간에서는 90m 이상의 차간 거리를 유지한 채 시속 90km 이하로 운전하라."

	(가)	(나)	(다)
①	㉠	㉡	㉢
②	㉠	㉢	㉡
③	㉡	㉠	㉢
④	㉡	㉢	㉠
⑤	㉢	㉡	㉠

07 다음 글의 내용으로 적절하지 않은 것은?

파리기후변화협약은 2020년 12월에 만료된 교토의정서를 대체하여 2021년부터의 기후변화 대응을 담은 국제협약으로, 2015년 12월 프랑스 파리에서 열린 제21차 유엔기후변화협약(UNFCCC) 당사국총회(COP21)에서 채택되었다.

파리기후변화협약에서는 산업화 이전 대비 지구의 평균기온 상승을 2℃보다 상당히 낮은 수준으로 유지하고, 1.5℃ 이하로 제한하기 위한 노력을 추구하기로 하였다. 또 국가별 온실가스 감축량은 각국이 제출한 자발적 감축 목표를 인정하되, 5년마다 상향된 목표를 제출하도록 하였다. 차별적인 책임 원칙에 따라 선진국의 감축 목표 유형은 절대량 방식을 유지하며, 개발도상국은 자국 여건을 고려해 절대량 방식과 배출 전망치 대비 방식 중 채택하도록 하였다. 미국은 2030년까지 온실가스 배출량을 2005년 대비 26 ~ 65%까지 감축하겠다고 약속했고, 우리나라도 2030년 배출 전망치 대비 37%를 줄이겠다는 내용의 감축 목표를 제출했다. 이 밖에도 온실가스 배출량을 꾸준히 감소시켜 21세기 후반에는 이산화탄소의 순 배출량을 0으로 만든다는 내용에 합의하고, 선진국들은 2020년부터 개발도상국 등의 기후변화 대처를 돕는 데 매년 최소 1,000억 달러(약 118조 원)를 지원하기로 했다.

파리기후변화협약은 사실상 거의 모든 국가가 이 협약에 서명했을 뿐 아니라 환경 보존에 대한 의무를 전 세계의 국가들이 함께 부담하도록 하였다. 즉, 온실가스 감축 의무가 선진국에만 있었던 교토의정서와 달리 195개의 당사국 모두에게 구속력 있는 보편적인 첫 기후 합의인 것이다.

그런데 2017년 6월, 미국의 트럼프 대통령은 환경 보호를 위한 미국의 부담을 언급하며 파리기후변화협약 탈퇴를 유엔에 공식 통보하였다. 그러나 발효된 협약은 3년간 탈퇴를 금지하고 있어 2019년 11월 3일까지는 탈퇴 통보가 불가능하였다. 이에 따라 미국은 다음날인 11월 4일 유엔에 협약 탈퇴를 통보했으며, 통보일로부터 1년이 지난 뒤인 2020년 11월 4일 파리기후변화협약에서 공식 탈퇴했다. 서명국 중에서 탈퇴한 국가는 미국이 유일하다.

① 교토의정서는 2020년 12월에 만료되었다.
② 파리기후변화협약은 2015년 12월 3일에 발효되었다.
③ 파리기후변화협약에서 우리나라는 개발도상국에 해당한다.
④ 현재 미국을 제외한 194개국이 파리기후변화협약에 합의한 상태이다.
⑤ 파리기후변화협약에 따라 선진국과 개발도상국 모두에게 온실가스 감축 의무가 발생하였다.

비만 환자의 경우 식사 조절을 통한 섭취량 감소가 중요하므로 적절한 식이요법이 필요하다. 먼저 환자의 표준 체중에 대한 기초대사량과 활동대사량을 파악하고, 이에 따라 3대 영양소인 단백질과 지방·탄수화물의 섭취량을 조절해야 한다.

표준 체중은 남성의 경우 {키(m)}^{2}×22kg으로 계산하고, 여성의 경우에는 {키(m)}^{2}×21kg으로 계산한다. 성인의 하루 기초대사량은 1kcal×(표준 체중)×24로 계산하고, 활동대사량은 활동의 정도에 따라 기초대사량에 0.2(정적 활동), 0.4(보통 활동), 0.8(격심한 활동)을 곱한다. 기초대사량에 활동대사량을 합한 값이 성인이 하루에 필요로 하는 칼로리가 된다.

필요한 칼로리가 정해지면 우선 단백질의 섭취량을 계산하고, 나머지를 지방과 탄수화물로 배분한다. 성인의 하루 단백질 섭취량은 표준 체중을 기준으로 0.8~1.2g/kg(평균 1.13g/kg)이며, 비만 환자가 저열량 식이 조절을 하는 경우에는 1.2~1.5g/kg(평균 1.35g/kg)으로 계산한다. 지방은 전체 필요 칼로리 중 20% 이하로 섭취하는 것이 좋으며, 콜레스테롤은 하루 300mg 이하로 제한하는 것이 좋다. 탄수화물의 경우 섭취량이 부족하면 단백질을 분해하여 포도당을 생성하게 되므로 케톤산증을 유발할 수 있다. 따라서 총 섭취 칼로리의 55~60% 정도의 섭취를 권장하며, 반드시 최소 100g 정도의 탄수화물을 섭취해야 한다.

① 신장 178cm인 성인 남성의 표준 체중은 약 69.7kg이 된다.

② 주로 정적 활동을 하는 남성의 표준 체중이 73kg이라면 하루에 필요한 칼로리는 2,102.4kcal이다.

③ 표준 체중이 55kg인 성인 여성의 경우 하루 평균 62.15g의 단백질을 섭취하는 것이 좋다.

④ 주로 보통 활동을 하는 비만 환자의 경우에도 하루에 반드시 최소 100g 정도의 탄수화물을 섭취해야 한다.

⑤ 주로 보통 활동을 하는 성인 남성의 하루 기초대사량이 1,728kcal라면 하루 500g 이하의 지방을 섭취하는 것이 좋다.

09 다음은 교통안전 사업에 대한 논문이다. 이 내용을 4개의 단어로 요약한다고 할 때, 적절하지 않은 것은?

국내 교통사고는 매년 35만 건 이상이 발생하여 그 어떤 재난과 비교할 수 없을 만큼 심각한 인명 및 재산 손실을 초래하고 있다. 국가는 국민의 생명과 안전을 지키기 위해 다양한 교통안전 사업을 시행하고 있지만 여전히 선진국 수준에는 미치지 못해 보다 적극적인 노력이 필요하다.

교통안전 사업의 평가 체계는 다음과 같은 두 가지 문제점을 지니고 있다. 첫 번째는 교통안전 사업의 성과 분석 및 평가가 사망자 수 감소에 집중되어 있다는 점이다. 두 번째는 교통안전 사업 평가에 투자 예산이 비용으로 처리된다는 점이다. 교통안전 사업이 잘 운영되려면 교통안전 사업의 정확한 평가를 통한 불요불급한 예산 방지 및 예산 효율의 극대화가 무엇보다 중요하다. 교통안전 사업 시행에 따른 사회적 비용 감소 효과를 명확하게 분석할 수 있다면 명확한 원칙과 기준을 제시할 수 있을 뿐만 아니라, 교통안전 사업의 효과를 높일 수 있어 교통사고 비용 감소에 크게 기여할 수 있을 것이다.

본 연구에서는 교통안전 사업을 시설 개선, 교통 단속, 교육ㆍ홍보ㆍ연구라는 3가지 범주로 나누고, 사업별 예산 투자에 따른 사상종별 비용 감소 효과를 분석하였다. K공단 연구 자료인 '도로교통 사고 비용의 추계와 평가'에 제시된 추계 방법을 활용하여 2017년부터 2024년도까지 8개년간 각 지자체의 교통안전 사업 투자 예산을 계산하였다.

이를 바탕으로 교통안전 사업 투자 예산과 사고 비용 감소와의 상관관계를 분석하였다. 과거 연구 모형을 수정하여 사업 투자 금액을 자산으로 분류하였다. 연구 결과 사망자 사고 비용 감소를 위해 가장 유효한 사업은 교통 단속으로 나타났으며, 중상자 및 경상자 사고 비용 감소를 위해 가장 유효한 사업은 안전한 보행 환경 조성 사업으로 나타났다.

비용으로 분류되던 교통안전 사업의 결과를 자산으로 처리하고, 종속변수를 교통사고 비용으로 하여 기존 연구와 차별점을 두었다. 사상종별로 효과가 있는 사업이 차이가 있음을 확인하였으며, 교통사고 현황 분석을 통해 주로 발생하는 사고 유형을 확인하고 맞춤형 교통안전 사업을 전개한다면 보다 효과적이고 수용성 높은 방향으로 사업이 시행될 것으로 판단된다.

① 교통 단속
② 보행 환경 조성
③ 사회적 비용
④ 비용 감소 효과
⑤ 교통안전 사업

10 다음 글의 서술상 특징으로 가장 적절한 것은?

> 제2차 세계대전이 끝나고 나서 미국과 소련 및 그 동맹국들 사이에서 공공연하게 전개된 제한적 대결 상태를 냉전이라고 한다. 냉전의 기원에 관한 논의는 냉전이 시작된 직후부터 최근까지 계속 진행되었다. 이는 단순히 냉전의 발발 시기와 이유에 대한 논의만이 아니라, 그 책임 소재를 묻는 것이기도 하다. 그 연구의 결과를 편의상 세 가지로 나누어 볼 수 있다.
>
> 가장 먼저 나타난 전통주의는 냉전을 유발한 근본적 책임이 소련의 팽창주의에 있다고 보았다. 소련은 세계를 공산화하기 위한 계획을 수립했고, 이 계획을 실행하기 위해 특히 동유럽 지역을 시작으로 적극적인 팽창 정책을 수행하였다. 그리고 미국이 자유 민주주의 세계를 지켜야 한다는 도덕적 책임감에 기초하여 그에 대한 봉쇄 정책을 추구하는 와중에 냉전이 발생했다고 본다. 그리고 미국의 봉쇄 정책이 성공적으로 수행된 결과 냉전이 종식되었다는 것이 이들의 입장이다.
>
> 여기에 비판을 가한 수정주의는 기본적으로 냉전의 책임이 미국 쪽에 있고, 미국의 정책은 경제적 동기에서 비롯되었다고 주장했다. 즉, 미국은 전후 세계를 자신들이 주도해 나가야 한다고 생각했고, 전쟁 중에 급증한 생산력을 유지할 수 있는 시장을 얻기 위해 세계를 개방 경제 체제로 만들고자 했다. 그러므로 미국 정책 수립의 기저에 깔린 것은 이념이 아니라는 것이다. 무엇보다 소련은 미국에 비해 국력이 미약했으므로 적극적 팽창 정책을 수행할 능력이 없었다는 것이 수정주의의 기본적 입장이었다. 오히려 미국이 유럽에서 공격적인 정책을 수행했고, 소련은 이에 대응했다는 것이다.
>
> 냉전의 기원에 관한 또 다른 주장인 탈수정주의는 위의 두 가지 주장에 대한 절충적 시도로, 냉전의 책임을 일방적으로 어느 한쪽에 부과해서는 안 된다고 보았다. 즉, 냉전은 양국이 추진한 정책의 '상호작용'에 의해 발생했다는 것이다. 또한 경제를 중심으로만 냉전을 보아서는 안 되며 안보 문제 등도 같이 고려하여 파악해야 한다고 보았다. 소련의 목적은 주로 안보 면에서 제한적으로 추구되었는데, 미국은 소련의 행동에 과잉 반응했고, 이것이 상황을 악화시켰다는 것이다. 이로 인해 냉전 책임론은 크게 후퇴하고 구체적인 정책 형성에 대한 연구가 부각되었다.

① 하나의 현상에 대한 다양한 견해를 제시하고 있다.
② 여러 가지 의견을 비교하면서 그 우월성을 논하고 있다.
③ 기존의 견해를 비판하면서 새로운 견해를 제시하고 있다.
④ 현상의 원인을 분석하여 다양한 해결책을 제시하고 있다.
⑤ 충분한 사례를 들어 자신의 주장을 뒷받침하고 있다.

11 다음 기사의 제목으로 가장 적절한 것은?

2018년 8월 14일 의결된 '미세먼지 저감 및 관리에 관한 특별법(이하 미세먼지 특별법)'은 2019년 2월 15일부터 시행되었다. 미세먼지 특별법은 그동안 수도권 공공·행정기관을 대상으로 시범·시행한 '고농도 미세먼지 비상저감조치'의 법적 근거를 제시했다. 이로 인해 미세먼지 관련 정보와 통계의 신뢰도를 높이기 위해 국가미세먼지 정보센터를 설치하고, 이에 따라 시·도지사는 미세먼지 농도가 비상저감조치 요건에 해당하면 자동차 운행을 제한하거나 대기오염물질 배출시설의 가동시간을 변경할 수 있다. 또한 비상저감조치를 시행할 때 관련 기관이나 사업자에 휴업, 탄력적 근무제도 등을 권고할 수 있게 되었다. 이와 함께 환경부장관은 관계 중앙행정기관이나 지방자치단체의 장, 시설운영자에게 대기오염물질 배출시설의 가동률 조정을 요청할 수도 있다.

미세먼지 특별법에 따라 시·도지사, 시장, 군수, 구청장은 어린이나 노인 등이 이용하는 시설이 많은 지역을 '미세먼지 집중관리구역'으로 지정해 미세먼지 저감사업을 확대할 수 있다. 그리고 집중관리구역 내에서는 대기오염 상시측정망 설치, 어린이 통학차량의 친환경차 전환, 학교 공기정화시설 설치, 수목 식재, 공원 조성 등을 위한 지원이 우선적으로 이루어진다.

국무총리 소속의 '미세먼지 특별대책위원회'와 이를 지원하기 위한 '미세먼지 개선기획단'도 설치되었다. 국무총리와 대통령이 지명한 민간위원장은 위원회의 공동위원장을 맡았다. 위원회와 기획단의 존속 기간은 5년으로 설정했으며, 연장하려면 만료되기 1년 전에 그 실적을 평가해 국회에 보고한다.

아울러 정부는 5년마다 미세먼지 저감 및 관리를 위한 종합계획을 수립하고 시·도지사는 이에 따른 시행계획을 수립하고 추진실적을 매년 보고하도록 했다. 또한 미세먼지 특별법은 입자의 지름이 $10\mu m$ 이하인 먼지는 '미세먼지', $2.5\mu m$ 이하인 먼지는 '초미세먼지'로 구분하기로 확정했다.

① 미세먼지와 초미세먼지 구분 방법
② 미세먼지 특별대책위원회의 역할
③ 미세먼지 집중관리구역 지정 방안
④ 대기오염 상시측정망의 효과
⑤ 미세먼지 특별법의 제정과 시행

12 다음은 대화 과정에서 지켜야 할 협력의 원리에 대한 설명이다. 〈보기〉의 사례에 대한 설명으로 가장 적절한 것은?

협력의 원리란 대화 참여자가 대화의 목적에 최대한 기여할 수 있도록 서로 협력해야 한다는 것으로, 듣는 사람이 요구하지 않은 정보를 불필요하게 많이 제공하거나 대화의 목적이나 주제에 맞지 않는 내용을 말하는 것은 바람직하지 않다. 협력의 원리를 지키기 위해서는 다음과 같은 사항을 고려해야 한다.

• 양의 격률 : 필요한 만큼만 정보를 제공해야 한다.
• 질의 격률 : 타당한 근거를 들어 진실한 정보를 제공해야 한다.
• 관련성의 격률 : 대화의 목적이나 주제와 관련된 것을 말해야 한다.
• 태도의 격률 : 모호하거나 중의적인 표현을 피하고, 간결하고 조리 있게 말해야 한다.

〈보기〉

A사원 : 오늘 점심은 어디로 갈까요?
B대리 : 아무거나 먹읍시다. 오전에 간식을 먹었더니 배가 별로 고프진 않은데, 아무 데나 괜찮습니다.

---

① B대리는 불필요한 정보를 제공하고 있으므로 양의 격률을 지키지 않았다.
② B대리는 거짓된 정보를 제공하고 있으므로 질의 격률을 지키지 않았다.
③ B대리는 질문에 적합하지 않은 대답을 하고 있으므로 관련성의 격률을 지키지 않았다.
④ B대리는 대답을 명료하게 하지 않고 있으므로 태도의 격률을 지키지 않았다.
⑤ A대리와 B대리는 서로 협력하여 의미 전달을 하고 있으므로 협력의 원리를 따르고 있다.

13 다음 글의 논지를 약화시킬 수 있는 내용으로 가장 적절한 것은?

온갖 사물이 뒤섞여 등장하는 사진들에서 고양이를 틀림없이 알아보는 인공지능이 있다고 해 보자. 그러한 식별 능력은 고양이 개념을 이해하는 능력과 어떤 관계가 있을까? 고양이를 실수 없이 가려내는 능력이 고양이 개념을 이해하는 능력의 필요충분조건이라고 할 수 있을까?

먼저, 인공지능이든 사람이든 고양이 개념에 대해 이해하면서도 영상 속의 짐승이나 사물이 고양이인지 정확히 판단하지 못하는 경우는 있을 수 있다. 예를 들어, 누군가가 전형적인 고양이와 거리가 먼 희귀한 외양의 고양이를 보고 "좀 이상하게 생긴 족제비로군요."라고 말했다고 해 보자. 이것은 틀린 판단이지만, 그렇다고 그가 고양이 개념을 이해하지 못하고 있다고 평가하는 것은 부적절할 것이다.

이번에는 다른 예로 누군가가 영상 자료에서 가을에 해당하는 장면들을 실수 없이 가려낸다고 해 보자. 그는 가을 개념을 이해하고 있다고 보아야 할까? 그 장면들을 실수 없이 가려낸다고 해도 그가 가을이 적잖은 사람들을 왠지 쓸쓸하게 하는 계절이라든가, 농경문화의 전통에서 수확의 결실이 있는 계절이라는 것, 혹은 가을이 지구 자전축의 기울기와 유관하다는 것 등을 반드시 알고 있는 것은 아니다. 심지어 가을이 지구의 1년을 넷으로 나눈 시간 중 하나를 가리킨다는 사실을 모르고 있을 수도 있다. 만일 가을이 여름과 겨울 사이에 오는 계절이라는 사실조차 모르는 사람이 있다면 우리는 그가 가을 개념을 이해하고 있다고 인정할 수 있을까? 그것은 불합리할 것이다.

가을이든 고양이든 인공지능이 그런 개념들을 충분히 이해하는 것은 영원히 불가능하다고 단언할 이유는 없다. 하지만 우리가 여기서 확인한 점은 개념의 사례를 식별하는 능력이 개념을 이해하는 능력을 함축하는 것은 아니고, 그 역도 마찬가지라는 것이다.

① 인간 개념과 관련된 모든 지식을 가진 사람은 아무도 없겠지만, 우리는 대개 인간과 인간 아닌 존재를 어렵지 않게 구별할 줄 안다.

② 어느 정도의 훈련을 받은 사람은 병아리의 암수를 정확히 감별하지만, 그렇다고 암컷과 수컷 개념을 이해하고 있다고 볼 이유는 없다.

③ 자율주행 자동차에 탑재된 인공지능이 인간 개념을 이해하고 있지 않다면 동물 복장을 하고 횡단보도를 건너는 인간 보행자를 인간으로 식별하지 못한다.

④ 정육면체 개념을 이해할 리가 없는 침팬지도 다양한 형태의 크고 작은 상자들 가운데 정육면체 모양의 상자에만 숨겨둔 과자를 족집게 같이 찾아낸다.

⑤ 10월 어느 날 남반구에서 북반구로 여행을 간 사람이 그곳의 계절을 봄으로 오인한다고 해서 그가 봄과 가을의 개념을 잘못 이해하고 있다고 할 수는 없다.

14 다음 문단을 논리적 순서대로 바르게 나열한 것은?

(가) 매년 수백만 톤의 황산이 애팔래치아 산맥에서 오하이오 강으로 흘러들어 간다. 이 황산은 강을 붉게 물들이고 산성으로 변화시킨다. 이렇게 강이 붉게 물드는 것은 티오바실러스라는 세균으로 인해 생성된 침전물 때문이다. 철2가 이온(Fe^{2+})과 철3가 이온(Fe^{3+})의 용해도가 이러한 침전물의 생성에 중요한 역할을 한다.

(나) 애팔래치아 산맥의 석탄 광산에 있는 황철광에는 이황화철(FeS_2)이 함유되어 있다. 티오바실러스는 이 황철광에 포함된 이황화철(FeS_2)을 산화시켜 철2가 이온(Fe^{2+})과 강한 산인 황산을 만든다. 이 과정에서 티오바실러스는 일차적으로 에너지를 얻는다. 일단 만들어진 철2가 이온(Fe^{2+})은 티오바실러스에 의해 다시 철3가 이온(Fe^{3+})으로 산화되는데, 이 과정에서 또 다시 티오바실러스는 에너지를 이차적으로 얻는다.

(다) 이황화철(FeS_2)의 산화는 다음과 같이 가속된다. 티오바실러스에 의해 생성된 황산은 황철광을 녹이게 된다. 황철광이 녹으면 황철광 안에 들어 있던 이황화철(FeS_2)은 티오바실러스와 공기 중의 산소에 더 노출되어 화학반응이 폭발적으로 증가하게 된다. 티오바실러스의 생장과 번식에는 이와 같이 에너지의 원료가 되는 이황화철(FeS_2)과 산소 그리고 세포 구성에 필요한 무기질이 꼭 필요하다. 이러한 환경조건이 자연적으로 완비된 광산 지역에서는 일반적인 방법으로 티오바실러스의 생장을 억제하기가 힘들다. 이황화철(FeS_2)과 무기질이 다량으로 광산에 있으므로 이 경우 오하이오 강의 오염을 막기 위한 방법은 광산을 밀폐시켜 산소의 공급을 차단하는 것뿐이다.

(라) 철2가 이온(Fe^{2+})은 강한 산(pH 3.0 이하)에서 물에 녹은 상태를 유지한다. 이러한 철2가 이온(Fe^{2+})은 자연 상태에서 pH 4.0~5.0 사이가 되어야 철3가 이온(Fe^{3+})으로 산화된다. 놀랍게도 티오바실러스는 강한 산에서 잘 자라고, 강한 산에 있는 철2가 이온(Fe^{2+})을 적극적으로 산화시켜 철3가 이온(Fe^{3+})을 만든다. 그리고 물에 녹지 않는 철3가 이온(Fe^{3+})은 다른 무기 이온과 결합하여 붉은 침전물을 만든다. 환경에 영향을 미칠 정도로 다량의 붉은 침전물을 만들기 위해서는 엄청난 양의 철2가 이온(Fe^{2+})과 강한 산이 있어야 한다. 그렇다면 이것들은 어떻게 만들어지는 것일까?

---

① (가) – (나) – (라) – (다)

② (가) – (라) – (나) – (다)

③ (라) – (가) – (다) – (나)

④ (라) – (나) – (가) – (다)

⑤ (라) – (나) – (다) – (가)

15 다음 글의 빈칸에 들어갈 내용으로 가장 적절한 것은?

소독이란 물체의 표면 및 그 내부에 있는 병원균을 죽여 전파력 또는 감염력을 없애는 것이다. 이때, 소독의 가장 안전한 형태로는 멸균이 있다. 멸균이란 대상으로 하는 물체의 표면 또는 그 내부에 분포하는 모든 세균을 완전히 죽여 무균의 상태로 만드는 조작으로, 살아있는 세포뿐만 아니라 포자·박테리아·바이러스 등을 완전히 파괴하거나 제거하는 것이다.

물리적 멸균법은 열, 햇빛, 자외선, 초단파 따위를 이용하여 균을 죽여 없애는 방법이다. 열(Heat)에 의한 멸균에는 건열 방식과 습열 방식이 있는데, 건열 방식은 소각과 건식 오븐을 사용하여 멸균하는 방식이다. 건열 방식이 활용되는 예로는 미생물 실험실에서 사용하는 많은 종류의 기구를 물 없이 멸균하는 것이 있다. 이는 습열 방식을 활용했을 때 유리를 포함하는 기구가 파손되거나 금속 재질로 이루어진 기구가 습기에 의해 부식할 가능성을 보완한 방법이다. 그러나 건열 방식은 습열 방식에 비해 멸균 속도가 느리고 효율이 떨어지며, 열에 약한 플라스틱이나 고무 제품은 대상물의 변성이 이루어져 사용할 수 없다. 예를 들어 많은 세균의 내생포자는 습열 멸균 온도 조건(121℃)에서는 5분 이내에 사멸되나, 건열 방식을 활용할 경우 이보다 더 높은 온도 (160℃)에서도 약 2시간 정도가 지나야 사멸되는 양상을 나타낸다. 반면, 습열 방식은 바이러스, 세균, 진균 등의 미생물들을 손쉽게 사멸시킨다. 습열은 효소 및 구조단백질 등의 필수 단백질의 변성을 유발하고, 핵산을 분해하며 세포막을 파괴하여 미생물을 사멸시킨다. 끓는 물에 약 10분간 노출하면 대개의 영양세포나 진핵포자를 충분히 죽일 수 있으나, 100℃의 끓는 물에서는 세균의 내생포자를 사멸시키지는 못한다. 따라서 물을 끓여서 하는 열처리는 _____ 멸균을 시키기 위해서는 100℃가 넘는 온도(일반적으로 121℃)에서 압력(약 1.1kg/cm²)을 가해 주는 고압증기멸균기를 이용한다. 고압증기멸균기는 물을 끓여 증기를 발생시키고 발생한 증기와 압력에 의해 멸균을 시키는 장치이다. 고압증기멸균기 내부가 적정 온도와 압력(121℃, 약 1.1kg/cm²)에 이를 때까지 뜨거운 포화 증기를 계속 유입시킨다. 해당 온도에서 포화 증기는 15분 이내에 모든 영양세포와 내생포자를 사멸시킨다. 고압증기멸균기에 의해 사멸되는 미생물은 고압에 의해서라기보다는 고압하에서 수증기가 얻을 수 있는 높은 온도에 의해 사멸되는 것이다.

① 더 많은 세균을 사멸시킬 수 있다.
② 멸균 과정에서 더 많은 비용이 소요된다.
③ 멸균 과정에서 더 많은 시간이 소요된다.
④ 소독을 시킬 수는 있으나, 멸균을 시킬 수는 없다.
⑤ 멸균을 시킬 수는 있으나, 소독을 시킬 수는 없다.

16 다음 문단을 논리적 순서대로 바르게 나열한 것은?

(가) '빅뱅 이전에 아무 일도 없었다.'는 말을 달리 해석하는 방법도 있다. 그것은 바로 빅뱅 이전에는 시간도 없었다고 해석하는 것이다. 그 경우 '빅뱅 이전'이라는 개념 자체가 성립하지 않으므로 그 이전에 아무 일도 없었던 것은 당연하다. 그렇게 해석한다면 빅뱅이 일어난 이유도 설명할 수 있게 된다. 즉, 빅뱅은 '0년'을 나타내는 것이다. 시간의 시작은 빅뱅의 시작으로 정의되기 때문에 우주가 그 이전이든 이후이든 왜 탄생했느냐고 묻는 것은 이치에 닿지 않는다.

(나) 단지 지금 설명할 수 없다는 뜻이 아니라 설명 자체가 있을 수 없다는 뜻이다. 어떻게 설명이 가능하겠는가? 수도관이 터진 이유는 그전에 닥쳐온 추위로 설명할 수 있다. 공룡이 멸종한 이유는 그전에 지구와 운석이 충돌했을 가능성으로 설명하면 된다. 바꿔 말해서, 우리는 한 사건을 설명하기 위해 그 사건 이전에 일어났던 사건에서 원인을 찾는다. 그러나 빅뱅의 경우에는 그 이전에 아무것도 없었으므로 어떠한 설명도 찾을 수 없는 것이다.

(다) 그런데 이런 식으로 사고하려면, 아무 일도 일어나지 않고 시간만 존재하는 것을 상상할 수 있어야 한다. 그것은 곧 시간을 일종의 그릇처럼 상상하고, 그 그릇 안에 담긴 것과 무관하게 여긴다는 뜻이다. 시간을 이렇게 본다면 변화는 일어날 수 없다. 여기서 변화는 시간의 경과가 아니라 사물의 변화를 가리킨다. 이런 전제하에서 우리가 마주하는 문제는 이것이다. 어떤 변화가 생겨나기도 전에 영겁의 시간이 있었다면, 왜 우주가 탄생하게 되었는지를 설명할 수 없다.

(라) 우주론자들에 따르면 우주는 빅뱅으로부터 시작되었다고 한다. 빅뱅이란 엄청난 에너지를 가진 아주 작은 우주가 폭발하듯 갑자기 생겨난 사건을 말한다. 그게 사실이라면 빅뱅 이전에는 무엇이 있었느냐는 질문이 나오는 게 당연하다. 아마 아무것도 없었을 것이다. 그렇다면 빅뱅 이전에 아무것도 없었다는 말은 무슨 뜻일까? 영겁의 시간 동안 단지 진공이었다는 뜻이다. 움직이는 것도, 변화하는 것도 없었다는 것이다.

① (가) – (나) – (다) – (라)
② (가) – (다) – (나) – (라)
③ (가) – (라) – (나) – (다)
④ (라) – (가) – (나) – (다)
⑤ (라) – (다) – (나) – (가)

17 다음 글에 해당하는 의사소통 저해 요인으로 가장 적절한 것은?

일상생활에서는 물론 사회생활에서 우리는 종종 말하고 싶은 대로 말하고, 듣고 싶은 대로 듣는 경우들이 있다. 이로 인해 같은 내용이라도 말하는 자와 듣는 자가 서로 다른 내용으로 기억하곤 한다. 이는 말하는 사람은 그가 전달하고자 하는 내용이 듣는 사람에게 잘 전달되었는지를, 듣는 사람은 내가 들은 내용이 말하고자 하는 내용을 바르게 이해한 것인지를 서로 확인하지 않기 때문에 발생하는 일이다.

① 의사소통 과정에서의 상호작용 부족
② 엇갈린 정보에 대한 책임 회피
③ 말하고자 하는 내용에 지나치게 많은 정보를 담는 복잡한 메시지
④ 서로 모순되는 내용을 가진 경쟁적인 메시지
⑤ 의사소통에 대한 잘못된 선입견

18 다음 중 밑줄 친 단어의 유의어로 적절하지 않은 것은?

L공사의 '최고 청렴인'이란 해당 연도 중 청렴한 조직문화 정착에 탁월한 공이 있는 자로, 규정에서 정한 절차를 통하여 선정된다.

① 뛰어난
② 월등한
③ 출중한
④ 우수한
⑤ 열등한

19 다음 글의 내용으로 적절하지 않은 것은?

> 최근 민간 부문에 이어 공공 부문의 인사관리 분야에 '역량(Competency)'의 개념이 핵심 주제로 등장하고 있다. '역량'이라는 개념은 1973년 사회심리학자인 맥클레랜드에 의하여 '전통적 학업 적성 검사 혹은 성취도 검사의 문제점 지적'이라는 연구에서 본격적으로 논의된 이후 다양하게 정의되어 왔으나, 여기서 역량의 개념은 직무에서 탁월한 성과를 나타내는 고성과자(High Performer)에게서 일관되게 관찰되는 행동적 특성을 의미한다. 즉, 지식과 기술, 태도 등 내적 특성들이 상호작용하여 높은 성과로 이어지는 행동적 특성을 말한다. 따라서 역량은 관찰과 측정할 수 있는 구체적인 행위의 관점에서 설명된다. 조직이 필요로 하는 역량 모델이 개발된다면 이는 채용이나 선발, 경력관리, 평가와 보상, 교육·훈련 등 다양한 인사관리 분야에 적용될 수 있다.

① '역량'의 개념 정의는 역사적으로 다양하였다.
② '역량'은 개인의 내재적 특성을 포함하는 개념이다.
③ '역량'은 직무에서 높은 성과로 이어지는 행동적 특성을 말한다.
④ 역량 모델은 공공 부문보다 민간 부문에서 더욱 효과적으로 작용한다.
⑤ 역량 모델의 개발은 조직의 관리를 용이하게 한다.

20 다음 글의 중심 내용으로 가장 적절한 것은?

> 헤르만 헤세는 어느 책이 유명하다거나 그것을 모르면 수치스럽다는 이유만으로 그 책을 무리하게 읽으려는 것은 참으로 그릇된 일이라 했다. 그는 이어서 "그렇게 하기보다는 모든 사람은 자기에게 자연스러운 면에서 읽고, 알고, 사랑해야 할 것이다. 어느 사람은 학생 시절의 초기에 벌써 아름다운 시구의 사랑을 자기 안에서 발견할 수 있으며, 어느 사람은 역사나 자기 고향의 전설에 마음이 끌리게 되고 또는 민요에 대한 기쁨이나 우리의 감정이 정밀하게 연구되고 뛰어난 지성으로써 해석된 것에 독서의 매력을 느낄 수 있을 것이다."라고 말한 바 있다.

① 문학 작품을 많이 읽으면 정서 함양에 도움이 된다.
② 학생 시절에 고전과 명작을 많이 읽어 교양을 쌓아야 한다.
③ 남들이 읽어야 한다고 말하는 책보다 자신이 읽고 싶은 책을 읽는 것이 좋다.
④ 자신이 속한 사회의 역사나 전설에 관한 책을 읽으면 애향심을 기를 수 있다.
⑤ 독서는 우리의 감정을 정밀하게 연구하고 해석해 행복감을 준다.

21 다음 글의 빈칸에 들어갈 내용으로 적절하지 않은 것은?

〈무더울 때(폭염)는 이렇게 준비하세요〉

- 사전 준비사항
  - 단수에 대비하여 생수를 준비하고, 생활용수는 욕조에 미리 받아 두세요.
  - 냉방기기 사용 시 실내외 온도 차를 5℃ 내외로 유지하여 냉방병을 예방하세요(건강 실내 냉방 온도는 26 ~ 28℃가 적당합니다).
  - 변압기를 점검하여 과부하에 사전 대비하세요.
  - 창문에 커튼이나 천 등을 이용해 집안으로 들어오는 직사광선을 최대한 차단하세요.
  - 집에서 가까운 병원의 연락처를 확인하고 본인과 가족의 열사병 등 증상을 체크하세요.

- 폭염특보 발령 시
  - 되도록이면 야외활동을 자제하세요.
  - 물을 많이 마시되 너무 달거나 카페인이 들어간 음료, 주류 등은 마시지 마세요.
  - 냉방이 되지 않는 실내의 경우 햇볕이 실내에 들어오지 않도록 하고, 맞바람이 불도록 환기를 하고 선풍기를 켜세요.
  - _____

---

① 창문이 닫힌 자동차 안에 노약자나 어린이를 홀로 남겨두지 마세요.
② 외출을 할 경우 챙이 넓은 모자를 착용하고, 가벼운 옷차림을 하고 물병을 꼭 휴대하세요.
③ 거동이 불편한 고령, 독거노인, 신체 허약자, 환자 등은 외출을 삼가고, 이들을 남겨두고 장시간 외출 시에는 친인척, 이웃 등에 보호를 의뢰하세요.
④ 창문과 같은 유리창 근처는 유리가 깨지면 다칠 위험이 있으므로 피하고, 유리창이 깨졌을 때는 신발이나 슬리퍼를 신어 다치지 않도록 하세요.
⑤ 열사병 초기 증세가 보일 경우에는 시원한 장소로 이동하여 몇 분간 휴식을 취한 후 시원한 음료를 천천히 드세요.

※ 다음 글을 읽고 이어지는 질문에 답하시오. [22~23]

'이해'와 '설명'은 모두 과학의 중요한 방법론으로 사용됐다. 그중 '이해'는 주로 인간의 정신세계를 다루는 '정신과학'의 중요한 방법론이 되었던 반면에 '설명'은 자연적 대상을 다루는 '자연과학'의 중요한 방법론이 되어 왔다. 그렇다면 '인간의 행위'는 과연 '이해'의 대상으로 보아야 할까, 아니면 '설명'의 대상으로 보아야 할까?

본능적인 행동을 제외한 인간의 행위 대부분은 어떤 의도를 담고 있다는 점에서, 인간의 행위는 단순히 물리적인 자연 현상이 아니라 정신세계와 밀접하게 관련되어 있다고 볼 수 있다. 따라서 정신과학의 독자성을 주장하는 학자들은 인간의 행위를 '설명'의 대상이 아니라 '이해'의 대상으로 보는 것이 더 자연스럽다고 생각했다. 물론 타인의 의도를 파악하여 행위를 이해하는 것은 쉬운 일이 아니다. 그렇지만 같은 인간이라는 삶의 공통성을 기반으로 타인의 체험을 자신의 체험처럼 느끼는 과정을 통해 인간의 행위를 이해할 수 있다는 것이다. 하지만 이러한 방법론은 객관성을 확보하기가 쉽지 않다. 이 문제를 해결하기 위해 '이해'의 방법론을 체계적으로 확립한 철학자인 딜타이는 '객관적 정신'을 내세웠다. '객관적 정신'은 개별적인 인간 정신의 상호작용으로 산출되는 집단정신의 산물이라고 할 수 있다. 따라서 '객관적 정신'을 통해 '이해의 객관성'도 확보할 수 있다는 것이다. 하지만 서로 다른 공동체에 속해 있거나 서로 다른 시대에 살고 있다면 '객관적 정신'을 완전히 보장하기 어렵다는 점에서 이 주장은 한계를 지닐 수밖에 없다.

이에 대해 모든 과학의 통일을 주장하는 학자들은 인과적 설명으로 인간의 행위를 비롯한 모든 것에 답할 수 있다고 생각했다. 자연에서 일어나는 개별 현상을 보편 법칙에 포섭하여 대상을 인과적으로 규명하는 방법론인 '설명'은 인간의 행위를 규명할 때에도 유용한 방법론이 될 수 있다는 것이다. 그러므로 이들은 인간의 행위를 다룰 때도 개별적 특성 하나하나에 관심을 두기보다 그 행위를 포섭할 수 있는 보편 법칙의 수립에 더 관심을 두어야 한다고 보았다. 즉, 인간의 행위를 어떤 보편 법칙 속에 포섭되는 하나의 사례로 보고 인과적으로 설명할 수 있다는 것이다. 더 나아가 개별 행위를 포섭하는 보편 법칙이 객관성을 갖는다면 그 행위에 대한 설명 역시 객관성을 확보할 수 있다고 보았다. 그리고 이들은 행위에 담긴 의도가 무엇인지를 파악하는 것보다 그런 의도가 왜 생겨났는가를 묻는 것이 더 의미 있는 질문이라고 생각했다.

그렇다고 해도 ⊙ '설명'이 '이해'를 완전히 대체할 수 있는 것은 아니다. 인간의 정신세계에 속하는 의도는 자연처럼 관찰이나 실험으로 파악하기 어렵기 때문이다. 그뿐만 아니라 인간의 정신세계는 어떤 법칙을 따르기보다 개인의 판단에 따라 자율적으로 작동하는 경우가 많다. 이런 점에서 자신의 체험에 비추어 타인의 의도를 개별적으로 파악하는 '이해'는 인간의 행위를 파악하는 데 필요하다. 그렇지만 인간의 의도를 모든 상황에서 모두 이해하는 것도 결코 쉬운 일은 아니다. 또한 행위에 담긴 의도를 이해하더라도 그런 의도가 생긴 원인까지 알기는 어렵다. 더 나아가 행위는 결코 의도되지 않은 결과로 나타날 수도 있다. 이러한 문제점들을 해결하기 위해서는 '이해'보다 '설명'이 더 유용할 수 있다. 이런 점을 종합해 볼 때, 인간의 행위를 연구하는 방법론으로서의 '이해'와 '설명'은 상호 대립적인 관계가 아니라 상호 보완적인 관계여야 할 것이다.

22 다음 중 윗글을 바탕으로 '객관적 정신'에 대해 이해한 내용으로 가장 적절한 것은?

① 객관적 정신은 상반된 인식의 차이를 부각한다.
② 객관적 정신은 타인을 이해하는 과정에 순서를 부여한다.
③ 객관적 정신은 대상을 상황에 따라 다르게 인식하도록 한다.
④ 객관적 정신은 자신과 타인을 이해하는 공통의 기반이 된다.
⑤ 객관적 정신은 집단정신의 정당성에 근본적인 문제를 제기한다.

23 다음 중 밑줄 친 ㉠의 이유로 적절한 것을 〈보기〉에서 모두 고르면?

〈보기〉
ㄱ. 타인의 행위에 담긴 의도에 공감하기가 쉽지 않기 때문에
ㄴ. 인간이 지닌 의도는 관찰이나 실험의 대상과는 성격이 다르기 때문에
ㄷ. 인간의 모든 행위를 포섭할 수 있는 보편 법칙을 세우는 것이 어렵기 때문에
ㄹ. '의도가 무엇인가?'에 대한 대답보다 '그 의도가 왜 생겼는가?'에 대한 대답이 더 중요하기 때문에

① ㄱ, ㄴ   ② ㄱ, ㄷ
③ ㄴ, ㄷ   ④ ㄴ, ㄹ
⑤ ㄷ, ㄹ

※ 다음 글을 읽고 이어지는 질문에 답하시오. [24~25]

딸기에는 비타민 C가 귤의 1.6배, 레몬의 2배, 키위의 2.6배, 사과의 10배 정도 함유되어 있어 딸기 5 ~ 6개를 먹으면 하루에 필요한 비타민 C를 전부 섭취할 수 있다. 비타민 C는 신진대사 활성화에 도움을 줘 원기를 회복하고 체력을 증진시키며, 멜라닌 색소가 축적되는 것을 막아 기미ㆍ주근깨를 예방해준다. 멜라닌 색소가 많을수록 피부색이 검어지므로 미백 효과도 있는 셈이다. 또한 비타민 C는 피부 저항력을 높여줘 알레르기성 피부나 홍조가 짙은 피부에도 좋다. 비타민 C가 내는 신맛은 식욕 증진 효과와 스트레스 해소 효과가 있다.

한편, 딸기에 비타민 C만큼 풍부하게 함유된 성분이 항산화 물질인데, 이는 암세포 증식을 억제하는 동시에 콜레스테롤 수치를 낮춰주는 기능을 한다. 그래서 심혈관계 질환, 동맥경화 등의 예방에 좋고 눈의 피로를 덜어주며 시각 기능을 개선해주는 효과도 있다.

딸기는 식물성 섬유질 함량도 높은 과일이다. 섬유질 성분은 콜레스테롤을 낮추고, 혈액을 깨끗하게 만들어준다. 그뿐만 아니라 소화 기능을 촉진하고 장운동을 활발히 해 변비를 예방한다. 딸기 속 철분은 빈혈 예방 효과가 있어 혈색이 좋아지게 한다. 더불어 모공을 축소시켜 피부 탄력도 증진시킨다. 딸기와 같은 붉은 과일에는 라이코펜이라는 성분이 들어 있는데, 이 성분은 면역력을 높이고 혈관을 튼튼하게 해 노화 방지 효과를 낸다. 이처럼 건강에 무척 좋지만 당도가 높으므로 하루에 5 ~ 10개 정도만 먹는 것이 적당하다. 물론 달달한 맛에 비해 칼로리는 100g당 27kcal로 높지 않아 다이어트 식품으로 선호도가 높다.

24 다음 중 윗글의 제목으로 가장 적절한 것은?

① 딸기 속 비타민 C를 찾으라
② 비타민 C의 신맛의 비밀
③ 제철 과일, 딸기 맛있게 먹는 법
④ 다양한 효능을 가진 딸기
⑤ 딸기를 먹을 때 주의해야 할 몇 가지

25 윗글을 마케팅에 이용할 때, 다음 중 마케팅 대상으로 적절하지 않은 사람은?

① 잦은 야외 활동으로 주근깨가 걱정인 사람
② 스트레스로 입맛이 사라진 사람
③ 콜레스테롤 수치 조절이 필요한 사람
④ 당뇨병으로 혈당 조절을 해야 하는 사람
⑤ 피부 탄력과 노화 예방에 관심이 많은 사람

※ 귀하는 L외식업체에서 근무하고 있으며, 최근 개점한 한식 뷔페 A지점의 고객 현황을 분석하여 다음과 같은 결과를 도출하였다. 이어지는 질문에 답하시오. **[26~27]**

〈한식 뷔페 A지점 고객 현황〉

■ 일반 현황
- 운영 시간 : 중식 11:00 ~ 15:00, 석식 16:00 ~ 20:00
- 장소 : 서울 서초구 서초대로 ○○길
- 직원 수 : 30명
- 수용 인원 : ___명

■ 주요 시간대별 고객 출입 현황
- 중식 시간

11:00 ~ 11:30	11:30 ~ 12:30	12:30 ~ 13:30	13:30 ~ 14:30
20명	2분당 +3명, 5분당 -1명	1분당 +2명, 6분당 -5명	5분당 +6명, 3분당 -2명

- 석식 시간

16:00 ~ 16:30	16:30 ~ 17:30	17:30 ~ 18:30	18:30 ~ 19:30
20명	2분당 +7명, 3분당 -7명	1분당 +3명, 5분당 -6명	5분당 +4명, 3분당 -3명

※ 주요 시간대별 개장 후 30분 동안은 고객의 추가 출입이 없다.
※ 주요 시간대별 마감 전 30분 동안은 고객을 받지 않는다.

---

26 중식 가격이 10,000원이고, 석식 가격이 15,000원이라면 1일 동안 벌 수 있는 매출액은 얼마인가?

① 6,850,000원

② 7,700,000원

③ 9,210,000원

④ 9,890,000원

⑤ 9,950,000원

27 고객 현황 조사 당일에 만석이었던 적이 한 번 있었다고 한다면, 매장의 좌석은 모두 몇 석인가?

① 200석

② 208석

③ 220석

④ 228석

⑤ 240석

28 L씨는 금융상품에 가입하고자 한다. 다음 〈조건〉이 모두 참일 때, 항상 거짓인 것은?

〈조건〉

- L씨는 햇살론, 출발적금, 희망예금, 미소펀드, 대박적금 중 세 개의 금융상품에 가입한다.
- 햇살론을 가입하면 출발적금에는 가입하지 않으며, 미소펀드에도 가입하지 않는다.
- 대박적금에 가입하지 않으면 햇살론에 가입한다.
- 미소펀드에 반드시 가입한다.
- 미소펀드에 가입하거나 출발적금에 가입하면, 희망예금에 가입한다.
---

① 희망예금에 가입한다.
② 대박적금에 가입한다.
③ 햇살론에는 가입하지 않는다.
④ 출발적금에 가입한다.
⑤ 미소펀드와 햇살론 중 하나의 금융상품에만 가입한다.

29 다음 〈조건〉을 근거로 〈보기〉를 계산한 값은?

〈조건〉

연산자 A, B, C, D는 다음과 같이 정의한다.
- A : 좌우에 있는 두 수를 더한다. 단, 더한 값이 10 미만이면 좌우에 있는 두 수를 곱한다.
- B : 좌우에 있는 두 수 가운데 큰 수에서 작은 수를 뺀다. 단, 두 수가 같거나 뺀 값이 10 미만이면 두 수를 곱한다.
- C : 좌우에 있는 두 수를 곱한다. 단, 곱한 값이 10 미만이면 좌우에 있는 두 수를 더한다.
- D : 좌우에 있는 두 수 가운데 큰 수를 작은 수로 나눈다. 단, 두 수가 같거나 나눈 값이 10 미만이면 두 수를 곱한다.
※ 연산은 '( )', '[ ]'의 순으로 한다.

〈보기〉

$[(1\,A\,5)\,B\,(3\,C\,4)]\,D\,6$
---

① 10   ② 12
③ 90   ④ 210
⑤ 360

※ L공사에서는 임직원 해외연수를 추진하고 있다. 다음 자료를 보고 이어지는 질문에 답하시오. **[30~31]**

<2025년 임직원 해외연수 공지사항>

• 해외연수 국가 : 네덜란드, 일본
• 해외연수 일정 : 2025년 2월 19일 ~ 2025년 2월 28일(10일간)
• 해외연수 인원 : 나라별 2명씩 총 4명
• 해외연수 인원 선발 방법 : 2024년 업무평가 항목 평균 점수 상위 4명 선발

<L공사 임직원 2024년 업무평가>

(단위 : 점)

성명	직급	2024년 업무평가		
		조직기여	대외협력	기획
유시진	팀장	58	68	83
최은서	팀장	79	98	96
양현종	과장	84	72	86
오선진	대리	55	91	75
이진영	대리	90	84	97
장수원	대리	78	95	85
김태균	주임	97	76	72
류현진	주임	69	78	54
강백호	사원	77	83	66
최재훈	사원	80	94	92

30 다음 중 해외연수 대상자가 될 수 있는 직원끼리 바르게 짝지어진 것은?

① 유시진, 최은서
② 양현종, 오선진
③ 이진영, 장수원
④ 김태균, 류현진
⑤ 강백호, 최재훈

31 L공사는 2025년 임직원 해외연수 인원을 나라별로 1명씩 늘려 총 6명으로 확대하려고 한다. 이때, 해외연수 대상자가 될 수 없는 직원은?

① 양현종
② 오선진
③ 이진영
④ 김태균
⑤ 최재훈

32 A ~ C상자에 금화 13개가 나뉘어 들어 있는데. 금화는 A상자에 가장 적게 있고, C상자에 가장 많이 있다. 각 상자에는 금화가 하나 이상 있으며, 개수가 서로 다르다는 사실을 알고 있는 갑, 을, 병이 다음과 같은 순서로 상자를 열어본 후 말했다. 이들의 말이 모두 참일 때, B상자에 들어 있는 금화의 개수는?

> 갑이 A상자를 열어본 후 말했다.
> "B와 C에 금화가 각각 몇 개 있는지 알 수 없어."
> 을은 갑의 말을 듣고 C상자를 열어본 후 말했다.
> "A와 B에 금화가 각각 몇 개 있는지 알 수 없어."
> 병은 갑과 을의 말을 듣고 B상자를 열어본 후 말했다.
> "A와 C에 금화가 각각 몇 개 있는지 알 수 없어."

① 2개   ② 3개
③ 4개   ④ 5개
⑤ 6개

33 A ~ D 네 사람은 한 아파트에 살고 있고, 이 아파트는 1층과 2층, 층별로 1호, 2호로 구성되어 있다. 다음 〈조건〉을 참고할 때, 〈보기〉 중 옳은 것을 모두 고르면?

─〈조건〉─
- 각 집에는 한 명씩만 산다.
- D는 2호에 살고, A는 C보다 위층에 산다.
- B와 C는 서로 다른 호수에 산다.
- A와 B는 이웃해 있다.

─〈보기〉─
㉠ 1층 1호 - C   ㉡ 1층 2호 - B
㉢ 2층 1호 - A   ㉣ 2층 2호 - D

① ㉠, ㉡   ② ㉠, ㉢
③ ㉡, ㉢   ④ ㉡, ㉣
⑤ ㉠, ㉡, ㉢, ㉣

34 다음은 L은행에 대한 SWOT 분석 결과이다. 빈칸 ⑦ ~ ⓒ에 들어갈 전략으로 적절하지 않은 것은?

구분	분석 결과
강점(Strength)	• 안정적 경영상태 및 자금흐름 • 풍부한 오프라인 인프라
약점(Weakness)	• 담보 중심의 방어적 대출 운영으로 인한 혁신기업 발굴 및 투자 가능성 저조 • 은행업계의 저조한 디지털 전환 적응력
기회(Opportunity)	• 테크핀 기업들의 성장으로 인해 협업 기회 풍부
위협(Threat)	• 핀테크 및 테크핀 기업들의 금융업 점유율 확대

구분	강점(S)	약점(W)
기회(O)	• 안정적 자금상태를 기반으로 혁신적 기술을 갖춘 테크핀과의 협업을 통해 실적 증대	• 테크핀 기업과의 협업을 통해 혁신적 문화를 학습하여 디지털 전환을 위한 문화적 개선 추진 • _____ ⑦
위협(T)	• _____ ⓛ _____	• 전당포식 대출 운영 기조를 변경하여 혁신금융기업으로부터 점유율 방어 • _____ ⓒ _____

① ⑦ : 테크핀 기업의 기업 운영 방식을 벤치마킹 후 현재 운영 방식에 융합하여 디지털 전환에 필요한 혁신 동력 배양

② ⑦ : 금융혁신기업과의 협업을 통해 혁신기업의 특성을 파악하고 이를 조기에 파악할 수 있는 안목을 키워 도전적 대출 운영에 반영

③ ⓛ : 신생 금융기업에 비해 풍부한 오프라인 인프라를 바탕으로, 아직 오프라인 채널을 주로 이용하는 고령층 고객에 대한 점유율 우위 선점

④ ⓒ : 풍부한 자본을 토대로 한 온라인 채널 투자를 통해 핀테크 및 테크핀 기업의 점유율 확보로부터 방어

⑤ ⓒ : 조직문화를 개방적으로 혁신하여 디지털 전환에 대한 적응력을 제고해 급성장하는 금융업 신생기업으로부터 점유율 우위 확보

※ 다음은 L공사 입사시험 성적 결과표와 직원 채용 규정이다. 이어지는 질문에 답하시오. **[35~36]**

〈입사시험 성적 결과표〉

(단위 : 점)

구분	대학 졸업 유무	서류 점수	필기시험 점수	면접시험 점수		영어시험 점수
				개인	그룹	
이선빈	유	84	86	35	34	78
유미란	유	78	88	32	38	80
김지은	유	72	92	31	40	77
최은빈	무	80	82	40	39	78
이유리	유	92	80	38	35	76

〈직원 채용 규정〉

• 위 응시자 중 규정에 따라 최종 3명을 채용한다.
• 대학 졸업자 중 (서류 점수)+(필기시험 점수)+(개인 면접시험 점수)의 합이 높은 2명을 경영지원실에 채용한다.
• 경영지원실 채용 후 나머지 응시자 3명 중 그룹 면접시험 점수와 영어시험 점수의 합이 가장 높은 1명을 기획조정실에 채용한다.

35 다음 중 직원 채용 규정에 따른 불합격자 2명이 바르게 짝지어진 것은?

① 이선빈, 김지은　　　　　　② 이선빈, 최은빈
③ 김지은, 최은빈　　　　　　④ 김지은, 이유리
⑤ 최은빈, 이유리

36 직원 채용 규정을 다음과 같이 변경한다고 할 때, 불합격자 2명이 바르게 짝지어진 것은?

〈직원 채용 규정(변경 후)〉

• 응시자 중 [서류 점수(50%)]+(필기시험 점수)+[면접시험 점수(개인과 그룹 중 높은 점수)]의 환산 점수가 높은 3명을 채용한다.

① 이선빈, 유미란　　　　　　② 이선빈, 최은빈
③ 이선빈, 이유리　　　　　　④ 유미란, 최은빈
⑤ 최은빈, 이유리

※ L공사의 인사팀 팀원 6명이 회식을 하기 위해 이탈리안 레스토랑에 갔다. 다음 〈조건〉을 바탕으로 이어지는 질문에 답하시오. **[37~38]**

───────────〈조건〉───────────

• 인사팀은 토마토 파스타 2개, 크림 파스타 1개, 토마토 리소토 1개, 크림 리소토 2개, 콜라 2잔, 사이다 2잔, 주스 2잔을 주문했다.
• 인사팀은 Q팀장·L과장·M대리·S대리·H사원·J사원으로 구성되어 있는데, 같은 직급끼리는 같은 소스가 들어가는 요리를 주문하지 않았고, 같은 음료도 주문하지 않았다.
• 각자 좋아하는 요리가 있으면 그 요리를 주문하고, 싫어하는 요리나 재료가 있으면 주문하지 않았다.
• Q팀장은 토마토 파스타를 좋아하고, S대리는 크림 리소토를 좋아한다.
• L과장과 H사원은 파스타면을 싫어한다.
• 대리들 중에 콜라를 주문한 사람은 없다.
• 크림 파스타를 주문한 사람은 사이다도 주문했다.
• 토마토 파스타나 토마토 리소토와 주스는 궁합이 안 맞는다고 하여 함께 주문하지 않았다.

37 다음 중 주문한 결과로 옳지 않은 것은?

① 사원들 중 한 사람은 주스를 주문했다.
② L과장은 크림 리소토를 주문했다.
③ Q팀장은 콜라를 주문했다.
④ 토마토 리소토를 주문한 사람은 콜라를 주문했다.
⑤ 사이다를 주문한 사람은 파스타를 주문했다.

38 다음 중 같은 요리와 음료를 주문한 사람을 바르게 연결한 것은?

① J사원, S대리
② H사원, L과장
③ S대리, L과장
④ M대리, H사원
⑤ M대리, Q팀장

※ L씨는 다음 규칙에 따라 자신의 금고 암호를 요일별로 바꾸어 사용하려 한다. 이어지는 질문에 답하시오.
[39~40]

〈규칙〉
1. 한글 자음은 알파벳 a ~ n으로 치환하여 입력한다.
   예 ㄱ, ㄴ, ㄷ = a, b, c
   – 된소리 ㄲ, ㄸ, ㅃ, ㅆ, ㅉ는 치환하지 않고 그대로 입력한다.
2. 한글 모음 ㅏ, ㅑ, ㅓ, ㅕ, ㅗ, ㅛ, ㅜ, ㅠ, ㅡ, ㅣ는 알파벳 대문자 A ~ J로 치환하여 입력한다.
   예 ㅏ, ㅑ, ㅓ = A, B, C
   – 위에 해당하지 않는 모음은 치환하지 않고 그대로 입력한다.
3. 띄어쓰기는 반영하지 않는다.
4. 숫자 1 ~ 7을 요일별로 요일 순서에 따라 암호 첫째 자리에 입력한다.
   예 월요일 – 1, 화요일 – 2, …, 일요일 – 7

---

39 다음 중 암호에 대한 설명으로 옳은 것은?

① 7hEeFnAcA → 일요일의 암호 '조묘하다'
② 3iJfhㅔaAbcA → 수요일의 암호 '집에가다'
③ 2bAaAbEdcA → 화요일의 암호 '나가돌다'
④ 6cEbhIdeCahIe → 토요일의 암호 '돈을먹음'
⑤ 1kAbjEgGiCh → 월요일의 암호 '칸트수정'

40 L씨가 다음과 같은 암호를 입력하여 금고를 열었다고 할 때, 암호로 치환하기 전의 문구로 옳은 것은?

6hJdㅐcEaAenJaIeaEdIdhDdgGhJㅆcAaE

---

① 금요일 이래도 그래 금고를 열 수 있을까
② 토요일 그래도 어쭈 금고를 열 수 없다고
③ 토요일 이래도 감히 금고를 열 수 있다고
④ 토요일 이래서 오잉 금고를 열 수 있다고
⑤ 토요일 이제야 겨우 금고를 열 수 없다고

41 서울에서 열린 관광채용박람회의 해외채용관에는 8개의 부스가 마련되어 있다. A호텔, B호텔, C항공사, D항공사, E여행사, F여행사, G면세점, H면세점이 〈조건〉에 따라 8개의 부스에 각각 위치하고 있을 때, 다음 중 항상 참이 되는 것은?

〈부스 위치〉

1	2	3	4
복도			
5	6	7	8

──────〈조건〉──────

- 업종이 같은 종류의 기업은 같은 라인에 위치할 수 없다.
- A호텔과 B호텔은 복도를 사이에 두고 마주 보고 있다.
- G면세점과 H면세점은 양 끝에 위치하고 있다.
- E여행사 반대편에 위치한 H면세점은 F여행사와 나란히 위치하고 있다.
- C항공사는 가장 앞 번호의 부스에 위치하고 있다.

① A호텔은 면세점 옆에 위치하고 있다.
② B호텔은 여행사 옆에 위치하고 있다.
③ C항공사는 여행사 옆에 위치하고 있다.
④ D항공사는 E여행사와 나란히 위치하고 있다.
⑤ G면세점은 B호텔과 나란히 위치하고 있다.

42 한 경기장에는 네 개의 탈의실이 있는데 이를 대여할 때에는 〈조건〉을 따라야 하며, 이미 예약된 탈의실은 다음과 같다고 한다. 금요일의 빈 시간에 탈의실을 대여할 수 있는 단체를 모두 고르면?

구분	월	화	수	목	금
A	시대		한국		
B	우리			시대	
C			나라		나라
D	한국	시대		우리	

〈조건〉
- 일주일에 최대 세 번, 세 개의 탈의실을 대여할 수 있다.
- 한 단체가 하루에 두 개의 탈의실을 대여하려면, 인접한 탈의실을 대여해야 한다.
- 탈의실은 A－B－C－D 순서대로 직선으로 나열되어 있다.
- 탈의실은 하루에 두 개까지 대여할 수 있다.
- 전날 대여한 탈의실을 똑같은 단체가 다시 대여할 수 없다.

① 나라
② 우리, 나라, 한국
③ 한국, 나라
④ 시대, 한국, 나라
⑤ 우리, 나라, 시대

※ L공사는 별관 신축을 위한 건설업체를 선정하고자 한다. 입찰에는 A ~ F업체가 참여하였다. 다음은 입찰기준에 따라 업체별로 20점 척도로 점수화한 자료와 업체별 비용을 나타낸 자료이다. 이어지는 질문에 답하시오. [43~44]

〈업체별 입찰기준 점수〉

입찰업체	경영평가 점수	시공실적 점수	친환경소재 점수
A	18점	11점	15점
B	14점	15점	17점
C	17점	13점	13점
D	16점	12점	14점
E	13점	10점	17점
F	16점	14점	16점

〈업체별 비용〉

(단위 : 억 원)

A	B	C	D	E	F
16.9	17.4	17.1	12.9	14.5	15.2

43 L공사는 비용이 17억 원 이하인 업체 중, 경영평가 점수와 시공실적 점수의 반영 비율을 1 : 2의 가중치로 합산한 값이 가장 높은 3개 업체를 1차로 선정한다. 1차 선정업체 중 친환경소재 점수가 가장 높은 곳을 최종 선정한다고 할 때, 다음 중 최종 선정될 업체는?

① A
② B
③ D
④ E
⑤ F

44 L공사가 외부 권고로 인해 선정 방식을 변경하였다. 새로운 방식에 따르면, 비용이 17억 2,000만 원 이하인 업체 중, 시공실적 점수와 친환경소재 점수의 반영 비율을 3 : 2의 가중치로 합산한 값이 가장 높은 2개 업체를 1차로 선정한다. 1차 선정업체 중 입찰 비용이 가장 낮은 곳을 최종 선정한다고 할 때, 다음 중 최종 선정될 업체는?

① A
② C
③ D
④ E
⑤ F

45 다음은 성공적인 문제해결을 위해 일반적으로 거쳐야 할 단계이다. 〈보기〉에 제시된 문제해결 절차를 순서 대로 바르게 나열한 것은?

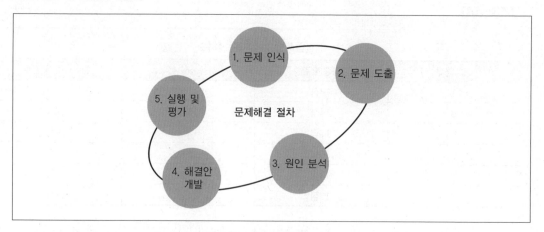

〈보기〉

㉠ 해결안 수립하기
㉡ 목표를 명확히 하기
㉢ 핵심 문제 분석하기
㉣ 해결해야 할 것을 명확히 하기
㉤ 문제의 원인들을 제거하기

① ㉡ - ㉢ - ㉣ - ㉠ - ㉤
② ㉡ - ㉣ - ㉠ - ㉢ - ㉤
③ ㉡ - ㉣ - ㉢ - ㉠ - ㉤
④ ㉡ - ㉣ - ㉢ - ㉤ - ㉠
⑤ ㉣ - ㉡ - ㉢ - ㉠ - ㉤

46 L공사에 근무하는 A대리는 국내 자율주행 자동차 산업에 대한 SWOT 분석 결과에 따라 국내 자율주행 자동차 산업 발달을 위한 방안을 고안하는 중이다. A대리가 SWOT 분석에 의한 경영전략에 따라 판단하였다고 할 때, 〈보기〉에서 적절하지 않은 것을 모두 고르면?

〈국내 자율주행 자동차 산업에 대한 SWOT 분석 결과〉

구분	분석 결과
강점(Strength)	• 민간 자율주행 기술 R&D 지원을 위한 대규모 예산 확보 • 국내외에서 우수한 평가를 받는 국내 자동차 기업 존재
약점(Weakness)	• 국내 민간기업의 자율주행 기술 투자 미비 • 기술적 안전성 확보 미비
기회(Opportunity)	• 국가의 지속적 자율주행 자동차 R&D 지원법안 국회 본회의 통과 • 완성도 있는 자율주행 기술을 갖춘 외국 기업들의 등장
위협(Threat)	• 자율주행 자동차에 대한 국민들의 심리적 거부감 • 자율주행 자동차에 대한 국가의 과도한 규제

〈SWOT 분석에 의한 경영전략〉

• SO전략 : 기회를 이용해 강점을 활용하는 전략
• ST전략 : 강점을 활용하여 위협을 최소화하거나 극복하는 전략
• WO전략 : 기회를 활용하여 약점을 보완하는 전략
• WT전략 : 약점을 최소화하고 위협을 회피하는 전략

〈보기〉

ㄱ. 자율주행 기술 수준이 우수한 외국 기업과의 기술이전 협약을 통해 국내 우수 자동차 기업들의 자율주행 기술 연구 및 상용화 수준을 향상시키려는 전략은 SO전략에 해당한다.
ㄴ. 민간의 자율주행 기술 R&D를 적극 지원해 자율주행 기술의 안전성을 높이려는 전략은 ST전략에 해당한다.
ㄷ. 자율주행 자동차 R&D를 지원하는 법률을 토대로 국내 기업의 기술개발을 적극 지원해 안전성을 확보하려는 전략은 WO전략에 해당한다.
ㄹ. 자율주행 기술개발에 대한 국내 기업의 투자가 부족하므로 국가기관이 주도해 기술개발을 추진하는 전략은 WT전략에 해당한다.

① ㄱ, ㄴ
② ㄱ, ㄷ
③ ㄴ, ㄷ
④ ㄴ, ㄹ
⑤ ㄷ, ㄹ

47 L프랜차이즈 카페에서는 디저트로 빵, 케이크, 마카롱, 쿠키를 판매하고 있다. 최근 각 지점에서 디저트를 섭취하고 땅콩 알레르기가 발생했다는 민원이 제기되었다. 해당 디저트에는 모두 땅콩이 들어가지 않으며, 땅콩을 사용한 제품과 인접 시설에서 제조하고 있다. 다음 중 항상 거짓인 것은?

- 땅콩 알레르기 유발 원인이 된 디저트는 빵, 케이크, 마카롱, 쿠키 중 하나이다.
- 각 지점에서 땅콩 알레르기가 있는 손님이 섭취한 디저트와 알레르기 유무는 다음과 같다.

A지점	빵과 케이크를 먹고, 마카롱과 쿠키를 먹지 않은 경우, 알레르기가 발생했다.
B지점	빵과 마카롱을 먹고, 케이크와 쿠키를 먹지 않은 경우, 알레르기가 발생하지 않았다.
C지점	빵과 쿠키를 먹고, 케이크와 마카롱을 먹지 않은 경우, 알레르기가 발생했다.
D지점	케이크와 마카롱을 먹고, 빵과 쿠키를 먹지 않은 경우, 알레르기가 발생했다.
E지점	케이크와 쿠키를 먹고, 빵과 마카롱을 먹지 않은 경우, 알레르기가 발생하지 않았다.
F지점	마카롱과 쿠키를 먹고, 빵과 케이크를 먹지 않은 경우, 알레르기가 발생하지 않았다.

① A, B, D지점의 사례만을 고려하면, 케이크가 알레르기의 원인이다.
② A, C, E지점의 사례만을 고려하면, 빵이 알레르기의 원인이다.
③ B, D, F지점의 사례만을 고려하면, 케이크가 알레르기의 원인이다.
④ C, D, F지점의 사례만을 고려하면, 마카롱이 알레르기의 원인이다.
⑤ D, E, F지점의 사례만을 고려하면, 쿠키는 알레르기의 원인이 아니다.

48 문제해결을 위해서는 전체를 각각의 요소로 나누어 분석하는 분석적 사고가 필요하다. 지향하는 문제 유형에 따라 분석적 사고가 다르게 요구된다고 할 때, 다음 중 (가) ~ (다)에 들어갈 내용을 바르게 짝지은 것은?

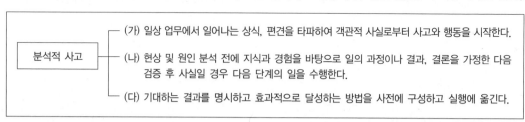

분석적 사고
- (가) 일상 업무에서 일어나는 상식, 편견을 타파하여 객관적 사실로부터 사고와 행동을 시작한다.
- (나) 현상 및 원인 분석 전에 지식과 경험을 바탕으로 일의 과정이나 결과, 결론을 가정한 다음 검증 후 사실일 경우 다음 단계의 일을 수행한다.
- (다) 기대하는 결과를 명시하고 효과적으로 달성하는 방법을 사전에 구성하고 실행에 옮긴다.

	(가)	(나)	(다)
①	사실 지향의 문제	가설 지향의 문제	성과 지향의 문제
②	사실 지향의 문제	성과 지향의 문제	가설 지향의 문제
③	성과 지향의 문제	가설 지향의 문제	사실 지향의 문제
④	성과 지향의 문제	사실 지향의 문제	가설 지향의 문제
⑤	가설 지향의 문제	사실 지향의 문제	성과 지향의 문제

49 커피의 종류, 은희의 취향 및 오늘 아침의 상황으로 판단할 때, 다음 중 오늘 아침에 은희가 주문할 커피는?

〈커피의 종류〉

에스프레소		카페 아메리카노	
	• 에스프레소		• 에스프레소 • 따뜻한 물
카페 라테		**카푸치노**	
	• 에스프레소 • 데운 우유		• 에스프레소 • 데운 우유 • 우유 거품
카페 비엔나		**카페 모카**	
	• 에스프레소 • 따뜻한 물 • 휘핑 크림		• 에스프레소 • 초코시럽 • 데운 우유 • 휘핑 크림

〈은희의 취향〉

• 배가 고플 때에는 데운 우유가 들어간 커피를 마신다.
• 다른 음식과 함께 커피를 마실 때에는 데운 우유를 넣지 않는다.
• 스트레스를 받으면 휘핑 크림이나 우유 거품을 추가한다.
• 피곤하면 휘핑 크림이 들어간 경우에 한하여 초코시럽을 추가한다.

〈오늘 아침의 상황〉

출근을 하기 위해 지하철을 탄 은희는 꽉 들어찬 사람들 사이에서 스트레스를 받으며 내리기만을 기다리고 있었다. 목적지에 도착한 은희는 커피를 마시며 기분을 달래기 위해 커피 전문점에 들렀다. 아침식사를 하지 못해 배가 고프고 고된 출근길에 피곤하지만, 시간 여유가 없어 오늘 아침은 커피만 마실 생각이다. 그런데 은희는 요즘 체중 관리를 위해 휘핑 크림은 넣지 않기로 하였다.

① 카페 라테 ② 카페 아메리카노
③ 카페 비엔나 ④ 카페 모카
⑤ 카푸치노

50 경영기획실에서 근무하는 L씨는 매년 부서별 사업계획을 정리하는 업무를 맡고 있다. 부서별로 수립한 사업계획을 간략하게 정리한 보고서를 보고 L씨가 할 수 있는 생각으로 가장 적절한 것은?

〈사업별 기간 및 소요예산〉

- A사업 : 총사업기간은 2년으로, 첫해에는 1조 원, 둘째 해에는 4조 원의 예산이 필요하다.
- B사업 : 총사업기간은 3년으로, 첫해에는 15조 원, 둘째 해에는 18조 원, 셋째 해에는 21조 원의 예산이 소요된다.
- C사업 : 총사업기간은 1년으로, 총소요예산은 15조 원이다.
- D사업 : 총사업기간은 2년으로, 첫해에는 15조 원, 둘째 해에는 8조 원의 예산이 필요하다.
- E사업 : 총사업기간은 3년으로, 첫해에는 6조 원, 둘째 해에는 12조 원, 셋째 해에는 24조 원의 예산이 소요된다.

올해를 포함한 향후 5년간 위의 5개 사업에 투자할 수 있는 예산은 아래와 같다.

〈연도별 가용예산〉

(단위 : 조 원)

1차 연도(올해)	2차 연도	3차 연도	4차 연도	5차 연도
20	24	28.8	34.5	41.5

〈규정〉

(1) 모든 사업은 한번 시작하면 완료될 때까지 중단할 수 없다.
(2) 5개 사업에 투자할 수 있는 예산은 당해 사업연도에 남아도 상관없다.
(3) 사업연도의 예산은 이월될 수 없다.
(4) 모든 사업을 향후 5년 이내에 반드시 완료한다.

① B사업을 세 번째 해에 시작하고 C사업을 최종연도에 시행한다.
② A사업과 D사업을 첫해에 동시에 시작한다.
③ 첫해에는 E사업만 시작한다.
④ D사업을 첫해에 시작한다.
⑤ 첫해에 E사업과 A사업을 같이 시작한다.

현재 나의 실력을 객관적으로 파악해 보자!

모바일 OMR
답안채점 / 성적분석 서비스

도서에 수록된 모의고사에 대한 객관적인 결과(정답률, 순위)를 종합적으로 분석하여 제공합니다.

OMR 입력   ### 성적분석   ### 채점결과

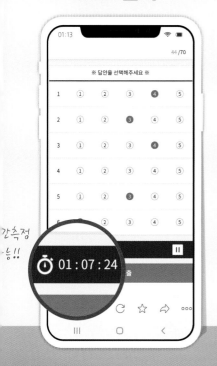

※OMR 답안채점 / 성적분석 서비스는 등록 후 30일간 사용 가능합니다.

| 도서 내 모의고사 우측 상단에 위치한 QR코드 찍기 | 로그인 하기 | '시작하기' 클릭 | '응시하기' 클릭 | 나의 답안을 모바일 OMR 카드에 입력 | '성적분석 & 채점결과' 클릭 | 현재 내 실력 확인하기 |

2025
최신판

사이다 기출응용
모의고사 시리즈

사이다

사일 동안
이것만 풀면
다 합격!

누적 판매량
1위
기업별 NCS 시리즈

LH 한국토지주택공사 업무직(무기계약직) 4회분 | 정답 및 해설

모바일 OMR
답안채점 / 성적분석
서비스

—

NCS
핵심이론 및
대표유형 PDF

—

[합격시대]
온라인 모의고사
무료쿠폰

—

무료
NCS
특강

SDC
SDC는 시대에듀 데이터 센터의 약자로 약 30만 개의 NCS · 적성 문제
데이터를 바탕으로 최신 출제경향을 반영하여 문제를 출제합니다.

편저 | SDC(Sidae Data Center)

시대에듀

기출응용 모의고사
정답 및 해설

1일 차 기출응용 모의고사 정답 및 해설

01	02	03	04	05	06	07	08	09	10
③	⑤	①	⑤	②	④	②	④	④	⑤
11	12	13	14	15	16	17	18	19	20
①	④	④	④	②	③	⑤	③	④	③
21	22	23	24	25	26	27	28	29	30
②	④	③	④	④	③	①	②	⑤	①
31	32	33	34	35	36	37	38	39	40
②	④	①	④	⑤	①	②	⑤	②	③
41	42	43	44	45	46	47	48	49	50
④	④	①	⑤	③	④	③	④	①	②

01　　　　　　　　　　　　　　　　정답 ③

'에너지 하베스팅은 열, 빛, 운동, 바람, 진동, 전자기 등 주변에서 버려지는 에너지를 모아 전기를 얻는 기술을 의미한다.'라는 내용을 통해서 버려진 에너지를 전기라는 에너지로 다시 만든다는 것을 알 수 있다.

오답분석
① 무체물인 에너지도 재활용이 가능하다고 했으므로 적절하지 않은 내용이다.
② 태양광을 이용하는 광 에너지 하베스팅, 폐열을 이용하는 열 에너지 하베스팅이라고 구분하여 언급한 것을 통해 다른 에너지원에 속한다는 것을 알 수 있다.
④ 에너지 하베스팅은 열·빛·운동·바람·진동·전자기 등 주변에서 버려지는 에너지를 모아 전기를 얻는 기술이라고 했고, 다른 에너지에 대한 언급은 없으므로 적절하지 않은 내용이다.
⑤ '사람이 많이 다니는 인도 위에 버튼식 패드를 설치해 사람이 밟을 때마다 전기가 생산되도록 하는 것이다.'라고 했으므로 사람의 체온을 이용한 신체 에너지 하베스팅 기술이라기보다 진동이나 압력을 가해 이용하는 진동 에너지 하베스팅이 적절하다.

02　　　　　　　　　　　　　　　　정답 ⑤

제시문에서 설명하는 변혁은 4차 산업혁명으로 인한 변화이다. 다양한 연령대의 아동들을 혼합반으로 구성하는 것은 4차 산업혁명과 관련이 없을 뿐만 아니라 4차 산업혁명을 통해 교육 분야에서 개인 맞춤형 서비스를 제공할 수 있을 것이라는 예측과도 거리가 멀다.

03　　　　　　　　　　　　　　　　정답 ①

• 첫 번째 빈칸 : 공간 정보가 정보 통신 기술의 발전으로 시간에 따른 변화를 반영할 수 있게 되었다는 빈칸 뒤의 내용을 통해 빈칸에는 시간에 따른 공간의 변화를 포함한 공간 정보를 이용할 수 있게 되면서 '최적의 경로 탐색'이 가능해졌다는 내용의 ㉠이 적절함을 알 수 있다.
• 두 번째 빈칸 : ㉡은 빈칸 앞 문장의 '탑승할 버스 정류장의 위치, 다양한 버스 노선, 최단 시간 등을 분석하여 제공'하는 지리 정보 시스템이 '더 나아가' 제공하는 정보에 관해 이야기한다. 따라서 빈칸에는 ㉡이 적절하다.
• 세 번째 빈칸 : 빈칸 뒤의 내용에서는 공간 정보가 활용되고 있는 다양한 분야와 앞으로 활용될 수 있는 분야를 이야기하고 있으므로 빈칸에는 공간 정보의 활용 범위가 계속 확대되고 있다는 ㉢이 적절함을 알 수 있다.

04　　　　　　　　　　　　　　　　정답 ⑤

제시문의 첫 번째 문단에서는 사회적 자본이 늘어나면 정치 참여도가 높아진다는 주장을 하였고, 두 번째 문단에서는 사회적 자본의 개념을 사이버 공동체에 도입하였으나 현실과 잘 맞지 않는다고 하면서 사회적 자본의 한계를 서술하고 있다. 그리고 마지막 문단에서는 사회적 자본만으로는 정치 참여가 늘어나기 어렵고 정치적 자본의 매개를 통해서 정치 참여가 활성화된다는 주장을 하고 있다. 따라서 ⑤가 제시문의 주제로 가장 적절하다.

05　　　　　　　　　　　　　　　　정답 ②

제시문은 L놀이공원이 음식물 쓰레기로 인한 낭비의 심각성을 인지하여 환경부와 함께 음식 문화 개선 대책 협약을 맺었고, 이 협약으로 인해 대기업 중심의 범국민적인 음식 문화 개선 운동이 확산될 것이라는 내용의 글이다. 따라서 (나) 음식물 쓰레기로 인한 낭비에 대한 심각성을 인지한 L놀이공원과 환경부 → (라) 음식 문화 개선 대책 협약 체결 → (다) 협약에 따라 사업장별 특성에 맞는 음식물 쓰레기 감량 활동을 전개하는 L놀이공원 → (가) 협약을 계기로 대기업 중심의 범국민적 음식 문화 개선 운동이 확산될 것이라는 환경부 국장의 기대 순서로 나열해야 한다.

06
정답 ④

제시문은 풀맨 마을의 예에서 볼 수 있듯 정치적 문제에 민주주의 원리가 적용되는 것처럼 공장에서 발생하는 정치적 문제에도 민주주의 원리를 적용해야 한다고 하였다. 따라서 이를 반박하기 위해서는 마을 운영이 정치적인 문제에 속하는 것과 달리 공장 운영은 경제적 문제에 속하여 서로 그 성질을 달리한다는 언급이 있어야 하므로 ④는 제시문에 대한 타당한 반박이라고 볼 수 있다.

오답분석

① 일리노이 최고법원이 풀맨에 대한 판결을 내렸다는 언급이 있으나, 이는 배경을 설명하기 위해서일 뿐 이에 근거한 논증이 진행된 것이 아니다. 따라서 ①은 반박으로 적절하지 않다.

② 제시문의 논증은 풀맨 마을과 같은 마을을 경영하는 것에 대해 주안점을 둔 것이 아니라 그러한 사례를 통해 소유권과 정치적 권력이 분리되어야 한다는 점을 강조하고 있다. 따라서 ②는 제시문에 대한 반박으로 적절하지 않다.

③ 자신의 거주지 안에서 자유롭게 살 수 있는 권리와 제시문의 내용은 연관성이 없으므로 ③은 제시문에 대한 반박으로 적절하지 않다.

⑤ 제시문을 통해 공장에서는 소유와 경영이 제대로 분리되고 있지 않다고 볼 수 있으나 풀맨 마을과 같은 공동체에서는 분리가 되고 있음을 추론할 수 있다. 따라서 ⑤는 제시문에 대한 반박으로 적절하지 않다.

07
정답 ②

제시문에서는 인공지능은 인간의 삶을 편리하게 돕는 도구일 뿐 인간과 같은 사고와 사회적 관계 형성이 불가능하다고 이야기한다. 즉, 이러한 인공지능을 통해서는 인간에 대한 타당한 판단 역시 불가능하다고 주장한다. 따라서 ㉠에 대한 글쓴이의 주장으로 가장 적절한 것은 ②이다.

오답분석

① 인공지능은 겉으로 드러난 인간의 말과 행동을 분석하지만, 통계적 분석을 할 뿐 타당한 판단을 할 수 없다.

③ 인공지능이 발전하더라도 인간과 같은 사고는 불가능하다.

④ 인공지능은 사회적 관계를 맺을 수 없다.

⑤ 인공지능은 인간의 삶을 편리하게 돕는 도구일 뿐이며, 인간과 상호 보완의 관계를 갖는다고 볼 수 없다.

08
정답 ④

제시문에 따르면 수면 장애 환자의 급격한 증가를 통해 한국인의 수면의 질이 낮아지고 있음을 알 수 있다. 현재 한국인의 짧은 수면 시간도 문제지만, 수면의 질 저하도 심각한 문제가 되고 있다.

오답분석

① 다른 국가에 비해 근무 시간이 많아 수면 시간이 짧은 것일 뿐, 수면 시간이 근무 시간보다 짧은지는 알 수 없다.

② 40 ~ 50대 중·장년층 수면 장애 환자는 전체의 36.6%로 가장 큰 비중을 차지한다.

③ 수면 장애 환자는 여성이 42만 7,000명으로 29만 4,000명인 남성보다 1.45배 정도 더 많다.

⑤ 폐경기 여성의 경우 여성호르몬인 에스트로겐이 줄어들면서 아세틸콜린 신경 전달 물질의 분비가 저하됨에 따라 여러 형태의 불면증이 동반된다. 즉, 에스트로겐의 증가가 아니라 감소가 불면증에 영향을 미친다.

09
정답 ④

두 번째 문단에서 '꼭 필요한 부위에만 접착제와 대나무 못을 사용하여 목재가 수축·팽창하더라도 뒤틀림과 휘어짐이 최소화될 수 있도록 하였다.'라고 하였다. 따라서 접착제와 대나무 못을 사용하면 수축과 팽창이 발생하지 않게 된다는 말은 적절하지 않다.

10
정답 ⑤

제시문은 빠른 사회 변화 속 다양해지는 수요에 맞춘 주거복지 정책의 예로 예술인을 위한 공동주택, 창업 및 취업자를 위한 주택, 의료안심주택을 들고 있다. 따라서 글의 주제로 적절한 것은 '다양성을 수용하는 주거복지 정책'이다.

11
정답 ①

제시문은 2,500년 전 인간과 현대의 인간의 공통점을 언급하며 2,500년 전에 쓰인 『논어』가 현대에서 지니는 가치에 대하여 설명하고 있다. 따라서 (가) 『논어』가 쓰인 2,500년 전 과거와 현대의 차이점 → (마) 2,500년 전의 책인 『논어』가 폐기되지 않고 현대에서도 읽히는 이유에 대한 의문 → (나) 인간이라는 공통점을 지닌 2,500년 전 공자와 우리들 → (다) 2,500년의 시간이 흐르는 동안 인간의 달라진 부분과 달라지지 않은 부분에 대한 설명 → (라) 시대가 흐름에 따라 폐기될 부분을 제외하더라도 여전히 오래된 미래로서의 가치를 지니는 『논어』 순으로 나열해야 한다.

12
정답 ④

탄소배출권거래제는 의무감축량을 초과 달성했을 경우 초과분을 거래할 수 있는 제도이다. 따라서 온실가스의 초과 달성분을 구입 혹은 매매할 수 있음을 추측할 수 있으며, 빈칸 이후 문단에서도 탄소배출권을 일종의 현금화가 가능한 자산으로 언급함으로써 이러한 추측을 돕고 있다. 따라서 빈칸에는 ④가 가장 적절하다.

오답분석

① 청정개발체제에 대한 설명이다.

② 제시문에는 탄소배출권거래제가 가장 핵심적인 유연성 체제라고는 언급되어 있지 않다.

③ 제시문에서 탄소배출권거래제가 6대 온실가스 중 이산화탄소를 줄이는 것을 특히 중요시한다는 내용은 확인할 수 없다.

⑤ 탄소배출권거래제가 탄소배출권이 사용되는 배경이라고는 볼 수 있으나, 다른 감축의무국가를 도움으로써 탄소배출권을 얻을 수 있다는 내용은 제시문에서 확인할 수 없다.

13 정답 ④

㉠의 주장을 요약하면 저작물의 공유 캠페인과 신설된 공정 이용 규정으로 인해 저작권자들의 정당한 권리가 침해받고, 이 때문에 창작물을 창조하는 사람들의 동기가 크게 감소한다는 것이다. 이에 따라 활용 가능한 저작물이 줄어들게 되어 이용자들도 피해를 당한다고 말한다. 따라서 ㉠은 저작권자의 권리를 인정해주는 것이 결국 이용자에게도 도움이 된다고 주장함을 추론할 수 있다.

14 정답 ④

제시문에서는 인간에게 사회성과 반사회성이 공존하고 있다고 설명하고 있으며, 이 가운데 반사회성이 없다면 재능을 꽃피울 수 없다고 하였다. 따라서 사회성만으로도 자신의 재능을 키울 수 있다는 주장인 ④가 반론이 될 수 있다.

오답분석

② 반사회성이 재능을 계발한다는 주장을 포함하는 동시에 반사회성을 포함한 다른 어떤 요소가 있어야 한다는 주장이다. 따라서 ②는 제시문에 대한 직접적인 반론은 될 수 없다.

15 정답 ②

제시문을 통해 조선 시대 금속활자는 왕실의 위엄과 권위를 상징하는 것임을 알 수 있다. 특히 정조는 왕실의 위엄을 나타내기 위한 을묘 원행을 기념하는 의궤를 정리자로 인쇄하고, 화성 행차의 의미를 부각하기 위해 그해의 방목만을 정리자로 간행했다. 이를 통해 정리자는 정조가 가장 중시한 금속활자였다는 것을 알 수 있다. 따라서 빈칸에 들어갈 내용으로 가장 적절한 것은 ②이다. 나머지는 제시문의 단서만으로는 추론할 수 없다.

16 정답 ③

- 간헐적(間歇的) : 얼마 동안의 시간 간격을 두고 되풀이하여 일어나는
- 이따금 : 얼마쯤씩 있다가 가끔

오답분석

① 근근(僅僅)이 : 어렵사리 겨우
② 자못 : 생각보다 매우
④ 빈번(頻繁)히 : 번거로울 정도로 도수(度數)가 잦게
⑤ 흔히 : 보통보다 더 자주 있거나 일어나서 쉽게 접할 수 있게

17 정답 ⑤

'알맞다'는 '일정한 기준이나 조건, 정도 따위에 넘치거나 모자라지 않다.'라는 의미의 형용사이므로, 어간 '알맞-'에 '-는'이 아닌 '-은'이 붙어야 한다.

오답분석

㉠ 얇은 허리와 팔, 다리 → 가는 허리와 팔, 다리. 허리·다리·몸통 등 가늘고 긴 물체의 둘레나 너비, 부피 등과 관련하여는 '가늘다'가 쓰여야 한다.

㉡ 몇일 → 며칠. 어원이 분명하지 아니한 것은 원형을 밝히어 적지 아니하므로(한글맞춤법 제27항 붙임2), '몇일'이 아닌 '며칠'이 되어야 한다.

㉢ 서슴치 → 서슴지. ㉢의 기본형은 '서슴다'로, 본래 '하'가 없는 말이다. 따라서 어간 '서슴-'에 어미 '-지'가 붙어 '서슴지'가 되어야 한다.

㉣ 늘여 → 늘려. '본래보다 많거나 크게 하다.'라는 의미의 동사는 '늘리다'이다.

18 정답 ③

제시문은 우리나라가 지식 기반 산업 위주의 사회로 바뀌면서 내부 노동시장에 의존하던 인력 관리 방식이 외부 노동시장에서의 채용으로 변화함에 따라 지식 격차에 의한 소득 불평등과 국가 간 경제적 불평등 현상이 심화되고 있다고 말하고 있다.

오답분석

① 정보통신 기술을 통해 전 지구적 노동시장이 탄생해 기업을 비롯한 사회 조직들이 국경을 넘어 인력을 충원하고 재화와 용역을 구매하고 있다고 언급했다. 하지만 이러한 국가 간 노동 인력의 이동이 가져오는 폐해에 대해서는 언급하고 있지 않다.
② 지식 기반 경제로의 이행은 지식 격차에 의한 소득 불평등 심화 현상을 일으킨다. 하지만 이것에 대한 해결책은 언급하고 있지 않다.
④ 생산 기능은 저개발국으로 이전되고 연구·개발 기능은 선진국으로 모여들어 정보 격차가 확대되고 있다. 하지만 국가 간의 격차 축소 정책의 필요성은 언급하고 있지 않다.
⑤ 사회 불평등 현상은 지식 기반 산업 위주로 변화하는 국가에서 나타나거나 나라와 나라 사이에서 나타나기도 한다. 이는 제시문에서 언급한 내용이지만 전체 주제를 포괄하지 못하므로 제목으로 적절하지 않다.

19 정답 ④

'살쾡이'가 표준어가 된 것은 주로 서울 지역에서 그렇게 발음하기 때문이다. 따라서 가장 광범위하게 사용되기 때문이라는 추론은 적절하지 않다.

오답분석

① 제시문에서는 '삵'이라는 단어에 비해 '살쾡이'가 후대에 생겨난 단어라고 하였다. 이때, '호랑이'라는 단어도 이와 같은 식으로 생겨났다고 하였으므로 '호'라는 단어가 먼저 생겨나고 '호랑이'가 후대에 생겨난 단어였음을 알 수 있다.
② '삵'과 '괭이'라는 두 개의 단어가 합쳐서 '살쾡이'를 지시하고 있으며, '호'와 '랑'이 합쳐져 '호랑이'라는 하나의 대상을 지시하고 있다는 점에서 알 수 있는 내용이다.
③ 남한에서는 '살쾡이'를 표준어로 삼고 '살괭이'를 방언으로 처리한 반면, 북한에서는 '살괭이'만을 사전에 등재하고 '살쾡이'는 그렇지 않다는 점에서 알 수 있는 내용이다.
⑤ '살쾡이'는 지역에 따라 삵괭이, 삭괭이, 삭꽹이, 살꽹이 등의 방언으로 불리는데, 이는 그 지역의 발음이 다르기 때문이다.

20 정답 ③

혁신적 기술 등에 의한 성장이 아닌 외형 성장에 주력해 온 국내 경제의 체질을 변화시키기 위해 벤처기업 육성에 관한 특별조치법이 제정되었다고 하는 부분을 통해 알 수 있는 내용이다.

오답분석

① 해외 주식시장의 주가 상승과 국내 벤처버블 발생이 비슷한 시기에 일어난 것은 알 수 있으나, 전자가 후자의 원인이라는 것은 제시문을 통해서는 알 수 없다.

② 벤처버블이 1999 ~ 2000년 동안 국내뿐 아니라 미국·유럽 등 전 세계 주요 국가에서 나타난 것은 알 수 있으나, 전 세계 모든 국가에서 일어났는지는 알 수 없다.

④ 뚜렷한 수익 모델이 없다고 하더라도 인터넷을 활용한 비즈니스를 내세우면 높은 잠재력을 가진 기업으로 인식되었다는 부분을 통해 벤처기업이 활성화되었으리라는 것을 유추할 수는 있다. 하지만 그것이 대기업과 어떠한 연관을 가지는지는 제시문을 통해서는 알 수 없다.

⑤ 외환 위기로 인해 우리 경제에 고용 창출과 경제성장을 주도할 새로운 기업군이 필요해졌다는 부분은 알 수 있으나, 외환 위기가 해외 주식을 대규모로 매입하는 계기가 되었는지는 알 수 없다. 오히려 반대로 1998년 5월부터 외국인의 종목별 투자한도를 완전 자유화하여 외국인 투자자들의 국내 투자를 유인하였다는 부분이 언급되어 있다.

21 정답 ②

네 번째 문단에서 미래 사회의 모습은 생활양식과 가족 구조의 급격한 변화로 인해 사람들의 가치관이 달라져 현재까지 유지되고 있는 전통적 성 역할 규범이 골동품이 될 것이라고 하였다. 그러나 ②는 현재의 모습을 진술하는 것이므로 제시문의 내용으로 적절하지 않다.

22 정답 ④

제시문은 남성과 여성에 대한 편견과 그에 근거한 성차별이 사회의 구성원에게 어떠한 영향을 미치는지에 대해 설명하고 그에 따른 부작용과 해결 방안에 대해 서술하고 있으므로 ④가 제목으로 가장 적절하다.

23 정답 ③

제시문에서는 한국 사람들이 자기보다 우월한 사람들을 준거집단으로 삼기 때문에 이로 인한 상대적 박탈감으로 행복감이 낮다고 설명하고 있으므로, 이를 반증하는 사례를 통해 반박해야 한다. 만약 자신보다 우월한 사람들을 준거집단으로 삼으면서도 행복감이 낮지 않는 나라가 있다면 이에 대한 반박이 되므로 ③이 가장 적절하다.

24 정답 ④

제시문은 각 코스의 특징을 설명하면서 코스 주행 시 습득할 수 있는 운전 요령을 언급하고 있다.

25 정답 ④

첫 번째와 두 번째 문단에서 EU가 철제 다리 덫 사용을 금지하는 나라의 모피만 수입하기로 결정한 내용과 동물실험을 거친 화장품의 판매 조치 금지 법령이 WTO의 영향을 받아 실행되지 못한 예가 제시되고 있다. 따라서 ④를 추론할 수 있다.

26 정답 ③

제시된 조건을 항목별로 정리하면 다음과 같다.
- 부서 배치
  - 성과급 평균은 48만 원이므로, A는 영업부 또는 인사부에서 일한다.
  - B와 D는 비서실, 총무부, 홍보부 중에서 일한다.
  - C는 인사부에서 일한다.
  - D는 비서실에서 일한다.
  따라서 A – 영업부, B – 총무부, C – 인사부, D – 비서실, E – 홍보부에서 일한다.
- 휴가
  - A는 D보다 휴가를 늦게 간다.
  따라서 C – D – B – A 또는 D – A – B – C 순으로 휴가를 간다.
- 성과급
  - D사원 : 60만 원
  - C사원 : 40만 원

오답분석

① A : 20만×3=60만 원, C : 40만×2=80만 원

② C가 제일 먼저 휴가를 갈 경우, A가 제일 마지막으로 휴가를 가게 된다.

④ 휴가를 가지 않은 E는 두 배의 성과급을 받기 때문에 총 120만 원의 성과급을 받게 되고, D의 성과급은 60만 원이기 때문에 두 사람의 성과급 차이는 두 배이다.

⑤ C가 제일 마지막에 휴가를 갈 경우, B는 A보다 휴가를 늦게 출발한다.

27 정답 ①

세 번째 조건에 따라 A는 청소기를 제외한 프리미엄형 가전을 총 2개 골랐는데, 네 번째 조건에 따라 B가 청소기를 가져가지 않으므로 A는 청소기 일반형, C는 청소기 프리미엄형을 가져가야 한다. 또한 다섯 번째 조건을 만족시키기 위해 A가 가져가는 프리미엄형 가전 종류의 일반형을 B가 가져가야 하며, 여섯 번째 조건을 만족시키기 위해 전자레인지는 C가 가져가야 한다. 이를 정리하면 다음과 같다.

• 경우 1
 – A : 냉장고(프), 세탁기(프), 청소기(일)
 – B : 냉장고(일), 세탁기(일), 에어컨(프 or 일)
 – C : 에어컨(프 or 일), 청소기(프), 전자레인지
• 경우 2
 – A : 세탁기(프), 에어컨(프), 청소기(일)
 – B : 세탁기(일), 에어컨(일), 냉장고(프 or 일)
 – C : 냉장고(프 or 일), 청소기(프), 전자레인지
• 경우 3
 – A : 냉장고(프), 에어컨(프), 청소기(일)
 – B : 냉장고(일), 에어컨(일), 세탁기(프 or 일)
 – C : 세탁기(프 or 일), 청소기(프), 전자레인지
㉠ C는 반드시 전자레인지를 가져간다.
㉢ B는 반드시 일반형 가전 2개를 가져가며, 나머지 1개는 프리미엄형일 수도, 일반형일 수도 있다.

오답분석

㉡ A는 반드시 청소기를 가져간다.
㉣ C는 청소기 프리미엄형을 가져간다.

28 정답 ②

가대리와 마대리의 진술이 서로 모순이므로, 둘 중 한 사람은 거짓을 말하고 있다.
ⅰ) 가대리의 진술이 거짓인 경우
 가대리의 말이 거짓이라면 나사원의 말도 거짓이 되고, 라사원의 말도 거짓이 되므로 모순이 된다.
ⅱ) 가대리의 진술이 진실인 경우
 가대리·나사원·라사원의 말이 진실이 되고, 다사원과 마대리의 말이 거짓이 된다.
• 진실
 – 가대리 : 가대리·마대리 출근, 결근 사유 모름
 – 나사원 : 다사원 출근, 가대리 진술은 진실
 – 라사원 : 나사원 진술은 진실
• 거짓
 – 다사원 : 라사원 결근 → 라사원 출근
 – 마대리 : 라사원 결근, 라사원이 가대리한테 결근 사유 전함 → 라사원 출근, 가대리는 결근 사유 듣지 못함
따라서 나사원이 출근하지 않았다.

29 정답 ⑤

각 펀드의 총점을 통해 비교 결과를 유추하면 다음과 같다.
• A펀드 : 한 번은 우수(5점), 한 번은 우수 아님(2점)
• B펀드 : 한 번은 우수(5점), 한 번은 우수 아님(2점)
• C펀드 : 두 번 모두 우수 아님(2점+2점)
• D펀드 : 두 번 모두 우수(5점+5점)
각 펀드의 비교 대상은 다른 펀드 중 두 개이며, 총 4번의 비교를 했다고 하였으므로 다음과 같은 경우를 고려할 수 있다.

ⅰ)

A		B		C		D	
B	D	A	C	B	D	A	C
5	2	2	5	2	2	5	5

표의 결과를 정리하면 D>A>B, A>B>C, B·D>C, D>A·C이므로 D>A>B>C이다.

ⅱ)

A		B		C		D	
B	C	A	D	A	D	C	B
2	5	5	2	2	2	5	5

표의 결과를 정리하면 B>A>C, D>B>A, A·D>C, D>C·B이므로 D>B>A>C이다.

ⅲ)

A		B		C		D	
D	C	C	D	A	B	A	B
2	5	5	2	2	2	5	5

표의 결과를 정리하면 D>A>C, D>B>C, A·B>C, D>A·B이므로 D>A·B>C이다.
ㄱ. 세 가지 경우에서 모두 D펀드는 C펀드보다 우수하다.
ㄴ. 세 가지 경우에서 모두 B펀드보다 D펀드가 우수하다.
ㄷ. 마지막 경우에서 A펀드와 B펀드의 우열을 가릴 수 있으면 A~D까지 우열순위를 매길 수 있다.

30 정답 ①

250만+1,000만×0.03=280만 원

오답분석

② 1,350만+20,000만×0.004=1,430만 원
③ 1,000만+20,000만×0.005=1,100만 원
④ 1,750만+30,000만×0.002=1,810만 원
⑤ 1,350만+540,000만×0.004=3,510만 원이다. 그런데 총한도(1,750만 원)를 초과하므로 보상 지급금액은 1,750만 원이다.

31 정답 ②

ㄱ. 회사가 가지고 있는 신속한 제품 개발 시스템의 강점을 활용해 새로운 해외시장의 소비자 기호를 반영한 제품을 개발하는 것은 강점을 통해 기회를 포착하는 SO전략에 해당한다.
ㄷ. 공격적 마케팅을 펼치고 있는 해외 저가 제품과 달리 회사가 가지고 있는 차별화된 제조 기술을 활용해 고급화 전략을 추구하는 것은 강점으로 위협을 회피하는 ST전략에 해당한다.

오답분석

ㄴ. 저임금을 활용한 개발도상국과의 경쟁 심화와 해외 저가 제품의 공격적 마케팅을 고려하면 국내에 화장품 생산 공장을 추가로 건설하는 것은 적절한 전략이 아니다. 약점을 보완해 위협을 회피하는 전략을 활용하려면 오히려 저임금의 개발도상국에 공장을 건설해 가격 경쟁력을 확보하는 것이 적절하다.

ㄹ. 낮은 브랜드 인지도가 약점이기는 하나, 해외시장에서의 한국 제품에 대한 선호가 증가하고 있는 점을 고려하면 현지 기업의 브랜드로 제품을 출시하는 것은 적절한 전략으로 볼 수 없다. 약점을 보완하여 기회를 포착하는 전략을 활용하기 위해서는 오히려 한국 제품임을 강조하는 홍보 전략을 세우는 것이 더 적절하다.

32 정답 ④

제시된 조건으로 표를 만들면 아래와 같다.

7층	( ), G, 새
6층	축구, ( ), 고양이
5층	( ), D, 새
4층	축구, ( ), 고양이
3층	농구, E, 새
2층	축구, A, 고양이
1층	( ), B, 개

따라서 항상 옳은 것은 'D는 5층에 산다.'이다.

오답분석

① C와 E가 이웃하려면 C가 4층에 살아야 하는데 조건만으로는 정확히 알 수 없다.
② G는 7층에 살며 새를 키우지만 어떤 스포츠를 좋아하는지 알 수 없다.
③ B는 유일하게 개를 키우고 개를 키우는 사람은 1층에 산다. 그러므로 홀수 층에 사는 사람이 모두 새를 키운다고 할 수는 없다.
⑤ F가 4층에 사는지 6층에 사는지 알 수 없다.

33 정답 ①

㉠ 분류 기준에 따라 위험도와 경제성 점수 중 하나는 3.0점 초과, 다른 하나는 2.5점 초과 3.0점 이하여야 주시광종으로 분류된다. 이 기준을 만족하는 광종은 아연광으로 1종류뿐이다.
㉢ 모든 광종의 위험도와 경제성 점수가 각각 20% 증가했을 때를 정리하면 다음과 같다.

구분	금광	은광	동광	연광	아연광	철광
위험도 (점)	2.5 ×1.2 =3	4 ×1.2 =4.8	2.5 ×1.2 =3	2.7 ×1.2 =3.24	3 ×1.2 =3.6	3.5 ×1.2 =4.2
경제성 (점)	3 ×1.2 =3.6	3.5 ×1.2 =4.2	2.5 ×1.2 =3	2.7 ×1.2 =3.24	3.5 ×1.2 =4.2	4 ×1.2 =4.8

이때 비축필요광종으로 분류되는 광종은 은광, 연광, 아연광, 철광으로 4종류이다.

오답분석

㉡ 분류 기준에 따라 위험도와 경제성 점수 모두 3.0점을 초과해야 비축필요광종으로 분류된다. 이 기준을 만족하는 광종은 은광, 철광이다.
㉣ 주시광종의 분류 기준을 위험도와 경제성 점수 중 하나는 3.0점 초과, 다른 하나는 2.5점 이상 3.0점 이하로 변경할 때 아연광은 주시광종으로 분류되지만, 금광은 비축제외광종으로 분류된다.

34 정답 ⑤

A~E의 진술을 차례대로 살펴보면, A는 B보다 먼저 탔으므로 서울역 또는 대전역에서 승차하였다. 이때, A는 자신이 C보다 먼저 탔는지 알지 못하므로 C와 같은 역에서 승차하였음을 알 수 있다. 다음으로 B는 A와 C보다 늦게 탔으므로 첫 번째 승차 역인 서울역에서 승차하지 않았으며, C는 가장 마지막에 타지 않았으므로 마지막 승차 역인 울산역에서 승차하지 않았다. 한편, D가 대전역에서 승차하였으므로 같은 역에서 승차하는 A와 C는 서울역에서 승차하였음을 알 수 있다. 또한 마지막 역인 울산역에서 혼자 승차하는 경우에만 자신의 정확한 탑승 순서를 알 수 있으므로 자신의 탑승 순서를 아는 E가 울산역에서 승차하였다.

구분	서울역		대전역		울산역
탑승객	A	C	B	D	E

따라서 'E는 울산역에서 승차하였다.'는 항상 참이 된다.

오답분석

① A는 서울역에서 승차하였다.
② B는 대전역, C는 서울역에서 승차하였으므로 서로 다른 역에서 승차하였다.
③ C는 서울역, D는 대전역에서 승차하였으므로 서로 다른 역에서 승차하였다.
④ D는 대전역, E는 울산역에서 승차하였으므로 서로 다른 역에서 승차하였다.

35 정답 ⑤

E는 교양 수업을 신청한 A보다 나중에 수강한다고 하였으므로 목요일 또는 금요일에 강의를 들을 수 있다. 이때, 목요일과 금요일에는 교양 수업이 진행되므로 'E는 반드시 교양 수업을 듣는다.'의 ⑤는 항상 참이 된다.

오답분석

① A가 수요일에 강의를 듣는다면 E는 교양2 또는 교양3 강의를 들을 수 있다.
② B가 수강하는 전공 수업의 정확한 요일을 알 수 없으므로 C는 전공1 또는 전공2 강의를 들을 수 있다.

③ C가 화요일에 강의를 듣는다면 D는 교양 강의를 듣는다. 이때, 교양 수업을 듣는 A는 E보다 앞선 요일에 수강하므로 E는 교양2 또는 교양3 강의를 들을 수 있다.

구분	월 (전공1)	화 (전공2)	수 (교양1)	목 (교양2)	금 (교양3)
경우 1	B	C	D	A	E
경우 2	B	C	A	D	E
경우 3	B	C	A	E	D

④ D는 전공 수업을 신청한 C보다 나중에 수강하므로 전공 또는 교양 수업을 들을 수 있다.

36
정답 ①

자동차의 용도별 구분을 보면 비사업용 자동차에 사용할 수 있는 문자 기호는 'ㅏ, ㅓ, ㅗ, ㅜ'뿐이다. 따라서 '거'라고 한 ①은 옳지 않다.

37
정답 ②

84배 7895는 사업용인 택배차량이다.

오답분석

①·③·④·⑤ 모두 비사업용 화물차량이다.

38
정답 ⑤

조건의 주요 명제들을 순서대로 논리 기호화하면 다음과 같다.
• 두 번째 명제 : 머그컵 → ~노트
• 세 번째 명제 : 노트
• 네 번째 명제 : 태블릿PC → 머그컵
• 다섯 번째 명제 : ~태블릿PC → (가습기 ∧ ~컵받침)
세 번째 명제에 따라 노트는 반드시 선정되며, 두 번째 명제의 대우(노트 → ~머그컵)에 따라 머그컵은 선정되지 않는다. 그리고 네 번째 명제의 대우(~머그컵 → ~태블릿PC)에 따라 태블릿PC도 선정되지 않으며, 다섯 번째 명제에 따라 가습기는 선정되고 컵받침은 선정되지 않는다. 따라서 총 3종류의 경품을 선정한다고 하였으므로 노트, 가습기와 함께 펜이 경품으로 선정된다.

39
정답 ②

접근 연상이 아니라 대비 연상에 해당한다.

자유연상법의 유형
• 접근 연상 : 주제와 관련이 있는 대상이나 과거의 경험을 떠올리는 것이다.
• 대비 연상 : 주제와 반대되는 대상을 생각하는 것이다.
• 유사 연상 : 주제와 유사한 대상이나 경험을 떠올려 보는 활동이다.

40
정답 ③

브레인스토밍은 '질보다 양'의 규칙을 따라 심사숙고하는 것보다 가능한 많은 아이디어를 생각하는 것이 바람직하다.

41
정답 ④

제시된 조건에 따라 최고점과 최저점을 제외한 3명의 면접관의 평균과 보훈 가점을 더한 총점은 다음과 같다.

구분	총점	순위
A	$\dfrac{80+85+75}{3}=80$점	7위
B	$\dfrac{75+90+85}{3}+5≒88.33$점	3위
C	$\dfrac{85+85+85}{3}=85$점	4위
D	$\dfrac{80+85+80}{3}≒81.67$점	6위
E	$\dfrac{90+95+85}{3}+5=95$점	2위
F	$\dfrac{85+90+80}{3}=85$점	4위
G	$\dfrac{80+90+95}{3}+10≒98.33$점	1위
H	$\dfrac{90+80+85}{3}=85$점	4위
I	$\dfrac{80+80+75}{3}+5≒83.33$점	5위
J	$\dfrac{85+80+85}{3}≒83.33$점	5위
K	$\dfrac{85+75+75}{3}+5≒83.33$점	5위
L	$\dfrac{75+90+70}{3}≒78.33$점	8위

따라서 총점이 가장 높은 6명의 합격자를 면접을 진행한 순서대로 나열하면 G − E − B − C − F − H이다.

42
정답 ④

ⅰ) B·C가 참가하는 경우 : B·C·D·E가 참가하고, F·G가 참가하지 않는다. 그러므로 A·H 중 한 명이 반드시 참가해야 하지만, 마지막 명제의 대우에 의해 A가 참가하면 H도 참가해야 하므로 6명이 산악회에 참가하게 된다. 따라서 모순이다.
ⅱ) B·F가 참가하는 경우 : B·E·F·G가 참가하고, C·D가 참가하지 않는다. 따라서 ⅰ)의 경우와 마찬가지로 모순이다.

iii) C・F가 참가하는 경우 : C・D・F・G가 참가하고, B・E는 참가하지 않거나 C・E・F가 참가하고, B・D・G가 참가하지 않는다. 이때, C・D・F・G가 참가하는 경우는 i)과 마찬가지로 모순이지만, C・E・F가 참가하는 경우 A・H는 참가한다. 따라서 반드시 산악회에 참가하는 사람은 H이다.

43
정답 ①

오답분석
ㄴ. 경쟁업체에 특허 기술을 무상 이전하는 것은 적절하지 않다.
ㄹ. 기존 설비에 대한 재투자보다는 수요에 맞게 다양한 제품을 유연하게 생산할 수 있는 설비 투자가 필요하다.

44
정답 ⑤

두 번째 조건에 의해 B는 항상 1과 5 사이에 앉는다. E가 4와 5 사이에 앉으면 2와 3 사이에는 A, C, D 중 누구나 앉을 수 있다.

오답분석
① A가 1과 2 사이에 앉으면 네 번째 조건에 의해 E는 4와 5 사이에 앉는다. 그러면 C와 D는 3 옆에 앉게 되는데 이는 세 번째 조건과 모순이 된다.
② D가 4와 5 사이에 앉으면 네 번째 조건에 의해 E는 1과 2 사이에 앉는다. 그러면 C와 D는 3 옆에 앉게 되는데 이는 세 번째 조건과 모순이 된다.
③ C가 2와 3 사이에 앉으면 세 번째 조건에 의해 D는 1과 2 사이에 앉는다. 또한 네 번째 조건에 의해 E는 3과 4 사이에 앉을 수 없다. 따라서 A는 반드시 3과 4 사이에 앉는다.
④ E가 1과 2 사이에 앉으면 세 번째 조건의 대우 명제에 의해 C는 반드시 4와 5 사이에 앉는다.

45
정답 ③

탐색형 문제는 현재의 상황을 개선하거나 효율을 높이기 위한 문제로, 눈에 보이지 않지만 방치하면 뒤에 큰 손실이 따르거나 결국 해결할 수 없는 문제로 나타날 수 있다. ③의 현재 상황은 문제가 되지 않지만, 생산성 향상을 통해 현재 상황을 개선하면 대외경쟁력과 성장률을 강화할 수 있으므로 ③은 탐색형 문제에 해당한다.

오답분석
①・④ 현재 직면하고 있으면서 바로 해결해야 하는 발생형 문제이다.
②・⑤ 앞으로 발생할 수 있는 설정형 문제이다.

46
정답 ④

ㄴ. 사슴의 남은 수명이 20년인 경우, 사슴으로 계속 살아갈 경우의 총효용은 $20 \times 40 = 800$인 반면, 독수리로 살 경우의 총효용은 $(20-5) \times 50 = 750$이다. 따라서 사슴은 총효용이 줄어드는 선택은 하지 않는다고 하였으므로 독수리를 선택하지 않을 것이다.

ㄷ. 사슴의 남은 수명을 x년이라 할 때, 사자를 선택했을 때의 총효용은 $(x-14) \times 250$이며, 호랑이를 선택했을 때의 총효용은 $(x-13) \times 200$이다. 두 식이 같을 경우 x의 값을 구하면 $x=180$이다. 따라서 사슴의 남은 수명이 180년일 때 둘의 총효용이 같게 된다.

오답분석
ㄱ. 사슴의 남은 수명이 13년인 경우, 사슴으로 계속 살아갈 경우의 총효용은 $13 \times 40 = 520$인 반면, 곰으로 살 경우의 효용은 $(13-11) \times 170 = 340$이다. 따라서 사슴은 총효용이 줄어드는 선택은 하지 않는다고 하였으므로 곰을 선택하지 않을 것이다.

47
정답 ③

문제란 발생한 상황 자체를 의미하는 것으로, 그 상황이 발생한 원인인 문제점과 구분된다. 따라서 사례에서 발생한 상황은 '아이의 화상' 자체이다.

오답분석
①・②・④・⑤ 아이의 화상이라는 문제가 발생한 것에 대한 원인을 나타내는 것이므로 문제점에 해당한다.

48
정답 ④

발상의 전환이란 사물과 세상을 바라보는 인식의 틀을 전환하여 새로운 관점에서 바로 보는 사고를 의미하는 것으로, 제시된 사례에서 L사는 기존의 틀에 갇혀 일반적으로 생각되어 오던 이미지의 아이돌 그룹을 데뷔시켰고, 그 결과 크게 성공하지 못했다. 하지만 이와 달리 Y사는 기존에 가지고 있던 인식의 틀을 전환하여 새로운 관점에서 바라본 결과 새로운 이미지의 개성파 아이돌 그룹을 데뷔시켰고, 그 결과 성공에까지 이르렀다. 따라서 L사에게는 발상의 전환이 부족했고, Y사는 발상의 전환을 통해 성공한 사례로 볼 수 있다.

오답분석
① 전략적 사고 : 현재 당면하고 있는 문제와 그 해결 방법에만 집착하지 말고, 그 문제와 해결 방법이 상위 시스템 또는 다른 문제와 어떻게 연결되어 있는지를 생각하는 것이다.
② 분석적 사고 : 전체를 각각의 요소로 나누어 그 요소의 의미를 도출한 다음 우선순위를 부여하고 구체적인 문제해결 방법을 실행하는 것이다.
③ 성과 지향적 사고 : 기대하는 결과를 명시하고 효과적으로 달성하는 방법을 사전에 구상하고 실행하는 것으로, 분석적 사고의 일부이다.
⑤ 내・외부자원의 효과적 활용 : 문제해결 시 기술, 재료, 방법, 사람 등 필요한 자원 확보 계획을 수립하고 내・외부자원을 효과적으로 활용하는 것을 말한다.

49

주어진 조건에 근거하여 가능한 경우를 정리하면 다음과 같다.

부서	사원	팀장
A	?	윤씨 or 박씨
B	박씨 or 오씨	박씨 or 오씨
C	윤씨 or 박씨	윤씨 or 박씨

조건 중 A부서 팀장의 성이 C부서의 사원과 같다고 하였으므로 다음 두 가지 경우를 생각할 수 있다.

ⅰ) C부서 사원의 성이 '박씨'인 경우

C부서 사원의 성이 '박씨'이므로 A부서의 팀장도 '박씨'이다. 같은 성씨인 사원과 팀장은 같은 부서에 근무하지 않으므로 C부서의 팀장은 '윤씨'가 된다. B부서의 사원 또는 B부서 팀장의 성은 '박씨'와 '오씨' 중에 하나가 되는데, '박씨'는 C부서의 사원과 A부서의 팀장의 성이므로 B부서의 사원과 B부서의 팀장은 '오씨'가 된다. 이때, 같은 성씨인 사원과 팀장은 같은 부서에서 근무할 수 없으므로 조건에 어긋나게 된다.

부서	사원	팀장
A	윤씨	박씨
B	오씨	오씨
C	박씨	윤씨

ⅱ) C부서 사원의 성이 '윤씨'인 경우

C부서 사원의 성이 '윤씨'이므로 A부서의 팀장도 '윤씨'이다. 같은 성씨인 사원과 팀장은 같은 부서에 근무하지 않으므로 C부서의 팀장은 '박씨'가 된다. 같은 조건에 따라 B부서의 팀장은 '오씨'이고 B부서의 사원은 '박씨'이다. 그러므로 A부서의 사원은 '오씨' 성을 가진 사원이다.

부서	사원	팀장
A	오씨	윤씨
B	박씨	오씨
C	윤씨	박씨

따라서 바르게 짝지어진 것은 ①이다.

50

오답분석

① 숫자 0을 다른 숫자와 연속해서 나열했고(세 번째 조건 위반), 영어 대문자를 다른 영어 대문자와 연속해서 나열했다(네 번째 조건 위반).
③ 특수기호를 첫 번째로 사용했다(다섯 번째 조건 위반).
④ 영어 대문자를 사용하지 않았다(두 번째 조건 위반).
⑤ 영어 소문자를 사용하지 않았고(두 번째 조건 위반), 영어 대문자를 연속해서 나열했다(네 번째 조건 위반).

2일 차 기출응용 모의고사 정답 및 해설

01	02	03	04	05	06	07	08	09	10
④	③	④	①	①	④	③	③	④	③
11	12	13	14	15	16	17	18	19	20
②	②	⑤	⑤	③	⑤	③	⑤	①	④
21	22	23	24	25	26	27	28	29	30
②	④	⑤	②	③	④	④	⑤	③	⑤
31	32	33	34	35	36	37	38	39	40
⑤	②	①	⑤	②	④	②	①	①	③
41	42	43	44	45	46	47	48	49	50
⑤	②	④	①	⑤	③	①	②	④	②

01
정답 ④

전선업계는 구릿값이 상승할 경우 기존 계약 금액을 동결한 상태에서 결제를 진행하고, 반대로 구릿값이 떨어지면 그만큼의 차액을 계약금에서 차감해줄 것을 요구하는 불공정 거래 행태를 보이고 있다. 이는 자신의 이익만을 꾀하는 행위로, 전선업계를 비판하는 내용으로는 ④가 적절하다.

오답분석
① 지난 일은 생각하지 못하고 처음부터 그랬던 것처럼 잘난 체한다는 뜻이다.
② 일이 이미 잘못된 뒤에는 손을 써도 소용이 없다는 뜻이다.
③ 가까이에 있는 것을 도리어 알아보지 못한다는 뜻이다.
⑤ 상대방은 생각지도 않는데 미리부터 다 된 줄로 알고 행동한다는 뜻이다.

02
정답 ③

제시문은 우리 몸의 면역 시스템에서 중요한 역할을 하는 킬러 T세포가 있음을 알려주고, 이것의 역할과 작용 과정을 차례로 설명하며 마지막으로 킬러 T세포의 의의에 대해 이야기하는 글이다. 따라서 (라) 우리 몸의 면역 시스템에 중요한 역할을 하는 킬러 T세포 → (가) 킬러 T세포의 역할 → (마) 킬러 T세포가 작용하기 위해 거치는 단계 → (다) 킬러 T세포의 작용 과정 → (나) 킬러 T세포의 의의로 나열되어야 한다.

03
정답 ④

다섯 번째 문단의 '특히 임신과 출산을 경험하는 경우 따가운 시선을 감수해야 한다.'라는 내용으로 볼 때, 임신으로 인한 공백 문제 등이 발생하지 않게 법적으로 공백 기간을 규제하는 것이 아니라 적절한 공백 기간을 제공하는 것은 물론 해당 직원이 임신과 출산으로 인해 퇴직하는 등 경력이 단절되지 않도록 규제해야 한다.

오답분석
① 세 번째 문단의 '결혼과 임신·출산을 한 여성 노동자는 조직 전체에 부정적인 영향을 준다고 인식하는 경향이 강한데'라는 내용으로 볼 때, 결혼과 임신·출산과 같은 가족계획을 지지하는 환경으로 만들어 여성 노동자에 대한 인식을 개선해야 한다.
② 네 번째 문단의 '여성 노동자가 많이 근무하는 서비스업 등의 직업군의 경우 임금 자체가 상당히 낮게 책정되어 있어 남성에 비하여 많은 임금을 받지 못하는 구조'라는 내용으로 볼 때, 여성 노동자가 주로 종사하는 직종의 임금 체계를 합리적으로 변화시켜야 한다.
③ 네 번째 문단의 '여성 노동자를 차별한 결과 여성들은 남성 노동자들보다 저임금을 받아야 하고 비교적 질이 좋지 않은 일자리에서 일해야 하며 고위직으로 올라가는 것 역시 힘들고 우선 임금 차별이 나타난다.'라는 내용으로 볼 때, 여성들 또한 남성과 마찬가지의 권리를 가질 수 있도록 양질의 정규직 일자리를 만들어야 한다.
⑤ 다섯 번째 문단의 '여성 노동자들을 노동자 그 자체로 보기보다는 여성으로 바라보는 남성들의 잘못된 시선으로 인해 여성 노동자는 신성한 노동의 현장에서 성희롱을 당하고 있으며'라는 내용으로 볼 때, 남성이 여성을 대하는 인식을 개선해야 한다.

04
정답 ①

뉴턴은 시간은 공간과 무관한 독립적이고 절대적이며 모든 우주에서 동일한 빠르기로 흐른다고 보았다. 그러나 아인슈타인은 이러한 뉴턴의 시간관을 근본적으로 거부하고, 시간과 공간은 서로 긴밀하게 연관되어 함께 변하는 상대적인 양이라고 보았다. 따라서 아인슈타인의 입장에서는 시간은 상대적으로 흐르므로 시간을 절대적이라고 보는 뉴턴의 생각을 비판할 수 있다.

오답분석
② 상대 시간 개념이 물체의 운동을 설명할 수 없다는 내용은 제시문에서 설명한 아인슈타인의 생각과 같지 않다.
③ 아인슈타인은 시간을 인위적 개념으로 여기지 않았다.

④ 이인슈타인은 시간과 공간을 별개의 물리량이 아니라 서로 긴밀하게 연관되어 함께 변한다고 보았다. 즉, 독립적으로 고려할 수 없다고 본 것이다.

⑤ 마지막 문단을 통해 아인슈타인이 시간의 팽창에 대해서 언급한 것을 알 수 있다. 그러나 시간이 반대로 흐르는 역행 가능성에 대한 언급은 없다.

05 정답 ①

제시문은 행위별수가제에 대한 내용으로 환자, 의사, 건강보험 재정 등 많은 곳에서 한계점이 있다고 설명하면서 건강보험 고갈을 막기 위해 다양한 지불 방식을 도입하는 등 구조적인 개편이 필요함을 설명하고 있다. 따라서 글의 주제로 '행위별수가제의 한계점'이 가장 적절하다.

06 정답 ④

두 번째 문단에서 지방자치단체와 시민단체, 기업 등을 중심으로 감정노동자 보호를 위한 대안들이 나오고 있다고 했으므로, 무관심이 업무 환경을 더욱 악화시킨다는 설명은 적절하지 않다.

오답분석

① 우울감이 심한 경우 불안장애나 공황장애 등의 질환으로 발전할 수 있다고 했으므로 적절한 설명이다.

② 감정노동자의 80%가 인격 모독과 욕설 등을 경험했다고 했으므로 적절한 설명이다.

③ '산업재해보상보험법 시행령 및 시행규칙 개정안'이 여전히 계류 중인 상황을 설명하며 우리 사회의 노력이 많이 부족하다고 했으므로 적절한 설명이다.

⑤ 서비스업의 특성상 질병의 인과관계를 밝히기 어렵다는 것을 악용해 기업들이 '산업재해보상보험법 시행령 및 시행규칙 개정안'을 반대한다고 했으므로 적절한 설명이다.

07 정답 ③

제시문은 절차의 정당성을 근거로 한 과도한 권력, 즉 무제한적 민주주의에 대해 비판적인 논조를 취하고 있는 글이다. 따라서 빈칸에는 무제한적 민주주의의 문제점을 보완할 수 있는 해결책이 제시되어야 하므로 ③이 가장 적절하다.

오답분석

① 다수의 의견을 그대로 수용하는 것은 필자의 견해가 아니다.

② 사회적 불안의 해소는 언급되지 않았다.

④ 무제한적 민주주의를 제한적으로 수용하자는 견해도 아니다.

⑤ 모든 것에 자유를 부여하는 것은 무제한적 민주주의와 같으므로 필자의 견해가 아니다.

08 정답 ③

제시문은 황사의 정의와 위험성, 그리고 대응책에 대하여 설명하고 있는 글이다. 따라서 '황사를 단순한 모래바람으로 치부할 수는 없다.'는 단락의 뒤에는 (다) 중국의 전역을 거쳐 대기 물질을 모두 흡수하고 한국으로 넘어오는 황사 → (나) 매연과 화학 물질 등 유해 물질이 포함된 황사 → (가) 황사의 장점과 방지의 강조 → (라) 황사의 개인적·국가적 대응책의 순서로 나열하는 것이 적절하다.

09 정답 ④

제시문은 정부가 제공하는 공공 데이터를 활용한 앱 개발에 대한 글이다. 따라서 먼저 다양한 앱을 개발하려는 사람들을 통해 화제를 제시한 (라) 문단이 오는 것이 적절하며, 이러한 앱 개발에 있어 부딪히는 문제들을 제시한 (가) 문단이 그 뒤에 오는 것이 적절하다. 다음으로 이러한 문제들을 해결하기 위한 방법으로 공공 데이터를 제시하는 (나) 문단이 오고, 공공 데이터에 대한 추가 설명으로 공공 데이터를 위한 정부의 노력인 (다) 문단이 마지막으로 오는 것이 적절하다.

10 정답 ③

제시문은 오브제의 정의와 변화 과정에 대한 글이다. 빈칸 앞에서는 예술가의 선택에 의해 기성품 그 본연의 모습으로 예술작품이 되는 오브제를, 빈칸 이후에는 나아가 진정성과 상징성이 제거된 팝아트에서의 오브제 기법에 대하여 서술하고 있다. 따라서 빈칸에는 예술가의 선택에 의해 기성품 본연의 모습으로 오브제가 되는 ③의 사례가 오는 것이 가장 적절하다.

11 정답 ②

제시문은 '탈원전·탈석탄 공약에 맞는 제8차 전력공급기본계획(안) 수립 → 분산형 에너지 생산시스템으로의 정책 방향 전환 → 분산형 에너지 생산시스템에 대한 대통령의 강한 의지 → 중앙집중형 에너지 생산시스템의 문제점 노출 → 중앙집중형 에너지 생산시스템의 비효율성'의 순으로 전개되고 있다. 따라서 제시문은 일관되게 '에너지 분권의 필요성과 나아갈 방향을 모색해야 한다.'라고 말하고 있다.

오답분석

①·③ 제시문에서 언급되지 않았다.

④ 다양한 사회적 문제점들과 기후, 천재지변 등에 의한 문제점들을 언급하고 있으나, 이는 글의 주제를 뒷받침하기 위한 이슈이므로 글 전체의 주제로 보기는 어렵다.

⑤ 전력수급기본계획의 수정 방안을 제시하고 있지는 않다.

12
정답 ②

제시문에 따르면 인터넷 뉴스를 유료화하면 인터넷 뉴스를 보는 사람의 수가 줄어들 것이므로 ②는 적절하지 않다.

13
정답 ⑤

뉴스의 품질이 떨어지는 원인이 근본적으로 독자에게 있다거나, 그 해결 방안이 종이 신문 구독이라는 반응은 제시문을 바르게 이해했다고 보기 어렵다.

14
정답 ⑤

쇼펜하우어는 표상의 세계 안에서의 이성의 역할, 즉 시간과 공간, 인과율을 통해서 세계를 파악하는 주인의 역할을 함에도 불구하고 이 이성이 다시 의지에 종속됨으로써 제한적이며 표면적일 수밖에 없다는 한계를 지적하고 있다.

오답분석

① 세계의 본질은 의지의 세계라는 내용은 쇼펜하우어 주장의 핵심 내용이라는 점에서는 옳지만, 제시문의 주요 내용은 주관 또는 이성 인식으로 만들어내는 표상의 세계는 결국 한계를 가질 수밖에 없다는 것이다.
② 제시문에서는 표상 세계의 한계를 지적했을 뿐, 표상 세계의 극복과 그 해결 방안에 대한 내용은 없다.
③ 제시문에서 의지의 세계와 표상 세계는 의지가 표상을 지배하는 종속관계라는 차이를 파악할 수 있으나, 중심 내용은 아니다.
④ 쇼펜하우어가 주관 또는 이성을 표상의 세계를 이끌어 가는 능력으로 주장하고 있다는 점에서 타당하나, 중심 내용은 아니다.

15
정답 ③

제시문은 사회복지의 역할을 긍정하며 사회복지 찬성론자의 입장을 설명하고 있다. 사회 발전을 위한 사회복지가 오히려 장애가 될 수 있다는 점을 주장하며 반박하고 있다.

오답분석

① 사회복지는 소외 문제를 해결하고 예방하기 위하여, 사회 구성원들이 각자의 사회적 기능을 원활하게 수행하게 한다.
② 사회복지는 삶의 질을 향상시키는 데 필요한 제반 서비스를 제공하는 행위와 그 과정을 의미한다.
④ 현대 사회가 발전함에 따라 생기는 문제의 기저에는 경제 성장과 사회 분화 과정에서 나타나는 불평등과 불균형이 있다.
⑤ 찬성론자들은 병리 현상을 통해 생겨난 희생자들을 방치하게 되면 사회 통합은 물론 지속적 경제 성장에 막대한 지장을 초래할 것이라고 주장한다.

16
정답 ⑤

ㄴ. B는 공직자의 임용 기준을 개인의 능력·자격·적성에 두고 공개경쟁 시험을 통해 공무원을 선발한다면, 정실 개입의 여지가 줄어든다고 주장하고 있다. 따라서 공직자 임용 과정의 공정성을 높일 필요성이 부각된다면, B의 주장은 설득력을 얻는다.
ㄷ. C는 사회를 구성하는 모든 지역 및 계층으로부터 인구 비례에 따라 공무원을 선발해야 한다고 주장하고 있다. 따라서 지역 편향성을 완화할 필요성이 제기된다면, C의 주장은 설득력을 얻는다.

오답분석

ㄱ. A는 대통령 선거에서 승리한 정당이 공직자 임용의 권한을 가져야 한다고 주장하였다. 이는 정치적 중립성이 보장되지 않는 것이므로 A의 주장은 설득력을 잃는다.

17
정답 ③

종교적·주술적 성격의 동물은 대개 초자연적인 강대한 힘을 가지고 인간 세계를 지배하거나 수호하는 신적인 존재이다.

오답분석

① 미술 작품 속에 등장하는 동물에는 해태나 봉황 등 인간의 상상에서 나온 동물도 적지 않다.
② 미술 작품에 등장하는 동물은 성격에 따라 구분할 수 있으나, 이 구분은 엄격한 것이 아니다.
④ 인간의 이지(理智)가 발달함에 따라 신적인 기능이 감소한 종교적·주술적 동물은 신이 아닌 인간에게 봉사하는 존재로 전락한다.
⑤ 신의 위엄을 뒷받침하고 신을 도와 치세(治世)의 일부를 분담하기 위해 이용되는 동물들 역시 현실 이상의 힘을 가지며 신성시된다. 다만, 이는 신의 권위를 강조하기 위함이다.

18
정답 ⑤

언어적 의사소통은 언어(말, 대화)로 전달하기 때문에 문서적 의사소통에 비해 상대적으로 권위감과 정확성이 낮다. 반대로 문서적 의사소통은 글(기획서, 메모)로 전달하는 것이기 때문에 권위감과 정확성이 높다.

오답분석

㉠ 언어적 의사소통은 말로 전달하기 때문에 대화·전화통화 등이 이에 해당하고, 문서적 의사소통은 글로 전달하는 것이기 때문에 기획서·메모 등이 이에 해당한다.
㉡·㉢ 언어적 의사소통은 말로 전달하기 때문에 듣는 사람은 정확히 들어야 하는 경청능력이, 말하는 사람은 정확히 말할 수 있는 의사표현능력이 중요하다.
㉣ 문서적 의사소통은 문서로 전달하기 때문에 문서를 잘 이해하고 문서를 잘 작성하는 능력이 중요하다.

19 정답 ①

과녁에 화살을 맞추다. → 과녁에 화살을 맞히다.
- 맞히다 : 문제에 대한 답을 틀리지 않게 하다. 쏘거나 던지거나 하여 한 물체가 어떤 물체에 닿게 하다.
- 맞추다 : 서로 떨어져 있는 부분을 제자리에 맞게 대어 붙이거나 서로 어긋남이 없이 조화를 이루다.

20 정답 ④

인플루엔자는 항원을 변화시키기 때문에 이전에 인플루엔자에 걸렸던 사람이라도 새로이 나타난 다른 균종으로부터 안전할 수 없다고 하였다.

오답분석
① 발열 현상은 아무런 기능도 없이 불가피하게 일어나는 수동적인 현상이 아니라, 체온을 높여 우리의 몸보다 열에 더 예민한 병원체들을 죽게 하는 능동적인 행위이므로 옳지 않은 내용이다.
② 예방접종은 죽은 병원체를 접종함으로써 질병을 실제로 경험하지 않고 항체 생성을 자극하는 것이므로 옳지 않은 내용이다.
③ 겸상 적혈구 유전자는 적혈구의 모양을 정상적인 도넛 모양에서 낫 모양으로 바꾸어서 빈혈을 일으키므로 생존에 불리함을 주지만, 말라리아에 대해서는 저항력을 가지게 한다고 하였으므로 옳지 않은 내용이다.
⑤ 역사적으로 특정 병원체에 자주 노출되었던 인구 집단에는 그 병에 저항하는 유전자를 가진 개체의 비율이 높아질 수밖에 없다고 하였다. 이는 반대로 생각하면 특정 병원체에 노출된 빈도가 낮은 집단에는 그 병에 저항하는 유전자를 가진 개체의 비율이 낮다는 의미이므로 옳지 않은 내용이다.

21 정답 ②

제시문의 마지막 문단에서 '말이란 결국 생각의 일부분을 주워 담는 작은 그릇'이며, '말을 통하지 않고는 생각을 전달할 수가 없는 것'이라고 하며 말은 생각을 전달하기 위한 수단임을 주장하고 있다.

22 정답 ④

제시된 기사문에서는 성과평가제를 긍정적으로 바라보며 기대효과를 제시하고 있다. 따라서 성과평가제의 부정적인 측면을 말하는 ④는 적절하지 않다.

23 정답 ⑤

제시된 기사문은 첫 직장의 수준이 평생을 좌우하는 한국 취업 시장의 현실을 꼬집으며 능력 중심의 평가를 장려하고 있다. 따라서 제목으로 가장 적절한 것은 ⑤이다.

24 정답 ②

첫 번째 문단의 끝에서 '제로섬(Zero-sum)적인 요소를 지니는 경제 문제'와 두 번째 문단의 끝에서 '우리 자신의 수입을 보호하기 위해 경제적 변화가 일어나는 것을 막거나 사회가 우리에게 손해를 입히는 공공정책이 강제로 시행되는 것을 막기 위해 싸울 것'에 대한 내용이 핵심 주장이다. 따라서 제시문은 사회경제적인 총합이 많아지는 정책, 즉 '사회의 총생산량이 많아지게 하는 정책이 좋은 정책'이라는 주장에 대한 비판이라고 할 수 있다.

25 정답 ③

기분관리 이론이 현재 시점에만 초점을 맞추고 있다는 점을 지적하고 이를 보완하려고 하는 것이 기분조정 이론이므로 빈칸에 들어갈 내용으로 ③이 가장 적절하다.

오답분석
① 집단 2의 경우 처음에 흥겨운 음악을 선택하여 감상하였지만 이후에는 기분을 가라앉히는 음악을 선택하였으므로 적절하지 않은 내용이다.
② 집단 2의 경우 다음에 올 상황을 고려하기는 하였지만 그들이 선택한 것은 기분을 가라앉히는 음악이므로 적절하지 않은 내용이다.
④ 집단 2의 경우 현재의 기분이 흥겨운 상태라는 점을 감안하여 음악을 선택하였으므로 적절하지 않은 내용이다.
⑤ 현재의 기분에 따라 음악을 선택하는 것은 기분관리 이론에 대한 내용이므로 적절하지 않은 내용이다.

26 정답 ④

ㄴ. 간편식 점심에 대한 회사원들의 수요가 증가함에 따라 계절 채소를 이용한 샐러드 런치 메뉴를 출시하는 것은 강점을 통해 기회를 포착하는 SO전략에 해당한다.
ㄹ. 경기 침체로 인한 외식 소비가 위축되고 있는 상황에서 주변 회사와의 제휴를 통해 할인 서비스를 제공하는 것은 약점을 보완하여 위협을 회피하는 WT전략에 해당한다.

오답분석
ㄱ. 다양한 연령층을 고려한 메뉴가 강점에 해당하기는 하지만, 샐러드 도시락 가게에서 한식 도시락을 출시하는 것은 적절한 전략으로 볼 수 없다.
ㄷ. 홍보 및 마케팅 전략의 부재가 약점에 해당하므로 약점을 보완하기 위해서는 적극적인 홍보 활동을 펼쳐야 한다. 따라서 홍보 방안보다 먼저 품질 향상 방안을 마련하는 것은 적절한 전략으로 볼 수 없다.

27

정답 ④

주어진 조건을 정리하면 다음과 같은 순서로 위치한다는 것을 알 수 있다.

초밥 가게 − × − 카페 − × − 편의점 − 약국 − 옷 가게 − 신발 가게 − × − ×

따라서 신발 가게는 8번째 건물에 있다.

오답분석

① 카페와 옷 가게 사이에 3개의 건물이 있다.
② 초밥 가게와 약국 사이에 4개의 건물이 있다.
③ 편의점은 5번째 건물에 있다.
⑤ 옷 가게는 7번째 건물에 있다.

28

정답 ③

선택 1 ~ 4의 3가지 변인 적용에 따른 독감 여부를 정리하면 다음과 같다.

구분	수분 섭취	영양 섭취	예방 접종	독감 여부
선택 1	○	×	×	×
선택 2	×	○	○	×
선택 3	○	○	○	×
선택 4	○	○	×	○

ㄴ. 선택 1, 4를 비교해 보면 수분 섭취와 예방 접종의 차이는 없으나, 영양 섭취에서 차이가 있음을 알 수 있다. 이때, 영양 섭취를 한 선택 4와 달리 영양 섭취를 하지 않은 선택 1에서 독감에 걸리지 않았으므로 영양 섭취를 하지 않아 독감에 걸리지 않았을 것으로 추정할 수 있다.

ㄹ. 선택 3, 4를 비교해 보면 수분 섭취와 영양 섭취의 차이는 없으나, 예방 접종에서 차이가 있음을 알 수 있다. 이때, 예방 접종을 하지 않은 선택 4와 달리 예방 접종을 한 선택 3에서 독감에 걸리지 않았으므로 예방 접종을 하면 독감에 걸리지 않는 것으로 추정할 수 있다.

오답분석

ㄱ. 선택 1, 2를 비교해 보면 수분 섭취 여부와 관계없이 모두 독감에 걸리지 않았기 때문에 수분 섭취와 독감의 상관관계는 알 수 없다.

ㄷ. 선택 2, 4를 비교해 보면 수분 섭취와 예방 접종에서 차이가 있음을 알 수 있다. 따라서 독감에 걸리는 원인을 예방 접종 한 가지로만 볼 수 없다. 게다가 예방 접종을 한 선택 2에서 독감에 걸리지 않았으므로 예방 접종을 하여 독감에 걸렸을 것이라는 추정은 옳지 않다.

29

정답 ⑤

마지막 조건에 의해 대리는 1주 차에 휴가를 갈 수 없다. 따라서 2 ~ 5주 차, 즉 4주 동안 대리 2명이 휴가를 다녀와야 한다. 두 번째 조건에 의해 한 명은 2 ~ 3주 차, 다른 한 명은 4 ~ 5주 차에 휴가를 간다. 그러므로 대리는 3주 차에 휴가를 출발할 수 없다.

오답분석

①·③

1주 차	2주 차	3주 차	4주 차	5주 차
	사원 1	사원 1	사원 2	사원 2
	대리 1	대리 1	대리 2	대리 2
	과장	과장	부장	부장

②

1주 차	2주 차	3주 차	4주 차	5주 차
사원 1	사원 1		사원 2	사원 2
	대리 1	대리 1	대리 2	대리 2
과장	과장		부장	부장

④

1주 차	2주 차	3주 차	4주 차	5주 차
사원 1	사원 1	사원 2	사원 2	
대리 1	대리 1	대리 2	대리 2	
과장	과장	부장	부장	

30

정답 ③

내구성과 안전성이 1순위라고 하였으므로 내구성에서 '보통' 평가를 받은 D모델은 제외한다. 그 다음 바닥에 대한 청소 성능 중 '보통' 평가를 받은 B모델을 제외하고, 자율주행 성능에서 '보통' 평가를 받은 A모델과 E모델을 제외하면 남는 것은 C모델이므로 L씨의 조건을 모두 만족한 것은 C모델이다.

31

정답 ⑤

주어진 조건에 따라 자물쇠를 열 수 없는 열쇠를 정리하면 다음과 같다.

구분	A열쇠	B열쇠	C열쇠	D열쇠	E열쇠	F열쇠
W자물쇠			×	×	×	×
X자물쇠			×			×
Y자물쇠	×	×	×			×
Z자물쇠			×	×		×

따라서 C열쇠로는 어떤 자물쇠도 열지 못함을 알 수 있다.

오답분석

① W자물쇠는 A열쇠 또는 B열쇠로 열릴 수 있다.
② X자물쇠가 B열쇠로 열리면, Y자물쇠는 D열쇠로 열린다.
③ Y자물쇠가 E열쇠로 열리면, Z자물쇠는 A열쇠 또는 B열쇠로 열린다.
④ Z자물쇠가 E열쇠로 열리면, X자물쇠는 A열쇠 또는 B열쇠로 열린다.

32
정답 ②

L사원의 출장 기간은 4박 5일로, 숙박 요일은 수·목·금·토요일이다. 숙박비를 계산하면 120+120+150+150=USD 540이고, 총숙박비의 20%를 예치금으로 지불해야 하므로 예치금은 540×0.2=USD 108이다. 이때 일요일은 체크아웃하는 날이므로 숙박비가 들지 않는다.

33
정답 ①

오답분석
② 서랍장의 가로 길이와 붙박이 수납장 문을 여는 데 필요한 간격과 폭을 더한 길이는 각각 1,100mm, 1,200mm(=550+650)이고, 사무실 문을 여닫는 데 필요한 1,000mm의 공간을 포함하면 총길이는 3,300mm이다. 따라서 사무실의 가로 길이인 3,000mm를 초과하므로 불가능한 배치이다.
③ 서랍장과 캐비닛의 가로 길이는 각각 1,100mm, 1,000mm이고, 사무실 문을 여닫는 데 필요한 1,000mm의 공간을 포함하면 총길이는 3,100mm이다. 따라서 사무실의 가로 길이인 3,000mm를 초과하므로 불가능한 배치이다.
④ 회의 탁자의 세로 길이와 서랍장의 가로 길이는 각각 2,110mm, 1,100mm이고, 붙박이 수납장 문을 여는 데 필요한 간격과 폭을 더한 길이인 1,200mm(=550+650)를 포함하면 총길이는 4,410mm이다. 따라서 사무실의 세로 길이인 3,400mm를 초과하므로 불가능한 배치이다.
⑤ 회의 탁자의 가로 길이는 1,500mm, 서랍장의 가로 길이는 1,100mm이고, 사무실 문을 여닫는 데 필요한 1,000mm의 공간을 포함하면 총길이는 3,600mm이다. 따라서 사무실의 세로 길이인 3,400mm를 초과하므로 불가능한 배치이다.

34
정답 ⑤

• 갑이 화장품 세트를 구매하는 데 든 비용
 – 화장품 세트 : 29,900원
 – 배송비 : 3,000원(∵ 일반배송상품이지만 화장품 상품은 30,000원 미만 주문 시 배송비 3,000원 부과)
• 을이 책 3권을 구매하는 데 든 비용
 – 책 3권 : 30,000원(∵ 각각 10,000원)
 – 배송비 : 무료(∵ 일반배송상품, 도서상품은 배송비 무료)
따라서 물건을 구매하는 데 갑은 32,900원, 을은 30,000원이 든다.

35
정답 ②

• 사과 한 박스의 가격 : 32,000×0.75(25% 할인)=24,000원
• 배송비 : 무료(∵ 일반배송상품, 도서지역에 해당되지 않음)
• 최대 배송 날짜 : 일반배송상품은 결제완료 후 평균 2~4일 이내 배송되므로(공휴일 및 연휴 제외) 금요일 결제 완료 후 토요일, 일요일을 제외하고 늦어도 12일 목요일까지 배송된다.

36
정답 ④

보기의 자료에 대하여 생산한 공장을 기준으로 분류할 경우 중국, 필리핀, 멕시코, 베트남, 인도네시아 5개로 분류할 수 있다.

37
정답 ②

• 생산한 시대를 기준으로 생산연도가 잘못 표시된 경우
 – CY87068506(1990년대)
 – VA27126459(2010년대)
 – MY03123268(1990년대)
 – CZ11128465(2000년대)
 – MX95025124(1980년대)
 – VA07107459(2010년대)
 – CY12056487(1990년대)
• 1~12월의 번호인 01~12번호가 아닌 경우
 – VZ08203215
 – IA12159561
 – CZ05166237
 – PZ04212359
따라서 잘못 기입된 시리얼 번호는 11개이다.

38
정답 ①

사원별 성과지표의 평균을 구하면 다음과 같다.
• A사원 : (3+3+4+4+4)÷5=3.6
• B사원 : (3+3+3+4+4)÷5=3.4
• C사원 : (5+2+2+3+2)÷5=2.8
• D사원 : (3+3+2+2+5)÷5=3
• E사원 : (4+2+5+3+3)÷5=3.4
즉, A사원만 당해 연도 연봉에 1,000,000원이 추가된다.
각 사원의 당해 연도 연봉을 구하면 다음과 같다.
• A사원 : 300만+(3×300만)+(3×200만)+(4×100만)+(4×150만)+(4×100만)+100만=33,000,000원
• B사원 : 300만+(3×300만)+(3×200만)+(3×100만)+(4×150만)+(4×100만)=31,000,000원
• C사원 : 300만+(5×300만)+(2×200만)+(2×100만)+(3×150만)+(2×100만)=30,500,000원
• D사원 : 300만+(3×300만)+(3×200만)+(2×100만)+(2×150만)+(5×100만)=28,000,000원
• E사원 : 300만+(4×300만)+(2×200만)+(5×100만)+(3×150만)+(3×100만)=31,500,000원
따라서 가장 많은 연봉을 받을 직원은 A사원이다.

39
정답 ①

제시된 상황은 고객의 요구가 빠르게 변화하는 사회에서 현재의 상품에 안주하다가는 최근 냉동핫도그 고급화 전략을 내세우는 곳들에게 뒤처질 수 있다는 문제를 인식하고, 그에 대한 문제 상황을 해결하기 위해 신제품 개발에 대해 논의하는 내용이다.

문제해결 절차 5단계

문제 인식	'What'을 결정하는 단계로, 해결해야 할 전체 문제를 파악하여 우선순위를 정하고, 선정된 문제에 대한 목표를 명확히 하는 단계
문제 도출	선정된 문제를 분석하여 해결해야 할 것이 무엇인지를 명확히 하는 단계
원인 분석	파악된 핵심 문제에 대한 분석을 통해 근본 원인을 도출해 내는 단계
해결안 개발	문제로부터 도출된 근본 원인을 효과적으로 해결할 수 있는 최적의 해결안을 수립하는 단계
해결안 실행 및 평가	해결안 개발에서 수립된 실행계획을 실제 상황에 적용하는 활동으로, 당초 장애가 되는 문제 원인들을 해결안을 사용하여 제거해 나가는 단계

40
정답 ③

제시된 문제를 해결하기 위해서는 고급화에 맞춰 시장을 공략하기 위해 새로운 관점으로 사고를 전환하는 능력이 필요하다.

문제해결을 위한 기본적 사고

전략적 사고	문제와 해결안이 상위 시스템 또는 다른 문제와 어떻게 연결되어 있는지를 생각하는 것
분석적 사고	전체를 각각의 요소로 나누어 그 요소의 의미를 도출한 다음 우선순위를 부여하고 구체적인 문제해결 방법을 실행하는 것
발상의 전환	기존의 사물과 세상을 바라보는 인식의 틀을 전환하여 새로운 관점에서 바라보는 사고를 지향
내외부 자원의 효과적 활용	문제해결 시 기술, 재료, 방법, 사람 등 필요한 자원 확보 계획을 수립하고 모든 자원을 효과적으로 활용하는 것

41
정답 ⑤

D대리의 청렴도 점수를 a점으로 가정하고, 승진심사 평점 계산식을 세우면 다음과 같다.

$(60 \times 0.3) + (70 \times 0.3) + (48 \times 0.25) + (a \times 0.15) = 63.6$

$\rightarrow a \times 0.15 = 12.6$

$\therefore a = \dfrac{12.6}{0.15} = 84$

따라서 D대리의 청렴도 점수는 84점임을 알 수 있다.

42
정답 ②

B과장의 승진심사 평점은 $(80 \times 0.3) + (72 \times 0.3) + (78 \times 0.25) + (70 \times 0.15) = 75.6$점이다.

따라서 B과장이 승진후보에 들기 위해 더 필요한 점수는 $80 - 75.6 = 4.4$점임을 알 수 있다.

43
정답 ③

총 4번의 경기를 치러야 우승할 수 있는 자리는 E ~ J의 6개이고, 총 3번의 경기를 치르고 우승할 수 있는 자리는 A ~ D, K의 5개이므로 전자에 배정될 확률이 더 높다.

오답분석

ㄱ. 대진표에서 우승을 하기 위해 최소한으로 치러야 하는 경기는 3경기이며, 이에 해당하는 자리는 A ~ D, K이다. 그러나 K는 8경기를 승리한 이후 다음날 곧바로 9경기를 치르게 되므로 조건에 부합하지 않는다. 따라서 총 4개만 해당한다.

ㄴ. 첫 번째 경기에 승리한 경우 두 번째 경기 전까지 3일 이상을 경기 없이 쉴 수 있는 자리는 A ~ F의 6개이므로 전체 11개의 50%를 넘는다.

44
정답 ①

조건에 따라 L공사의 4월 일정표를 정리하면, L공사는 기존 4월 10일까지의 재택근무 기간에서 일주일 더 연장하여 4월 17일까지 재택근무를 한다. 가능한 빠르게 신입사원 채용시험을 진행해야 하나, 토·일·월요일은 필기 및 면접시험을 진행할 수 없으므로 21일(화)에 필기시험을 진행한다. 이후 필기시험일로부터 3일이 되는 24일에 면접대상자에게 관련 내용을 고지하고, 고지한 날로부터 2일이 되는 26일에 면접시험을 진행하여야 한다. 그러나 일요일과 월요일에는 시험을 진행할 수 없으므로 화요일인 28일에 면접시험을 진행한다.

45
정답 ⑤

44번 문제를 통해 결정된 면접시험일은 4월 28일 화요일이므로 이틀 뒤인 4월 30일 목요일에 최종 합격자를 발표한다. 최종 합격자는 그 다음 주 월요일인 5월 4일에 첫 출근을 하여 5월 18일까지 2주간의 신입사원 교육을 받는다. 교육이 끝나면 5월 19 ~ 20일 이틀 동안 회의를 통해 신입사원의 배치가 결정되고, 신입사원은 그 다음 주 월요일인 5월 25일에 소속 부서로 출근하게 된다.

46
정답 ③

㉠ 탐색형 문제란 눈에 보이지 않는 문제로, 이를 방치하면 뒤에 큰 손실이 따르거나 결국 해결할 수 없는 문제로 확대되게 된다. 따라서 지금 현재는 문제가 아니지만 계속해서 현재 상태로 진행할 경우를 가정하고 앞으로 일어날 수 있는 문제로 인식하여야 한다. 이에 해당되는 것은 ㉠으로, 지금과 같은 공급처에서 원료를 수입하게 되면 미래에는 원료의 단가가 상승하게 되어 회사 경영에 문제가 될 것이다. 따라서 이에 대한 해결책을 갖추어야 미래에 큰 손실이 발생하지 않을 것이다.

㉡ 발생형 문제란 눈에 보이는 이미 일어난 문제로, 당장 걱정하고 해결하기 위해 고민해야 하는 문제를 의미한다. 따라서 ㉡은 신약의 임상시험으로 인해 임상시험자의 다수가 부작용을 보여 신약 개발이 전면 중단된 것으로, 이미 일어난 문제에 해당한다.

ⓒ 설정형 문제란 미래상황에 대응하는 장래 경영전략의 문제로,
'앞으로 어떻게 할 것인가'에 대한 문제를 의미한다. 따라서 이
는 미래에 상황에 대한 언급이 있는 ⓒ이 해당된다.

47
정답 ①

A업체와 B업체의 가격과 보온성 평가점수가 별 8개로 동일하므로
모든 부문의 별 개수 총합을 비교해야 한다. A업체의 별 합계는
17개, B업체의 별 합계는 14개이므로 L공사는 A업체에서 근무복
을 구매한다.

48
정답 ②

예산 100만 원 내에서 동절기 근무복을 15벌 구매하려면, 한 벌당
구매가격이 $100 \div 15 \doteqdot 6.67$만 원보다 저렴해야 한다. 이 조건을
만족하는 A업체와 B업체를 비교할 때, 가격과 보온성 평가점수의
합이 A업체와 B업체 모두 별 8개이므로 가격이 더 저렴한 B업체
의 근무복을 구매한다.

49
정답 ④

지원자는 400명이므로 수용 가능 인원이 380명인 A중학교는 시
험 장소로 적절하지 않으며, E고등학교의 경우 시험 진행에 필요
한 스피커를 갖추고 있지 않으므로 적절하지 않다. 한편, B고등학
교는 일요일에만 대여할 수 있으므로 시험이 실시되는 토요일에
대여할 수 없다. 따라서 신입직 채용시험 장소로 선택할 수 있는
곳은 C대학교와 D중학교이며, 이 가운데 대여료가 저렴한 D중학
교가 신입직 채용시험 장소로 가장 적절하다.

50
정답 ②

신입직과 경력직 지원자는 총 480명이므로 수용 가능 인원이 480
명 이하인 A중학교와 D중학교는 시험 장소로 적절하지 않으며,
스피커를 갖추고 있지 않은 E고등학교 역시 적절하지 않다. 따라
서 신입·경력직 채용시험 장소로 선택할 수 있는 곳은 모든 조건
을 만족하는 B고등학교와 C대학교이고, 이 가운데 대여료가 저렴
한 B고등학교가 신입·경력직 채용시험 장소로 가장 적절하다.

3일 차 기출응용 모의고사 정답 및 해설

01	02	03	04	05	06	07	08	09	10
②	⑤	④	①	⑤	④	⑤	③	①	②
11	12	13	14	15	16	17	18	19	20
④	⑤	④	①	①	⑤	⑤	③	⑤	④
21	22	23	24	25	26	27	28	29	30
④	③	④	③	②	①	⑤	④	①	②
31	32	33	34	35	36	37	38	39	40
②	①	④	①	③	②	①	①	①	③
41	42	43	44	45	46	47	48	49	50
③	③	④	④	①	②	③	⑤	①	②

01
정답 ②

㉠은 동물이 인간과 달리 영혼이 없어 쾌락이나 고통을 경험할 수 없다고 하였지만, ㉢은 동물도 고통을 겪는다는 입장이므로 ②의 판단은 적절하다.

오답분석

① ㉡은 인간이 이성 능력과 도덕적 실천 능력을 가졌다고 하였으나, 이것으로 인해 ㉡이 인간의 이익을 우선시하여 동물실험에 찬성했는지는 알 수 없다. 반대로 ㉠은 동물은 인간과 달리 영혼이 없어 쾌락이나 고통을 경험할 수 없기 때문에 동물실험에 찬성하는 입장이다.
③ ㉡은 인간이 이성 능력과 도덕적 실천 능력을 가지고 있다는 점이 동물과 다르기에 인간과 동물을 다르게 대우해야 한다고 보았다. 하지만 ㉣은 포유류의 예를 들면서 각 동물 개체가 삶의 주체로서 갖는 가치가 있다고 주장하여 인간과 동물을 다르게 대우하는 것에 반대하고 있다.
④ ㉢은 이성이나 언어 능력에서 인간과 동물이 차이가 있다고 하였으므로 ④의 판단은 적절하지 않다.
⑤ ㉣은 각 동물 개체가 삶의 주체로서 갖는 가치가 있다고는 하였지만, 그것이 동물이 고통을 느끼기 때문인지 제시문을 통해서는 알 수 없다.

02
정답 ⑤

시연회 개최 소식을 알리는 (다) 문단을 가장 먼저 나열하고, (다) 문단에서 언급한 기술들을 자세히 설명하는 (나)·(라)·(마) 문단을 (다) 문단에서 언급한 순서대로 (마) → (나) → (라)로 나열하는 것이 적절하다. 마지막으로 향후 전망과 함께 시연회를 주관한 조직의 책임자인 영업본부장의 다짐을 전하는 (가) 문단을 나열하는 것이 가장 적절하다.

03
정답 ④

제시문에서는 사람을 삶의 방식에 따라 거미와 같은 사람, 개미와 같은 사람, 꿀벌과 같은 사람의 세 종류로 나누어 설명하고 있다. 거미와 같은 사람은 노력하지 않으면서도 남의 실수를 바라는 사람이며, 개미와 같은 사람은 자신의 일은 열심히 하지만 주변을 돌보지 못하는 사람이다. 이와 반대로 꿀벌과 같은 사람은 자신의 일을 열심히 하면서, 남을 돕는 이타적인 존재이다. 이를 통해 글쓴이는 가장 이상적인 인간형으로 거미 또는 개미와 같은 사람이 아닌 꿀벌과 같은 사람을 이야기하고 있음을 알 수 있다. 따라서 글쓴이가 말하고자 하는 바로 가장 적절한 것은 ④이다.

04
정답 ①

갑돌이의 성품이 탁월하다고 볼 수 있는 것은 그의 성품이 곧고 자신감이 충만하며, 다수의 옳지 않은 행동에 대하여 비판의 목소리를 낼 것이고 그렇게 하는 데 별 어려움을 느끼지 않을 것이기 때문이다. 또한 세 번째 문단에 따르면 탁월한 성품은 올바른 훈련을 통해 올바른 일을 바르고 즐겁게 그리고 어려워하지 않으며 처리할 수 있는 능력을 뜻한다. 따라서 아리스토텔레스의 입장에서는 '엄청난 의지를 발휘'하고 자신과의 '힘든 싸움'을 해야 했던 병식이보다는 잘못된 일에 '별 어려움' 없이 '비판의 목소리'를 내는 갑돌이의 성품을 탁월하다고 여길 것이다.

05
정답 ⑤

노화로 인한 신체장애는 어쩔 수 없는 현상으로, 이를 해결하기 위해서는 헛된 자존심을 부추기는 것이 아니라 노인들에 대한 사회적 배려와 같은 인식이 필요하다는 문맥으로 이어져야 한다. 따라서 빈칸에 들어갈 말로 가장 적절한 것은 ⑤이다.

06
정답 ④

시대착오란 '시대의 추세(趨勢)를 따르지 아니하는 착오'를 의미한다. ④는 상황에 따른 적절한 대응으로 볼 수 있으며, 시대착오와는 거리가 멀다.

오답분석
① 출신 고교를 확인하는 학연에 얽매이는 시대착오의 모습을 보여주고 있다.
② 승진을 통해 지위가 높아지면 고급차를 타야 한다는 시대착오의 모습을 보여주고 있다.
③ 두발 규제를 학생들의 효율적인 생활지도의 방법으로 보는 시대착오의 모습을 보여주고 있다.
⑤ 창의적 업무 수행을 위해 직원들의 복장을 획일적으로 통일해야 한다는 시대착오의 모습을 보여주고 있다.

07
정답 ⑤

ㄱ. 트랜스 지방이 심혈관계에 해롭다는 것이 밑줄 친 부분의 주장이다. 따라서 쥐의 먹이에 함유된 트랜스 지방 함량이 증가함에 따라 심장병 발병률이 높아졌다는 실험 결과는 이 주장을 강화하는 것이라고 볼 수 있다.
ㄴ. 마가린이나 쇼트닝은 트랜스 지방의 함량이 높은 식품이다. 따라서 마가린의 트랜스 지방 함량을 낮추자 심혈관계 질환인 동맥경화의 발병률이 감소했다는 실험 결과가 있었다면 이는 밑줄 친 주장을 강화하는 것이라고 볼 수 있다.
ㄷ. 패스트푸드나 튀긴 음식에 많은 트랜스 지방은 혈관에 좋은 고밀도 지방단백질(HDL)의 혈중 농도를 감소시켜 심장병이나 동맥경화를 유발한다고 하였다. 따라서 ㄷ의 실험 결과가 있었다면 이는 밑줄 친 주장을 강화하는 것이라고 볼 수 있다.

08
정답 ③

제시문은 가솔린 엔진과의 대조를 통해 디젤 엔진의 작동 원리와 특성을 설명하고 있다. 네 번째 문단의 '탄소가 많이 연결된 탄화수소물에 고온의 열을 가하면 탄소 수가 적은 탄화수소물로 분해된다.'는 내용을 통해 탄소의 수가 많은 원유에 열을 가하면 탄소의 수가 적은 경유와 가솔린을 얻을 수 있다고 추론할 수 있다.

오답분석
① 경유는 가솔린보다 점성이 강하므로 손으로 만지면 경유가 더 끈적끈적할 것이다.
② 경유는 가솔린보다 훨씬 무거우므로 가솔린과 경유를 섞으면 경유가 가솔린 아래로 가라앉을 것이다.
④ 경유는 가솔린보다 증발하는 속도가 느리므로 가솔린이 경유보다 더 빨리 증발할 것이다.
⑤ 가솔린보다 경유가 에너지 밀도가 높으므로 같은 양의 연료를 태우면 경유가 더 큰 에너지를 발생시킬 것이다.

09
정답 ①

다섯 번째 문단에 따르면 디젤 엔진은 원리상 가솔린 엔진보다 더 튼튼하고 고장도 덜 난다.

오답분석
② 첫 번째 문단에 따르면 가솔린 엔진은 1876년에, 디젤 엔진은 1892년에 등장했다.
③ 다섯 번째 문단에 따르면 디젤 엔진에는 분진을 배출하는 문제가 있다. 그러나 디젤 엔진과 가솔린 엔진 중에 어느 것이 분진을 더 많이 배출하는지 언급한 내용은 없다.
④ 다섯 번째 문단에 따르면 디젤 엔진은 연료의 품질에 민감하지 않다.
⑤ 세 번째 문단에 따르면 가솔린 엔진의 압축비는 최대 12 : 1이고, 디젤 엔진은 25 : 1 정도이다. 따라서 디젤 엔진의 압축 비율이 가솔린 엔진보다 높다.

10
정답 ②

18세기 이후 영국에서 타르를 함유한 그을음 속에서 일하는 굴뚝 청소부들이 피부암에 더 잘 걸린다는 것이 정설이라고 하였으므로 19세기에는 이와 같은 내용이 이미 보고된 상태였다고 할 수 있다.

오답분석
ㄱ. 담배 두 갑에 들어 있는 니코틴을 화학적으로 정제하여 혈류 속으로 주입한다면 치사량이 된다고 하였지만, 그것과 폐암의 관계에 대해서는 언급하고 있지 않다.
ㄷ. 제시문을 통해 니코틴과 타르가 암을 유발한다는 것까지는 알 수 있으나, 이 둘이 동시에 작용할 경우 폐암의 발생률이 높아지는지에 대해서는 알 수 없다.

11
정답 ④

두 번째 문단에서 마이크로비드(Microbead)는 '면역 체계 교란, 중추신경계 손상 등의 원인이 되는 잔류성 유기 오염 물질을 흡착한다.'라고 하였다.

12
정답 ⑤

(마) 문단의 주제는 공포증을 겪는 사람들의 상황 해석 방식과 공포증에서 벗어나는 방법이다. 공포증을 겪는 사람들의 행동 유형은 나타나 있지 않다.

13

정답 ④

충전지를 최대 용량을 넘어서 충전할 경우 발열로 인한 누액이나 폭발의 위험이 있다. 충전지를 충전하는 과정에서 충전지의 온도가 과도하게 상승한다면 최대 용량을 넘은 과충전을 의심할 수 있으므로 충전을 중지하는 것이 좋다.

오답분석

① 충전지를 크게 만들면 충전 용량과 방전 전류 세기를 증가시킬 수 있으나, 전극의 물질을 바꾸지 않는 한 공칭 전압은 변하지 않는다.

② 충전기의 전원 전압은 충전지의 공칭 전압보다 높아야 한다. 이때, 용량과 관계없이 리튬 충전지의 공칭 전압은 3.6V이므로 전원 전압이 3.6V보다 높은 충전기를 사용해야 한다.

③ 충전지를 방전 하한 전압 이하까지 방전시키면 충전지의 수명이 줄어들기 때문에 오래 사용하기 위해서는 방전 하한 전압 이하까지 방전시키지 않는 것이 좋으나, 니켈카드뮴 충전지의 경우 메모리 효과로 인해 완전히 방전되기 전 충전을 반복하면 충전·방전 용량이 줄어든다.

⑤ 충전기로 리튬 충전지를 충전할 경우 만충전 전압에 이르면 정전압 회로로 전환하여 정해진 시간 동안 충전지에 공급하는 전압을 일정하게 유지한다. 그러나 공칭 전압은 변화하는 단자 전압의 평균일 뿐이므로 리튬 충전지의 만충전 전압이 3.6V인 것은 아니다.

14

정답 ①

조직은 다양한 사회적 경험과 사회적 지위를 토대로 한 개인의 집단이므로 동일한 내용을 제시하더라도 각 구성원은 서로 다르게 받아들이고 반응한다. 그렇기 때문에 조직 내에서 적절한 의사소통을 형성한다는 것은 결코 쉬운 일이 아니다.

오답분석

② 메시지는 고정되고 단단한 덩어리가 아니라 유동적이고 가변적인 요소이기 때문에 상호작용에 따라 다양하게 변형될 수 있다.

③·④·⑤ 제시된 갈등 상황에서는 표현 방식의 문제보다는 서로 다른 의견이 문제가 되고 있으므로 적절하지 않다.

15

정답 ①

제시문은 '발전'에 대한 개념을 설명하고 있다. 빈칸 앞에서는 발전에 대해 '모든 형태의 변화가 전부 발전에 해당하는 것은 아니다.'라고 하면서 '교통신호등'을 예로 들고, 빈칸 뒤에서는 '사태의 진전 과정에서 나중에 나타나는 것은 적어도 그 이전 단계에 내재적으로나마 존재했던 것의 전개에 해당한다는 것이다.'라고 서술하고 있다. 여기에 첫 번째 문장까지 고려한다면 빈칸에는 ①이 적절하다.

16

정답 ⑤

네 번째 문단을 통해 물의 비열은 변하는 것이 아니라 고유한 특성이라는 내용을 확인할 수 있다.

17

정답 ⑤

직장에서의 프라이버시 침해 위협에 대해 우려하는 것이 제시문의 논지이므로 ⑤는 제시문의 내용으로 적절하지 않다.

18

정답 ③

제시문은 영화의 리얼리즘 미학에 대한 바쟁의 영화관(映畵觀)을 주제로 한다. 네 번째 문단에 따르면 바쟁은 '형식주의적 기교가 현실의 복잡성과 모호성을 침해하여 현실을 왜곡할 수 있다.'고 보았기 때문에 '현실의 참모습을 변조하는 과도한 편집 기법보다는 단일한 숏(Shot)을 길게 촬영하는 롱 테이크 기법을 지지'하였다. 그것은 사건의 공간적 단일성을 존중하고 현실적 사건으로서의 가치를 보장한다고 여기기 때문이다. 따라서 ③과 같은 진술은 바쟁의 생각으로 적절하지 않다.

19

정답 ⑤

바쟁의 영화관(映畵觀)에 동조한다면 리얼리즘적인 특성을 최대한 살릴 수 있도록 영화를 제작했을 것이다. 따라서 인위적인 편집이나 조작을 최대한 배제하고, 현실을 있는 그대로 재현하려고 했을 것이다. 또한 네 번째 문단에서 언급한 것처럼 '관객의 시선에도 자유를 부여'하려고 했을 것이므로 ⑤는 적절하지 않다.

20

정답 ④

언어적인 의사소통은 대화를 통해 상대방의 반응 등을 살펴 실시간으로 상대방을 설득할 수 있으므로 문서적인 의사소통에 비해 유동성이 크다.

오답분석

① 문서적인 의사소통에는 업무지시 메모, 업무보고서 작성, 고객사에서 보내온 수취확인서, 운송장 작성 등이 있다.

② 문서적인 의사소통은 보는 사람이 판단하는 것이므로 혼란과 곡해를 일으키는 경우도 있다.

③·⑤ 문서적인 의사소통은 언어적인 의사소통보다 권위감이 있고, 정확성을 기하기 쉬우며, 전달성과 보존성이 크다.

21

정답 ④

보기는 홍차가 귀한 취급을 받았던 이유에 대하여 구체적으로 설명하고 있다. 따라서 '홍차의 가격이 치솟아 무역 적자가 심화되자, 영국 정부는 자국 내에서 직접 차를 키울 수는 없을까 고민하지만 별다른 방법을 찾지 못했고, 홍차의 고급화는 점점 가속화됐다.'의 뒤, 즉 (라)에 위치하는 것이 가장 적절하다.

22
정답 ③

- 매립(埋立) : 우묵한 땅이나 하천, 바다 등을 돌이나 흙 따위로 채움
- 굴착(掘鑿) : 땅이나 암석 따위를 파고 뚫음

오답분석
① • 당착(撞着) : 말이나 행동 따위의 앞뒤가 맞지 않음
　 • 모순(矛盾) : 어떤 사실의 앞뒤 또는 두 사실이 이치상 어긋나서 서로 맞지 않음
② • 용인(庸人) : 평범한 사람
　 • 범인(凡人) : 평범한 사람
④ • 체류(滯留) : 객지에 가서 머물러 있음
　 • 체재(滯在) : 객지에 가서 머물러 있음
⑤ • 모범(模範) : 본받아 배울 만한 대상
　 • 귀감(龜鑑) : 거울로 삼아 본받을 만한 모범

23
정답 ④

제시문에서 천연 아드레날린과 합성된 아드레날린의 차이 여부는 알 수 없다.

24
정답 ③

기원전 1세기경에 고대 로마 시대의 이탈리아 지역에서 롱 파스타의 일종인 라자냐를 먹었다는 기록이 전해진다고 하였으므로 ③은 적절한 내용이다.

오답분석
① 쇼트 파스타의 예로 속이 빈 원통형인 마카로니를 들고 있으므로 적절하지 않은 내용이다.
② 9 ~ 11세기에 이탈리아 남부의 시칠리아에서 아랍인들로부터 제조 방법을 전수받아 건파스타의 생산이 처음으로 이루어졌다고 하였으므로 적절하지 않은 내용이다.
④ 파스타를 만드는 데 적합한 세몰라 가루는 듀럼 밀을 거칠게 갈아 만든 황색의 가루이므로 적절하지 않은 내용이다.
⑤ 시칠리아에서 재배된 듀럼 밀이 곰팡이나 해충에 취약해 장기 보관이 어려웠기 때문에 저장 기간을 늘리고 수송을 쉽게 하기 위해 건파스타를 만들었다고 하였으므로 적절하지 않은 내용이다.

25
정답 ②

'찌개 따위를 끓이거나 설렁탕 따위를 담을 때 쓰는 그릇'을 뜻하는 어휘는 '뚝배기'이다.

오답분석
① '손가락 따위로 어떤 방향이나 대상을 집어서 보이거나 말하거나 알리다.'의 의미를 가진 어휘는 '가리키다'이다.
③ '사람들의 관심이나 주의가 집중되는 사물의 중심 부분'의 의미를 가진 어휘는 '초점(焦點)'이다.

④ '액체 따위를 끓여서 진하게 만들다, 약재 따위에 물을 부어 우러나도록 끓이다.'의 의미를 가진 어휘는 '달이다'이다(다려 → 달여).
⑤ '길게 뻗어 나가면서 다른 물건을 감기도 하고 땅바닥에 퍼지기도 하는 식물의 줄기'의 의미를 가진 어휘는 '넝쿨, 덩굴'이다.

26
정답 ①

주어진 자료를 표로 정리하면 다음과 같다.

구분	태어난 때	간격 1	냉동 캡슐에 들어간 때	간격 2	해동된 때	간격 3
A	2086년	19년	2105년	8년	2113년	7년
B	2075년	26년	2101년	18년 4개월	2119년 4월	1년 5개월
C	2083년 5월 17일	20년 10개월	2104년 3월 17일	16년 5개월	2120년 8월 31일	1주일

ㄱ. 위의 표에서 냉동되어 있던 기간은 간격 2에 해당하며 이에 따르면 세 사람이 냉동되어 있던 기간은 모두 다르다.

오답분석
ㄴ. 조건에서 냉동되어 있던 기간은 나이에 산입되지 않는다고 하였으므로 대화 시점의 나이는 간격 1과 간격 3을 더한 것이 된다. 따라서 A는 26살임에 반해, C는 21살이 되지 않은 상태이므로 A가 C보다 나이가 많다.
ㄷ. 위의 표에 따르면 가장 먼저 냉동 캡슐에 들어간 사람은 B(2101년)이다.

27
정답 ⑤

- A고객의 상품값
[전복(1kg)]+[블루베리(600g)]+[고구마(200g)]+[사과(10개)]+[오렌지(8개)]+[우유(1L)]
$=50,000+(6\times1,200)+(2\times5,000)+(2\times10,000)+12,000+3,000=102,200$원
- B고객의 상품값
[블루베리(200g)]+[오렌지(8개)]+[S우유(1L)]+[소갈비(600g)]+[생닭(1마리)]
$=(2\times1,200)+12,000+(3,000-200)+20,000+9,000$
$=46,200$원
- A고객의 총액
(상품값)+(배송비)+(신선포장비)
$=102,200+3,000+1,500=106,700$원(∵ 봉투는 배송 시 무료 제공)
- B고객의 총액
(상품값)+(생닭 손질비)+(봉투 2개)
$=0.95\times[46,200+1,000+(2\times100)]=45,030$원(∵ S카드 결제 시 5% 할인 적용)

28

주어진 일정 순서를 표로 정리하면 다음과 같다.

1일	2일	3일	4일	5일	6일	7일	8일	9일	10일	11일
	A			B			D			
					E					
		C						F		

선결 업무와 묶어서 생각해야 한다. D업무는 A업무와 B업무를 끝마친 후 실시해야 하므로 A(3일)+B(1일)+D(7일)=11일이 걸린다. E업무는 A업무 다음으로 실시해야 하므로 A(3일)+E(5일)=8일이 걸린다. F업무는 B, C업무를 끝낸 후 시작해야 하지만 B, C업무는 연결된 업무가 아니므로 두 업무 중 기간이 더 걸리는 C업무가 끝난 후 시작하면 C(6일)+F(3일)=9일이 걸린다. 가장 오래 걸리는 업무 기간이 모든 업무를 완료하는 최소 소요 기간이므로 최소 소요 기간은 11일이 된다.

29

정답 ①

㉠ B업무의 소요 기간이 4일로 연장된다면 3일이 늘어난 것이므로 D업무를 마칠 때까지 3+4+7=14일이 소요된다.
㉡ D업무의 선결 업무가 없다면 가장 마지막에 마치는 업무는 F가 되고 모든 업무를 마치는 데 최소 9일이 소요된다.

오답분석

㉢ E업무의 선결 업무에 C업무가 추가된다면 최소 소요 기간은 6+5=11일이 된다(A, C는 동시에 진행할 수 있다).
㉣ C업무의 소요 기간이 2일 연장되면 C(8일)+F(3일)=11일로 최소 소요 기간은 변하지 않는다.

30

정답 ②

각 기업의 점수와 지원액을 정리하면 다음과 같다.

구분		A기업	B기업	C기업	D기업
평가 지표	경상이익률	4점	2점	1점	3점
	영업이익률	4점	1점	3점	2점
	부채비율	1점	3점	2점	4점
	매출액증가율	1점	3점	2점	4점
	총점 (순위)	10점 (2위)	9점 (3위)	8점 (4위)	13점 (1위)
순자산(억 원)		2,100	600	900	3,000
지원한도(억 원)		1,400	400	450	2,000
지원요구금액(억 원)		2,000	500	1,000	1,800
지원금액(억 원)		1,400	400	450	1,800

따라서 A기업은 1,400억 원, B기업은 400억 원, C기업은 450억 원, D기업은 1,800억 원을 지원받을 수 있다.

31

정답 ②

호실별 환자 배치와 회진 순서는 다음과 같다.

101호 A, F환자	102호 C환자	103호 E환자	104호
105호	106호 D환자	107호 B환자	108호

병실 이동 시 소요되는 행동이 가장 적은 순서는 '101호-102호-103호-107호-106호'이다. 또한 환자 회진 순서는 A(09:40~09:50) → F(09:50~10:00) → C(10:00~10:10) → E(10:30~10:40) → B(10:40~10:50) → D(11:00~11:10)이다. 회진 규칙에 따라 101호부터 회진을 시작하고, 같은 방에 있는 환자는 연속으로 진료하기 때문에 A와 F환자를 진료한다. 따라서 회진할 때 3번째로 진료하는 환자는 C환자이다.

32

정답 ①

회진 순서는 A → F → C → E → B → D이므로 E환자는 B환자보다 먼저 진료한다.

오답분석

② 네 번째 진료 환자는 E이다.
③ 마지막 진료 환자는 D이다.
④ 회진은 11시 10분에 마칠 수 있다.
⑤ 10시부터 회진을 해도 마지막으로 진료하는 환자가 바뀌지 않는다.

33

정답 ④

• 첫 번째 조건 : A가 받는 상여금은 75만 원이다.
• 두 번째, 네 번째 조건 : (B의 상여금)<(C의 상여금), (B의 상여금)<(D의 상여금)<(E의 상여금)이므로 B가 받는 상여금은 25만 원이다.
• 세 번째 조건 : C가 받는 상여금은 50만 원 또는 100만 원이다.
이를 정리하여 가능한 경우를 표로 나타내면 다음과 같다.

구분	A	B	C	D	E
경우 1	75만 원	25만 원	50만 원	100만 원	125만 원
경우 2	75만 원	25만 원	100만 원	50만 원	125만 원

따라서 C의 상여금이 A보다 많은 경우는 경우 2로, 이때 B의 상여금(25만 원)은 C의 상여금(100만 원)의 25%이다.

오답분석

① 모든 경우에서 A를 제외한 나머지 네 명의 상여금 평균은 $\frac{25만+50만+100만+125만}{4}=75$만 원이므로 A의 상여금과 같다.

② 어떠한 경우에서도 A와 B의 상여금은 각각 75만 원, 25만 원이므로 A의 상여금이 반드시 B보다 많다.

③ C의 상여금은 경우 1에서 50만 원으로 두 번째로 적고, 경우 2에서 100만 원으로 두 번째로 많다.

⑤ C의 상여금이 D보다 적은 경우는 경우 1로, 이때 D의 상여금 (100만 원)은 E의 상여금(125만 원)의 80%이다.

34
정답 ①

주어진 사실을 정리하면 다음과 같다.

구분	갑(甲)	을(乙)	병(丙)	정(丁)	무(戊)	합계
A	×	○	×	×	×	1
B				×		2
C	×	○	×	○	○	3
D				×		
E		○		×	○	3
합계		4		1	3	

ㄱ. 을(乙)은 4개의 회사에 합격하였고 D회사와 B회사를 동시에 합격할 수 없으므로 을은 A, C, E회사에 합격한 것을 알 수 있다.

오답분석

ㄴ·ㄷ. 을(乙)과 무(戊)는 세 군데 이상 합격하였고 갑(甲)과 병(丙) 중에 한 명은 한 회사도 합격하지 못했다. 또한 갑과 병 두 사람은 최대 두 군데만 합격할 수 있으므로 옳지 않다.

ㄹ. D회사가 한 명도 합격시키지 않았을 가능성이 있다.

35
정답 ③

팀별 가, 나, 다, 라 종목의 득점의 합계는 다음과 같다.

구분	A팀	B팀	C팀	D팀
합계	11점	9점	8점	12점

가, 나, 다, 라 종목에서 팀별 1, 2위를 차지한 횟수는 다음과 같다.

구분	A팀	B팀	C팀	D팀
1위	1	1	0	2
2위	1	1	1	1

ㄱ·ㄹ. A팀이 종목 마에서 1위를 차지하여 4점을 받는다면 합계는 15점이 되고 1위는 2번, 2위는 1번이 된다. 여기서 D팀이 2위를 차지한다면 합계는 15점, 1위는 2번으로 A팀과 같고 2위는 2번이 돼서 D팀이 종합 1위가 된다.

오답분석

ㄴ. B팀과 C팀의 가, 나, 다, 라 종목의 득점 합계가 1점 차이고 B팀이 C팀보다 1위를 차지한 횟수가 더 많다. 따라서 B팀이 종목 마에서 C팀에게 한 등급 차이로 순위에서 뒤지면 득점의 합계는 같게 되지만 순위 횟수에서 B가 C보다 우수하므로 종합 순위에서 B팀이 C팀보다 높게 된다.

ㄷ. C팀이 2위를 하고 B팀이 4위를 하거나, C팀이 1위를 하고 B팀이 3위 이하를 했을 경우에는 B팀이 최하위가 된다.

36
정답 ②

서울 지점의 C씨에게 배송할 제품과 경기남부 지점의 B씨에게 배송할 제품에 대한 기호를 모두 기록해야 한다.
- C씨 : MS11EISS
  - 재료 : 연강(MS)
  - 판매량 : 1box(11)
  - 지역 : 서울(E)
  - 윤활유 사용 : 윤활작용(I)
  - 용도 : 스프링(SS)
- B씨 : AHSS00SSST
  - 재료 : 초고강도강(AHSS)
  - 판매량 : 1set(00)
  - 지역 : 경기남부(S)
  - 윤활유 사용 : 밀폐작용(S)
  - 용도 : 타이어코드(ST)

37
정답 ①

SWOT 분석은 내부환경요인과 외부환경요인의 2개의 축으로 구성되어 있다. 내부환경요인은 자사 내부의 환경을 분석하는 것으로 자사의 강점과 약점으로 분석되며, 외부환경요인은 자사 외부의 환경을 분석하는 것으로 기회와 위협으로 구분된다.

38
정답 ①

A ~ E직원 가운데 C는 E의 성과급이 올랐다고 말했고, D는 E의 성과급이 줄었다고 말했으므로 C와 D 중 한 명은 거짓말을 하고 있다.
- C가 거짓말을 하고 있는 경우 : B, A, D 순으로 성과급이 올랐고, E와 C는 성과급이 줄어들었다.
- D가 거짓말을 하고 있는 경우 : B, A, D 순으로 성과급이 올랐고, C와 E도 성과급이 올랐지만, 순위는 알 수 없다.

따라서 어떤 경우이든 '직원 E의 성과급 순위를 알 수 없다.'는 ①의 진술은 항상 참이다.

39
정답 ①

연락이 가능한 방법을 표로 나타내면 다음과 같다.

	1		6	
	3		6	
2		4		6
	8	7	1	6
			2	…
			3	6

근무자 2가 연락 가능한 근무자는 1, 3, 8이고, 6과 바로 연락할 수 있는 근무자는 1과 3이다. 따라서 2-1-6이든 2-3-6이든 2가 6에게 최대한 빠르게 연락하기 위해서는 중간에 1명만 거치면 된다.

40
정답 ③

근무자 7은 5에게 연락이 가능하지 않으므로 ③은 옳지 않다.

41
정답 ③

ㄱ. 5원까지는 펼친 손가락의 개수와 실제 가격이 동일하지만 6원부터는 펼친 손가락의 개수와 실제 가격이 일치하지 않는다.
ㄴ. 펼친 손가락의 개수가 3개라면 숫자는 3 혹은 7이므로 물건의 가격은 최대 7원임을 알 수 있다.
ㄷ. 물건의 가격이 최대 10원이라고 하였으므로, 물건의 가격과 갑이 지불하려는 금액이 8원만큼 차이가 나는 경우는 상인이 손가락 2개를 펼쳤을 때 지불해야 하는 금액이 10원인 경우와 손가락 1개를 펼쳤을 때 지불해야 하는 금액이 9원인 경우뿐이다.

오답분석

ㄹ. 5원까지는 실제 가격과 지불하려는 금액이 일치하므로 문제가 되지 않으며, 그 이후인 6원부터는 펼친 손가락의 개수가 6개 이상인 경우는 없으므로 물건의 가격을 초과하는 금액을 지불하는 경우는 발생하지 않는다.

42
정답 ③

A~D 네 명의 진술을 정리하면 다음과 같다.

구분	진술 1	진술 2
A	C는 B를 이길 수 있는 것을 냈다.	B는 가위를 냈다.
B	A는 C와 같은 것을 냈다.	A가 편 손가락의 수는 B보다 적다.
C	B는 바위를 냈다.	A~D는 같은 것을 내지 않았다.
D	A, B, C 모두 참 또는 거짓을 말한 순서가 동일하다.	이 판은 승자가 나온 판이었다.

먼저 A~D는 반드시 가위, 바위, 보 세 가지 중 하나를 내야 하므로 그 누구도 같은 것을 내지 않았다는 C의 진술 2는 거짓이 된다. 따라서 C의 진술 중 진술 1이 참이 되므로 B가 바위를 냈다는 것을 알 수 있다. 이때, B가 가위를 냈다는 A의 진술 2는 참인 C의 진술 1과 모순되므로 A의 진술 중 진술 2가 거짓이 되는 것을 알 수 있다. 결국 A의 진술 중 진술 1이 참이 되므로 C는 바위를 낸 B를 이길 수 있는 보를 냈다는 것을 알 수 있다.
한편, 바위를 낸 B는 손가락을 펴지 않으므로 A가 편 손가락의 수가 자신보다 적었다는 B의 진술 2는 거짓이 된다. 따라서 B의 진술 중 진술 1이 참이 되므로 A는 C와 같은 보를 냈다는 것을 알 수 있다.

이를 바탕으로 A~C의 진술에 대한 참, 거짓 여부와 가위바위보를 정리하면 다음과 같다.

구분	진술 1	진술 2	가위바위보
A	참	거짓	보
B	참	거짓	바위
C	참	거짓	보

따라서 참 또는 거짓에 대한 A~C의 진술 순서가 동일하므로 D의 진술 1은 참이 되고, 진술 2는 거짓이 되어야 한다. 이때, 승자가 나오지 않으려면 D는 반드시 A~C와 다른 것을 내야 하므로 가위를 낸 것을 알 수 있다.

오답분석

① B와 같은 것을 낸 사람은 없다.
② 보를 낸 사람은 2명이다.
④ B가 기권했다면 가위를 낸 D가 이기게 된다.
⑤ 바위를 낸 사람은 1명이다.

43
정답 ④

세 번째 조건에 따라 C는 3층에 내렸으므로 다섯 번째 조건에 의해 B는 6층, F는 7층에 내린 것을 알 수 있다. 네 번째 조건에서 G는 C보다 늦게, B보다 빨리 내렸다고 하였으므로 G는 4층 또는 5층에 내렸다. 첫 번째 · 여섯 번째 조건에 따라 I는 D보다 늦게, G보다는 일찍 내렸으며, D는 A보다 늦게 내렸으므로 A는 1층, D는 2층, I는 4층이 된다. 따라서 G는 5층에서 내렸다. 두 번째 조건에 의해 H는 홀수 층에서 내렸으므로 H는 9층, E는 8층에서 내렸다. 따라서 짝수 층에서 내리지 않은 사람은 G이다.

44
정답 ④

초과근무 계획표에 따라 초과근무 일정을 정리하면 다음과 같다.

월요일	화요일	수요일	목요일	금요일	토요일	일요일
김혜정 정해리 정지원	이지호 이승기 최명진	김재건 신혜선	박주환 신혜선 정지원 김우석 이상엽	김혜정 김유미 차지수	이설희 임유진 김유미	임유진 한예리 이상엽

목요일은 초과근무자가 5명이고, 목요일 초과근무자 중 단 1명만 초과근무 일정을 바꿔야 한다면 목요일 6시간과 일요일 3시간 일정으로 $6+3\times1.5=10.5$시간을 근무하는 이상엽 직원의 일정을 바꿔야 한다.

45
정답 ①

브레인스토밍은 자유연상법의 한 유형으로, 어떤 문제의 해결책을 찾기 위해 여러 사람이 생각나는 대로 아이디어를 제안하는 방식으로 진행된다. 보령시에서 개최한 보고회는 부서의 업무에 국한하지 않고 가능한 많은 양의 아이디어를 자유롭게 제출하는 방식으로 진행되었으므로 브레인스토밍 방법이 사용되었음을 알 수 있다.

② SCAMPER 기법 : 아이디어를 얻기 위해 의도적으로 시험할 수 있는 대체, 결합, 적용, 변경, 제거, 재배치, 다른 용도로 활용 등 7가지 규칙이다.
③ NM법 : 비교발상법의 한 유형으로, 대상과 비슷한 것을 찾아내 그것을 힌트로 새로운 아이디어를 생각해내는 방법이다.
④ Synectics법 : 비교발상법의 한 유형으로, 서로 관련이 없어 보이는 것들을 조합하여 새로운 것을 도출해내는 아이디어 발상법이다.
⑤ 여섯 색깔 모자 기법 : 한정된 역할을 제시하는 여섯 가지 색의 모자를 차례대로 바꾸어 쓰면서 모자 유형대로 생각해 보는 방법이다.

46   정답 ②

세 번째 조건에 따라 파란색을 각각 왼쪽에서 두 번째, 세 번째, 네 번째에 칠하는 경우 벽화에 칠하는 색은 다음과 같다.
• 파란색을 왼쪽에서 두 번째에 칠할 때 : 노란색 – 파란색 – 초록색 – 주황색 – 빨간색
• 파란색을 왼쪽에서 세 번째에 칠할 때 : 주황색 – 초록색 – 파란색 – 노란색 – 빨간색 또는 초록색 – 주황색 – 파란색 – 노란색 – 빨간색
• 파란색을 왼쪽에서 네 번째에 칠할 때 : 빨간색 – 주황색 – 초록색 – 파란색 – 노란색
따라서 파란색을 왼쪽에서 세 번째에 칠할 때, 주황색 – 초록색 – 파란색 – 노란색 – 빨간색을 칠할 수 있다.

47   정답 ③

황아영의 총점은 85+82+90=257점이며, 성수민이 언어와 수리영역에서 획득한 점수는 각각 93점과 88점으로 총 181점이다. 따라서 황아영보다 높은 총점을 기록하기 위해서는 257−181=76점을 초과하여 획득해야 한다. 이때, 점수는 1점 단위라고 하였으므로 77점 이상이어야 한다.

48   정답 ⑤

자료만으로는 박지호보다 김진원의 총점이 더 높은지 확인할 수 없다.

① 언어와 수리 영역 점수의 합은 하정은이 94+90=184점으로 가장 높다. 이때, 김진원의 수리 영역 점수는 알 수 없지만 76점 미만이므로 166점 미만이다. 또한 신민경 역시 언어 영역 점수를 알 수 없지만 85점 미만이므로 176점 미만이다. 따라서 하정은보다 점수가 낮다.
② 하정은의 총점은 94+90+84=268점이며, 양현아의 총점은 88+76+97=261점이다. 268×0.95=254.6점이므로, 양현아는 하정은의 총점의 95% 이상을 획득했다.
③ 신민경은 수리와 인성 영역에서 각각 91점과 88점을 획득하였고, 언어 영역에서 얻을 수 있는 최고점은 84점이므로 획득 가능한 총점의 최댓값은 263점이다.
④ 김진원의 언어 영역 점수는 90점이고, 수리와 인성 영역에서 얻을 수 있는 최고점은 각각 75점, 83점이므로 김진원이 획득할 수 있는 총점의 최댓값은 248점이다.

49   정답 ①

• (가) · (바) : 곤충 사체 발견, 방사능 검출은 현재 직면한 문제로, 발생형 문제에 해당한다.
• (다) · (마) : 더 많은 전압을 회복시킬 수 있는 충전지 연구와 근로시간 단축은 현재 상황보다 효율을 더 높이기 위한 문제로, 탐색형 문제에 해당한다.
• (나) · (라) : 초고령사회와 드론 시대를 대비하여 미래지향적인 과제를 설정하는 것은 설정형 문제에 해당한다.

50   정답 ②

ㄱ. 사업추진 경험을 강점으로 활용하여 예산 확보가 어렵다는 위협요소를 제거해 나가는 전략으로, ST전략에 해당한다.
ㄷ. 국토정보 유지관리 사업은 이미 강점에 해당하므로, 약점을 보완하여야 하는 WO전략으로 적절하지 않다.

4일 차 기출응용 모의고사 정답 및 해설

01	02	03	04	05	06	07	08	09	10
④	⑤	③	⑤	②	③	②	⑤	③	①
11	12	13	14	15	16	17	18	19	20
⑤	④	③	②	④	⑤	①	⑤	④	③
21	22	23	24	25	26	27	28	29	30
④	④	③	④	④	④	①	④	①	③
31	32	33	34	35	36	37	38	39	40
②	②	④	③	③	②	①	③	③	②
41	42	43	44	45	46	47	48	49	50
④	②	⑤	⑤	③	④	④	①	⑤	④

01
정답 ④

제시문의 세 번째 문단에 따르면 정상재이면서 소득이 증가하는 것보다 수요량이 더 '크게' 증가하는 재화를 사치재라 하며, 반대로 정상재이면서 소득이 증가하는 것보다 수요량이 더 '작게' 증가하는 재화를 필수재라 한다. 이처럼 사치재와 필수재의 정의를 설명하였으나, 사치재와 필수재의 예에 대해서는 언급하지 않았다.

오답분석

① 제시문의 첫 번째 문단에 따르면 수요의 변화는 특정한 상품의 가격은 변하지 않는데도 다른 요인으로 인하여 그 상품의 수요량이 변하는 현상을 가리킨다.
② 제시문의 두 번째 문단에 따르면 정상재는 소득의 증가에 따라 수요량이 증가하는 재화를 뜻하며, 열등재는 소득이 증가하면 오히려 수요량이 감소하는 재화를 뜻한다.
③ 제시문의 마지막 문단에 따르면 수요를 변화하게 하는 요인에는 재화의 가격, 해당 재화를 대체하거나 보완하는 다른 재화의 가격, 소비자의 소득·취향, 장래에 대한 예상 등 여러 가지가 있다.
⑤ 제시문의 세 번째 문단에 따르면 사치재는 정상재이면서 소득탄력성이 1보다 큰 재화를 뜻한다. 이때 수요의 소득탄력성은 소득이 1% 변화할 때 수요량이 변화하는 정도를 말하며, 정상재는 소득이 증가할 때 수요량도 증가하므로 소득탄력성이 양수(陽數)가 된다.

02
정답 ⑤

첫 번째 문단에서 대중들이 욕망하는 현실 감정이 가장 쉽게 그리고 직접적으로 누드에 반영된다고 하였고, 마지막 문단에서 민중의 현실 속으로 파고들지 못하는 누드화는 위화감을 불러일으킨다고 하였다. 따라서 남녀 간의 애정이나 성적 욕망에 대해 경직되어 있었던 조선 사회에서 신윤복의 그림이 큰 호응을 얻을 수 있었던 이유는 '보편적인 감정의 진실'을 잘 드러내었기 때문이라고 말할 수 있다.

03
정답 ③

제시문의 두 번째 문단은 우울증의 긍정적인 면모인 보호 기제로서의 측면에 대한 내용을 다루고 있다. ©은 지금의 경쟁 사회가 정신적인 소진 상태를 초래하기 쉬운 환경이라는 내용이므로, 오늘날 우울증이 급격히 늘어나는 원인을 설명하고 있는 세 번째 문단의 마지막 문장 바로 앞에 들어가는 것이 더 적절하다.

오답분석

① 우울증과 창조성의 관계를 설명하면서 그 예시로 우울증을 갖고 있었던 위대한 인물들을 들고 있다. 따라서 천재와 우울증이 동전의 양면과 같으므로 인류 문명의 진보를 이끌었다고 볼 수 있다는 내용의 ⑤은 첫 번째 문단의 결론이므로 삭제할 필요가 없다.
② 문장의 주어가 '엄청난 에너지를 소모하는 것', 즉 행위이므로 이 행위는 어떤 상태에 이르게 '만드는' 것이 되어야 자연스럽다. 따라서 문장의 주어와 호응하는 것은 '이르게도 할 수 있다.'이다.
④ ②을 기준으로 앞 문장은 새로운 조합을 만들어내는 창조성 있는 사람이 상당히 큰 이익을 갖게 된다는 내용이고, 뒤 문장은 새로운 조합을 만들어 내는 것은 무척이나 많은 에너지를 필요로 하는 어려운 일이라는 내용이다. 따라서 뒤 문장이 앞 문장의 결과라고 보기 어렵다.
⑤ 제시문의 세 번째 문단 앞 부분의 내용에 따르면 경쟁 사회에서 창조성 있는 사람이 이익을 얻는다. 따라서 ®을 '억제하지만'으로 바꾸는 것은 적절하지 않다.

04
정답 ⑤

계약면적은 공급면적과 기타공용면적을 더한 것이고, 공급면적은 전용면적과 주거공용면적을 더한 것이다. 따라서 계약면적은 전용면적, 주거공용면적, 기타공용면적을 더한 것이다.

오답분석
① 발코니 면적은 서비스면적에 포함되며, 서비스면적은 전용면적과 공용면적에서 제외된다.
② 관리사무소 면적은 공용면적 중에서도 기타공용면적에 포함된다. 공급면적은 전용면적과 주거공용면적을 더한 것이므로 관리사무소 면적은 공급면적에 포함되지 않는다.
③ 현관문 안쪽의 전용 생활공간인 거실과 주방의 면적은 전용면적에 포함된다.
④ 공용계단과 공용복도의 면적은 주거공용면적에 포함되므로 공급면적에 포함된다.

05
정답 ②

제시문은 복지란 각 시민이 갖고 있는 현재의 선호들만 만족시키는 것이라는 이론 P를 제시하고, 그 이론 P가 기초하고 있는 두 개의 근거를 서술하고 있다. 그리고 그 근거들을 반박하면서 이론 P에 허점이 많음을 보이고 있으므로 이와 내용적으로 가장 유사한 ②가 결론으로 적절하다.

06
정답 ③

• (가) : 앞 문장에서 '도로'라고 구체적으로 한정하고 있기 때문에 빈칸에 들어갈 규범이 '약하다'라고 하려면 '도로'로 한정해야 한다. 따라서 ⓒ이 적절하다.
• (나) : 앞 문장에서 '도로의 교량'이라고 언급하고 있으므로 ⓙ이 적절하다.
• (다) : 빈칸보다는 강하다고 할 수 없다고 했으므로 앞 문장과 빈칸은 구체적으로 한정하고 있는 부분이 다르다. 따라서 ⓒ이 적절하다.

07
정답 ②

발효된 파리기후변화협약은 3년간 탈퇴가 금지되어 2019년 11월 3일까지는 탈퇴 통보가 불가능하다는 내용을 통해 해당 협약은 2016년 11월 4일에 발효되었음을 알 수 있다. 따라서 파리기후변화협약은 2015년 12월 제21차 유엔기후변화협약 당사국총회(COP21)에서 채택되었을 뿐이며, 2015년 12월 3일에 발효된 것은 아니다.

오답분석
① 파리기후변화협약은 2020년 12월에 만료된 교토의정서를 대체하여 2021년부터의 기후변화 대응을 담은 국제협약이므로 교토의정서는 2020년 12월에 만료된 것을 알 수 있다.

③ 파리기후변화협약에서 개발도상국은 절대량 방식의 감축 목표를 유지해야 하는 선진국과 달리 절대량 방식과 배출 전망치 대비 방식 중 하나를 채택할 수 있다. 우리나라의 감축 목표는 2030년 배출 전망치 대비 37%의 감축이므로 개발도상국에 해당하는 것을 알 수 있다.
④ 파리기후변화협약은 채택 당시 195개의 당사국 모두가 협약에 합의하였으나, 2020년 11월 4일 미국이 공식 탈퇴함에 따라 현재 194개국이 합의한 상태임을 알 수 있다.
⑤ 파리기후변화협약은 온실가스 감축 의무가 선진국에만 있었던 교토의정서와 달리 환경 보존에 대한 의무를 전 세계의 국가들이 함께 부담하도록 하였다.

08
정답 ⑤

주로 보통 활동을 하는 성인 남성의 하루 기초대사량이 1,728kcal라면 하루에 필요한 총칼로리는 $1,728 \times (1+0.4) = 2,419.2$kcal가 된다. 이때, 지방은 전체 필요 칼로리 중 20% 이하로 섭취해야 하므로 하루 $2,419.2 \times 0.2 = 483.84$g 이하로 섭취하는 것이 좋다.

오답분석
① 신장 178cm인 성인 남성의 표준 체중을 계산하면 $1.78^2 \times 22 = 69.7$kg이 된다.
② 표준 체중이 73kg인 성인의 기초대사량을 구하면 $1 \times 73 \times 24 = 1,752$kcal이며, 정적 활동을 하는 경우 활동대사량은 $1,752 \times 0.2 = 350.4$kcal이므로 하루에 필요로 하는 총칼로리는 $1,752 + 350.4 = 2,102.4$kcal이다.
③ 표준 체중이 55kg인 성인 여성의 경우 하루 평균 $55 \times 1.13 = 62.15$g의 단백질을 섭취해야 한다.
④ 탄수화물의 경우 섭취량이 부족하면 케톤산증을 유발할 수 있으므로 반드시 하루에 최소 100g 정도의 탄수화물을 섭취해야 한다.

09
정답 ③

제시된 논문에서는 '교통안전 사업'을 시설 개선, '교통 단속', 교육·홍보·연구라는 3가지 범주로 나누어 '비용 감소 효과'를 분석하였고, 그 결과 사망자 사고 비용 감소를 위해 가장 유효한 사업은 '교통 단속'이며, 중상자 및 경상자 사고 비용 감소를 위해 가장 유효한 사업은 '보행 환경 조성'으로 나타났다고 이야기한다. 따라서 논문의 내용을 4개의 단어로 요약하였을 때 적절하지 않은 단어는 '사회적 비용'이다.

10
정답 ①

제시문에서는 냉전의 기원을 서로 다른 관점에서 바라보고 있는 전통주의, 수정주의, 탈수정주의에 대해 각각 설명하고 있다.

오답분석
② 여러 가지 의견을 제시할 뿐이며, 어느 의견에 대한 우월성을 논하고 있지는 않다.

11 정답 ⑤

제시된 기사문은 '미세먼지 특별법' 제정과 시행 내용에 대해 설명하고 있다. 따라서 ⑤가 제목으로 가장 적절하다.

12 정답 ④

B대리는 A사원의 질문에 대해 명료한 대답을 하지 않고 모호한 태도를 보이고 있으므로 협력의 원리 중 태도의 격률을 어기고 있음을 알 수 있다.

13 정답 ③

제시문에서는 개념을 이해하면서도 개념의 사례를 식별하지 못하는 경우, 개념의 사례를 식별할 수 있으나 개념을 이해하지 못하는 경우를 통해 개념의 사례를 식별하는 능력과 개념을 이해하는 능력은 서로 필요충분조건이 아니라고 주장한다. ③은 개념을 이해하지 못하면 개념의 사례를 식별하지 못하는 인공지능의 사례로, 오히려 개념의 사례를 식별해야만 개념을 이해할 수 있다는 주장을 강화한다. 따라서 제시문의 논지를 약화시키는 내용으로 ③이 가장 적절하다.

오답분석
① 개념을 이해하지 못해도 개념의 사례를 식별할 수 있다는 사례로, 제시문의 논지를 강화한다.
② 개념의 사례를 식별할 수 있으나 개념을 이해하지 못할 수 있다는 사례로, 제시문의 논지를 강화한다.
④ 침팬지가 정육면체 상자를 구별하는 것이 아니라 숨겨진 과자를 찾아내는 사례로, 제시문의 내용과 관련이 없다.
⑤ 개념의 사례를 식별할 수 없어도 개념을 이해할 수 있다는 사례로, 제시문의 논지를 강화한다.

14 정답 ②

제시문은 강이 붉게 물들고 산성으로 변화하는 이유인 티오바실러스와 강이 붉어지는 것을 막기 위한 방법에 대해 설명하고 있다. 따라서 (가) 철2가 이온(Fe^{2+})과 철3가 이온(Fe^{3+})의 용해도가 침전물 생성에 중요한 역할을 함 → (라) 티오바실러스가 철2가 이온(Fe^{2+})을 산화시켜 만든 철3가 이온(Fe^{3+})이 붉은 침전물을 만듦 → (나) 티오바실러스는 이황화철(FeS_2)을 산화시켜 철2가 이온(Fe^{2+})과 철3가 이온(Fe^{3+})을 얻음 → (다) 티오바실러스에 의한 이황화철(FeS_2)의 가속적인 산화를 막기 위해서는 광산의 밀폐가 필요함의 순서대로 나열하는 것이 적절하다.

15 정답 ④

미생물을 끓는 물에 노출하면 영양세포나 진핵포자는 죽일 수 있으나, 세균의 내생포자는 사멸시키지 못한다. 멸균은 포자, 박테리아, 바이러스 등을 완전히 파괴하거나 제거하는 것이므로 물을 끓여서 하는 열처리 방식으로는 멸균이 불가능함을 알 수 있다. 따라서 빈칸에 들어갈 내용으로 소독은 가능하지만, 멸균은 불가능하다는 ④가 가장 적절하다.

16 정답 ⑤

먼저 '빅뱅 이전에 아무것도 없었다.'는 우주는 '영겁의 시간 동안 단지 진공이었다.'를 의미한다는 (라) 문단이 오는 것이 적절하며, 다음으로 '이런 식으로 사고하려면', 즉 우주가 단지 진공이었다면 왜 우주가 탄생하게 되었는지를 설명할 수 없다는 (다) 문단이 이어져야 한다. 다음으로 우주 탄생 원인을 설명할 수 없는 이유를 이야기하는 (나) 문단과 이와 달리 아예 다른 방식으로 해석하는 (가) 문단이 순서대로 오는 것이 적절하다. 따라서 (라) – (다) – (나) – (가) 순으로 나열해야 한다.

17 정답 ①

제시문은 말하는 사람과 듣는 사람이 각각 잘 전달했는지, 잘 이해했는지를 서로 확인하지 않고 그 순간을 넘겨버려 엇갈린 정보를 갖게 되는 상황에 대한 내용이다. 따라서 이는 서로 간의 상호작용이 부족한 것으로 볼 수 있다.

18 정답 ⑤

유의어(類義語)는 소리는 다르지만 의미가 서로 비슷한 말을 뜻하는데, 문맥에 따라 서로 교체해 쓸 수 있다. 그러나 엄밀하게 따져서 유의어의 의미가 완전히 똑같은 것은 아니어서 언제든지 교체해 쓸 수 있는 것은 아니다. 이는 비록 사전적인 의미가 같더라도 단어의 느낌에 미묘한 차이가 있어 문장에서의 쓰임이 다른 경우가 있기 때문이다.
• 탁월(卓越)하다 : 남보다 두드러지게 뛰어나다.
• 열등(劣等)하다 : 보통의 수준이나 등급보다 낮다.

오답분석
① 뛰어나다 : 남보다 월등히 훌륭하거나 앞서 있다.
② 월등(越等)하다 : 다른 것과 견주어서 수준이 정도 이상으로 뛰어나다.
③ 출중(出衆)하다 : 여러 사람 가운데서 특별히 두드러지다.
④ 우수(優秀)하다 : 여럿 가운데 뛰어나다.

19 정답 ④

민간 부문에서 역량 모델의 도입에 대한 논의가 먼저 이루어진 것으로 짐작할 수는 있지만, 이것이 민간 부문에서 더욱 효과적으로 작용한다는 것을 의미한다고 보기는 어렵다.

20 정답 ③

헤르만 헤세가 한 말인 "자기에게 자연스러운 면에서 읽고, 알고, 사랑해야 할 것이다."라는 문구를 통해 남의 기준에 맞추기보다 자신의 감정에 충실하게 책을 선택하여 읽으라고 하였음을 알 수 있다.

21
정답 ④

④는 폭염에 대한 안전 요령이 아니라 강풍 또는 지진에 대한 안전 요령에 적합한 내용이다.

22
정답 ④

개별적인 인간 정신의 상호작용으로 산출되는 집단정신의 산물인 '객관적 정신'으로 이해의 객관성을 확보할 수 있으므로 자신과 타인을 이해하는 공통의 기반이 될 수 있다.

오답분석
① 객관적 정신은 삶의 공통성을 기반으로 하기 때문에 상반된 인식의 차이를 부각하지 않는다.
② 인간의 행위를 이해하는 '이해'의 방법론에서 객관성을 확보하기 위해 내세운 것이지만, 그 과정에 순서가 부여되지는 않는다.
③ 서로 다른 공동체에 속해 있거나 서로 다른 시대에 살고 있다면 객관적 정신을 완전히 보장하기 어렵다.
⑤ 객관적 정신은 집단정신의 산물이다.

23
정답 ③

'설명'이 '이해'를 완전히 대체하지 못하는 이유는 인간의 정신세계에 속하는 의도는 자연처럼 관찰이나 실험으로 보편 법칙을 파악하기 어렵기 때문이다.

오답분석
ㄱ. '설명'이 '이해'를 완전히 대체하지 못하는 이유는 타인의 행위에 담긴 의도를 이해하더라도 그런 의도가 생긴 원인까지 알기는 어렵기 때문이다.
ㄹ. 행위에 담긴 의도가 무엇인지를 파악하는 것보다 그런 의도가 왜 생겨났는가를 묻는 것이 더 의미 있는 질문이라고 생각한 학자들은 '설명'이 '이해'를 완전히 대체할 수 있다고 생각했다.

24
정답 ④

제시문은 딸기에 들어 있는 비타민 C와 항산화 물질, 식물성 섬유질, 철분 등을 언급하며 딸기의 다양한 효능을 설명하고 있다.

25
정답 ④

딸기는 건강에 좋지만 당도가 높으므로 혈당 조절이 필요한 사람은 마케팅 대상으로 적절하지 않다.

26
정답 ④

매출액은 매장에 방문한 고객 수에 주요 시간대별 가격을 곱한 값을 모두 더하면 구할 수 있다.
• 중식 시간에 방문한 고객 수 : $20+(3\times60\div2)+(2\times60\div1)+(6\times60\div5)=302$명

• 석식 시간에 방문한 고객 수 : $20+(7\times60\div2)+(3\times60\div1)+(4\times60\div5)=458$명
∴ (1일 매출액)$=(302\times10,000)+(458\times15,000)=9,890,000$원

27
정답 ①

고객 현황 조사 당일에 만석이었던 적이 한 번 있었다고 하였으므로, 가장 많은 고객이 있었던 시간대의 고객 수가 한식 뷔페 A지점의 좌석 수가 된다. 시간대별 고객의 증감은 최소공배수를 활용하여 다음과 같이 계산한다.

중식 시간	내용
11:30 ~ 12:30	• 2분과 5분의 최소공배수 : 10분 • $(3\times10\div2)-(1\times10\div5)=+13$명 ∴ 10분당 13명 증가
12:30 ~ 13:30	• 1분과 6분의 최소공배수 : 6분 • $(2\times6)-(5\times1)=+7$명 ∴ 6분당 7명 증가
13:30 ~ 14:30	• 5분과 3분의 최소공배수 : 15분 • $(6\times15\div5)-(2\times15\div3)=+8$명 ∴ 15분당 8명 증가

즉, 중식 시간에는 시간이 흐를수록 고객 수가 계속 증가함을 알 수 있다.

석식 시간	내용
16:30 ~ 17:30	• 2분과 3분의 최소공배수 : 6분 • $(7\times6\div2)-(7\times6\div3)=+7$명 ∴ 6분당 7명 증가
17:30 ~ 18:30	• 1분과 5분의 최소공배수 : 5분 • $(3\times5\div1)-(6\times5\div5)=+9$명 ∴ 5분당 9명 증가
18:30 ~ 19:30	• 5분과 3분의 최소공배수 : 15분 • $(4\times15\div5)-(3\times15\div3)=-3$명 ∴ 15분당 3명 감소

즉, 석식 시간에는 18:30 이전까지는 고객 수가 계속 증가함을 알 수 있다.
• 중식 시간 최대 고객 수(14:30) : $20+(13\times60\div10)+(7\times60\div6)+(8\times60\div15)=200$명
• 석식 시간 최대 고객 수(18:35) : $20+(7\times60\div6)+(9\times60\div5)-3+4=199$명
따라서 한식 뷔페 A지점의 좌석 수는 모두 200석이다.

28
정답 ④

조건의 주요 명제들을 순서대로 논리 기호화하면 다음과 같다.
• 두 번째 명제 : 햇살론 → (~출발적금 ∧ ~미소펀드)
• 세 번째 명제 : ~대박적금 → 햇살론
• 네 번째 명제 : 미소펀드
• 다섯 번째 명제 : (미소펀드 ∨ 출발적금) → 희망예금

네 번째 명제에 따라 미소펀드에는 반드시 가입하므로, 다섯 번째 명제에 따라 출발적금 가입 여부와 무관하게 희망예금에 가입하고, 두 번째 명제의 대우[(미소펀드 ∨ 출발적금) → ~햇살론]에 따라 햇살론에는 가입하지 않는다. 또한 세 번째 명제의 대우(~햇살론 → 대박적금)에 따라 대박적금에는 가입하게 되므로 첫 번째 명제에 따라 미소펀드·희망예금·대박적금 3가지에는 가입하고, 햇살론·출발적금에는 가입하지 않는다.

29   정답 ①

조건에 따라 소괄호 안에 있는 부분을 순서대로 풀이하면 다음과 같다.

'1 A 5'에서 A는 좌우의 두 수를 더하는 것이지만, 더한 값이 10 미만이면 좌우에 있는 두 수를 곱해야 한다. 1+5=6으로 10 미만이므로 두 수를 곱하여 5가 된다.

'3 C 4'에서 C는 좌우의 두 수를 곱하는 것이지만 곱한 값이 10 미만일 경우 좌우에 있는 두 수를 더한다. 이 경우 3×4=12로 10 이상이므로 12가 된다.

중괄호를 풀어보면 '5 B 12'이다. B는 좌우에 있는 두 수 가운데 큰 수에서 작은 수를 빼는 것이지만, 두 수가 같거나 뺀 값이 10 미만이면 두 수를 곱한다. 12-5=7로 10 미만이므로 두 수를 곱해야 한다. 따라서 60이 된다.

'60 D 6'에서 D는 좌우에 있는 두 수 가운데 큰 수를 작은 수로 나누는 것이지만, 두 수가 같거나 나눈 값이 10 미만이면 두 수를 곱해야 한다. 이 경우 나눈 값이 10이 되므로 답은 10이다.

30   정답 ③

임직원들의 업무평가 항목 평균 점수를 구하면 다음과 같다.

(단위 : 점)

성명	조직기여	대외협력	기획	평균	순위
유시진	58	68	83	69.67	9위
최은서	79	98	96	91	1위
양현종	84	72	86	80.67	6위
오선진	55	91	75	73.67	8위
이진영	90	84	97	90.33	2위
장수원	78	95	85	86	4위
김태균	97	76	72	81.67	5위
류현진	69	78	54	67	10위
강백호	77	83	66	75.33	7위
최재훈	80	94	92	88.67	3위

따라서 상위 4명인 최은서, 이진영, 최재훈, 장수원이 해외연수 대상자로 선정된다.

31   정답 ②

평균 점수의 내림차순으로 순위를 정리하면 다음과 같다.

(단위 : 점)

성명	조직기여	대외협력	기획	평균	순위
최은서	79	98	96	91	1위
이진영	90	84	97	90.33	2위
최재훈	80	94	92	88.67	3위
장수원	78	95	85	86	4위
김태균	97	76	72	81.67	5위
양현종	84	72	86	80.67	6위
강백호	77	83	66	75.33	7위
오선진	55	91	75	73.67	8위
유시진	58	68	83	69.67	9위
류현진	69	78	54	67	10위

따라서 오선진은 8위로 해외연수 대상자가 될 수 없다.

32   정답 ③

금화는 총 13개가 있고 상자마다 들어 있는 금화의 개수는 다르며, 금화의 개수는 A<B<C이므로 표로 정리하면 다음과 같다.

경우의 수	A상자	B상자	C상자
경우 1	1	2	10
경우 2		3	9
경우 3		4	8
경우 4		5	7
경우 5	2	3	8
경우 6		4	7
경우 7		5	6
경우 8	3	4	6

갑이 A상자를 열어본 후 B와 C에 각각 몇 개가 들어 있는지 알 수 없다고 하였으므로, 경우 8은 제외한다. 을이 상자 C를 열어본 후 A와 B에 각각 몇 개가 들어 있는지 알 수 없다고 하였으므로, 경우 1, 경우 2, 경우 7이 제외된다. 이는 C상자에 10개, 9개, 6개 중 하나가 들어 있는 경우 조건에 따라 A상자와 B상자 금화의 개수를 계산할 수 있기 때문이다. 두 사람의 말을 듣고 병이 B상자를 열어본 후 A상자와 C상자에 각각 몇 개가 들어 있는지 알 수 없다고 하였으므로 경우 4와 경우 5가 제외된다. 따라서 성립할 수 있는 경우는 경우 3과 경우 6이고, 두 경우 모두 B상자에 들어 있는 금화의 개수는 4개이다.

33   정답 ②

두 번째 조건에 의해 A는 2층, C는 1층, D는 2호에 살고 있음을 알 수 있다. 또한 네 번째 조건에 따라 A와 B는 2층, C와 D는 1층에 살고 있음을 알 수 있다. 따라서 1층 1호에는 C, 1층 2호에는 D, 2층 1호에는 A, 2층 2호에는 B가 살고 있다.

34 정답 ④

©에는 약점을 보완하여 위협에 대비하는 WT전략이 들어가야 한다. ④의 전략은 풍부한 자본, 경영상태라는 강점을 이용하여 위협에 대비하는 ST전략이다.

오답분석

① ⓐ(WO전략) : 테크핀 기업과의 협업 기회를 통해 경영 방식을 배워 시중은행의 저조한 디지털 전환 적응력을 개선하려는 것이므로 적절하다.

② ⓐ(WO전략) : 테크핀 기업과 협업을 하며, 이러한 혁신기업의 특성을 파악해 발굴하고 적극적으로 대출을 운영함으로써 전당포식의 소극적인 대출 운영이라는 약점을 보완할 수 있다는 것으로 적절하다.

③ ⓑ(ST전략) : 오프라인 인프라가 풍부하다는 강점을 이용하여, 점유율을 높이고 있는 기업들에 대해 점유율 방어를 하고자 하는 전략이므로 적절하다.

⑤ ©(WT전략) : 디지털 문화에 소극적인 문화를 혁신하여 디지털 전환 속도를 높임으로써 테크핀 및 핀테크 기업의 점유율 잠식으로부터 방어하려는 내용이므로 적절하다.

35 정답 ③

최은빈을 제외한 대학 졸업자 중 (서류 점수)+(필기시험 점수)+(개인 면접시험 점수)를 구하면 다음과 같다.

- 이선빈 : 84+86+35=205점
- 유미란 : 78+88+32=198점
- 김지은 : 72+92+31=195점
- 이유리 : 92+80+38=210점

따라서 이선빈과 이유리가 경영지원실에 채용된다.

경영지원실 채용 후 나머지 세 사람(유미란, 김지은, 최은빈)의 그룹 면접시험 점수와 영어시험 점수 합을 구하면 다음과 같다.

- 유미란 : 38+80=118점
- 김지은 : 40+77=117점
- 최은빈 : 39+78=117점

따라서 유미란이 기획조정실에 채용되어 불합격자는 김지은, 최은빈이 된다.

36 정답 ②

변경된 직원 채용 규정에 따른 환산 점수를 계산하면 다음과 같다.

- 이선빈 : (84×0.5)+86+35=163점
- 유미란 : (78×0.5)+88+38=165점
- 김지은 : (72×0.5)+92+40=168점
- 최은빈 : (80×0.5)+82+40=162점
- 이유리 : (92×0.5)+80+38=164점

따라서 가장 점수가 낮은 응시자 2명인 이선빈, 최은빈이 불합격자가 된다.

37 정답 ①

네 번째 조건에 따라 Q팀장은 토마토 파스타, S대리는 크림 리소토를 주문한다. 이때, L과장은 다섯 번째 조건에 따라 토마토 리소토나 크림 리소토를 주문할 수 있는데, 만약 L과장이 토마토 리소토를 주문한다면, 두 번째 조건에 따라 M대리는 토마토 파스타를 주문해야 하고, 사원들은 둘 다 크림소스가 들어간 메뉴를 주문할 수밖에 없으므로 조건과 모순이 된다. 따라서 L과장은 크림 리소토를 주문했다. 다음으로 사원 2명 중 1명은 크림 파스타, 다른 한 명은 토마토 파스타나 토마토 리소토를 주문해야 하는데, H사원이 파스타면을 싫어하므로 J사원이 크림 파스타, H사원이 토마토 리소토, M대리가 토마토 파스타를 주문했다.

다음으로 일곱 번째 조건에 따라 J사원이 사이다를 주문하였고, H사원은 J사원과 다른 음료를 주문해야 하지만 여덟 번째 조건에 따라 주스를 함께 주문하지 않으므로 콜라를 주문했다. 또한 여덟 번째 조건에 따라 주스를 주문한 사람은 모두 크림소스가 들어간 메뉴를 주문한 사람이어야 하므로 S대리와 L과장이 주스를 주문했다. 마지막으로 여섯 번째 조건에 따라 M대리는 사이다를 주문하고, Q팀장은 콜라를 주문했다. 이를 정리하면 다음과 같다.

구분	Q팀장	L과장	S대리	M대리	H사원	J사원
토마토 파스타	○			○		
토마토 리소토					○	
크림 파스타						○
크림 리소토		○	○			
콜라	○				○	
사이다				○		○
주스		○	○			

따라서 사원들 중 주스를 주문한 사람은 없다.

38 정답 ③

37번의 결과로부터 S대리와 L과장은 모두 주스와 크림 리소토를 주문했음을 알 수 있다.

39 정답 ④

오답분석

① 7hEeFnAcA → 일요일의 암호 '오묘하다'

② 3iJfhㅔaAbcA → 수요일의 암호 '집에간다'

③ 2bAaAbEdcA → 화요일의 암호 '나가놀다'

⑤ 1kAbjEgGiCh → 월요일의 암호 '칸초수정'

40

한글 자음과 한글 모음의 치환 규칙은 다음과 같다.
- 한글 자음

ㄱ	ㄴ	ㄷ	ㄹ	ㅁ	ㅂ	ㅅ
a	b	c	d	e	f	g
ㅇ	ㅈ	ㅊ	ㅋ	ㅌ	ㅌ	ㅎ
h	i	j	k	l	m	n

- 한글 모음

ㅏ	ㅑ	ㅓ	ㅕ	ㅗ	ㅛ	ㅜ
A	B	C	D	E	F	G
ㅠ	ㅡ	ㅣ				–
H	I	J				–

- 6 : 토요일
- hJd ㅐ cE : 이래도
- aAenJ : 감히
- aIeaEdId : 금고를
- hDdgG : 열 수
- hJ ㅆ cAaE : 있다고

6hJd ㅐ cEaAenJaIeaEdIdhDdgGhJ ㅆ cAaE
→ 토요일 이래도 감히 금고를 열 수 있다고

41
정답 ④

다섯 번째 조건에 따라 C항공사는 가장 앞 번호인 1번 부스에 위치하며, 세 번째 조건에 따라 G면세점과 H면세점은 양쪽 끝에 위치한다. 이때 네 번째 조건에서 H면세점 반대편에는 E여행사가 위치한다고 하였으므로 5번 부스에는 H면세점이 위치할 수 없다. 따라서 5번 부스에는 G면세점이 위치한다. 또한 첫 번째 조건에 따라 같은 종류의 업체는 같은 라인에 위치할 수 없으므로 H면세점은 G면세점과 다른 라인인 4번 부스에 위치하고, 네 번째 조건에 따라 4번 부스 반대편인 8번 부스에는 E여행사가, 4번 부스 바로 옆인 3번 부스에는 F여행사가 위치한다. 나머지 조건에 따라 부스의 위치를 정리하면 다음과 같다.
- 경우 1

C항공사	A호텔	F여행사	H면세점
복도			
G면세점	B호텔	D항공사	E여행사

- 경우 2

C항공사	B호텔	F여행사	H면세점
복도			
G면세점	A호텔	D항공사	E여행사

따라서 항상 참이 되는 것은 ④이다.

42
정답 ②

우리는 A, B탈의실을, 나라는 B, D탈의실을, 한국은 A, B, D탈의실을 대여할 수 있다.

43
정답 ⑤

비용이 17억 원 이하인 업체는 A, D, E, F이며, 이 가운데 1차로 선정할 업체를 구하기 위해 가중치를 적용한 점수는 다음과 같다.
- A : $(18×1)+(11×2)=40$점
- D : $(16×1)+(12×2)=40$점
- E : $(13×1)+(10×2)=33$점
- F : $(16×1)+(14×2)=44$점

따라서 1차로 선정될 3개 업체는 A, D, F이며, 이 가운데 친환경 소재 점수가 가장 높은 업체인 F가 최종 선정된다.

44
정답 ⑤

비용이 17억 2,000만 원 이하인 업체는 A, C, D, E, F이며, 이 가운데 1차로 선정할 업체를 구하기 위해 가중치를 적용한 점수는 다음과 같다.
- A : $(11×3)+(15×2)=63$점
- C : $(13×3)+(13×2)=65$점
- D : $(12×3)+(14×2)=64$점
- E : $(10×3)+(17×2)=64$점
- F : $(14×3)+(16×2)=74$점

따라서 1차 선정될 업체는 C와 F이며, 이 가운데 입찰 비용이 더 낮은 업체인 F가 최종 선정된다.

45
정답 ③

- 문제 인식 : 해결해야 할 전체 문제를 파악하여 우선순위를 정하고, 선정된 문제에 대한 목표를 명확히 하는 단계(ⓒ)
- 문제 도출 : 선정된 문제를 분석하여 해결해야 할 것이 무엇인지를 명확히 하는 단계(ⓔ)
- 원인 분석 : 파악된 핵심 문제에 대한 분석을 통해 근본 원인을 도출하는 단계(ⓒ)
- 해결안 개발 : 문제로부터 도출된 근본 원인을 효과적으로 해결할 수 있는 최적의 해결안을 수립하는 단계(ⓐ)
- 실행 및 평가 : 해결안 개발을 통해 만들어진 실행계획을 실제 상황에 적용하는 활동으로 장애가 되는 문제의 원인들을 해결안을 사용하여 제거하는 단계(ⓜ)

46 정답 ④

ㄴ. 민간의 자율주행 기술 R&D를 지원하여 기술적 안정성을 높이는 전략은 위협을 최소화하는 내용은 포함하지 않고 약점만 보완하는 내용이므로 ST전략이라 할 수 없다.

ㄹ. 국내 기업의 자율주행 기술 투자가 부족한 약점을 국가기관의 주도로 극복하려는 내용은 약점을 최소화하고 위협을 회피하려는 WT전략의 내용으로 적절하지 않다.

오답분석

ㄱ. 높은 수준의 자율주행 기술을 가진 외국 기업과의 기술이전 협약 기회를 통해 국내외에서 우수한 평가를 받는 국내 자동차 기업이 국내 자율주행 자동차 산업의 강점을 강화하는 전략은 SO전략에 해당한다.

ㄷ. 국가가 지속적으로 자율주행 자동차 R&D를 지원하는 법안이 국회 본회의를 통과한 기회를 토대로 기술개발을 지원하여 국내 자율주행 자동차 산업의 약점인 기술적 안전성을 확보하려는 전략은 WO전략에 해당한다.

47 정답 ④

C, D, F지점의 사례만 고려하면 F지점에서 마카롱과 쿠키를 함께 먹었을 때, 알레르기가 발생하지 않았으므로 마카롱과 쿠키는 알레르기 발생 원인이 될 수 없다. 따라서 ④는 항상 거짓이 된다.

오답분석

① A, B, D지점의 사례만 고려한 경우 : 빵과 마카롱을 함께 먹은 경우에는 알레르기가 발생하지 않았으므로, 케이크가 알레르기 발생 원인이 된다.

② A, C, E지점의 사례만 고려한 경우 : 케이크와 쿠키를 함께 먹은 경우에는 알레르기가 발생하지 않았으므로, 빵이 알레르기 발생 원인이 된다.

③ B, D, F지점의 사례만 고려한 경우 : 빵과 마카롱 또는 마카롱과 쿠키를 함께 먹은 경우에 알레르기가 발생하지 않았으므로, 케이크가 알레르기 발생 원인이 된다.

⑤ D, E, F지점의 사례만 고려한 경우 : 케이크와 마카롱을 함께 먹은 경우에 알레르기가 발생하였으므로, 쿠키는 알레르기 발생 원인이 될 수 없다.

48 정답 ①

• (가) : 사실 지향의 문제에 해당한다.
• (나) : 가설 지향의 문제에 해당한다.
• (다) : 성과 지향의 문제에 해당한다.

49 정답 ⑤

오늘 아침의 상황 중 은희의 취향과 관련된 부분을 뽑아내면 다음과 같다.
• 스트레스를 받음
• 배가 고픔
• 피곤한 상황
• 커피만 마심
• 휘핑 크림은 넣지 않음

먼저, 스트레스를 받았다고 하였으므로 휘핑 크림이나 우유 거품을 추가해야 하지만 마지막 조건에서 휘핑 크림을 넣지 않는다고 하였으므로 우유 거품만 추가함을 알 수 있다. 또한 배가 고픈 상황이므로 데운 우유가 들어간 커피를 마시게 된다. 따라서 이 모두를 포함한 카푸치노를 주문할 것임을 추론할 수 있다.

50 정답 ④

예산이 가장 많이 드는 B사업과 E사업은 사업기간이 3년이므로 최소 1년은 겹쳐야 한다는 것을 기반으로 연도별 가용예산을 참고하여 다음과 같은 표를 구성할 수 있다.

(단위 : 조 원)

사업명	연도	1년	2년	3년	4년	5년
	예산	20	24	28.8	34.5	41.5
A			1	4		
B			15	18	21	
C						15
D		15	8			
E				6	12	24
실질사용예산 합		15	24	28	33	39

따라서 D사업을 첫해에 시작한다.

LH 한국토지주택공사 업무직(무기계약직) 답안카드

번호						번호						번호					
1	①	②	③	④	⑤	21	①	②	③	④	⑤	41	①	②	③	④	⑤
2	①	②	③	④	⑤	22	①	②	③	④	⑤	42	①	②	③	④	⑤
3	①	②	③	④	⑤	23	①	②	③	④	⑤	43	①	②	③	④	⑤
4	①	②	③	④	⑤	24	①	②	③	④	⑤	44	①	②	③	④	⑤
5	①	②	③	④	⑤	25	①	②	③	④	⑤	45	①	②	③	④	⑤
6	①	②	③	④	⑤	26	①	②	③	④	⑤	46	①	②	③	④	⑤
7	①	②	③	④	⑤	27	①	②	③	④	⑤	47	①	②	③	④	⑤
8	①	②	③	④	⑤	28	①	②	③	④	⑤	48	①	②	③	④	⑤
9	①	②	③	④	⑤	29	①	②	③	④	⑤	49	①	②	③	④	⑤
10	①	②	③	④	⑤	30	①	②	③	④	⑤	50	①	②	③	④	⑤
11	①	②	③	④	⑤	31	①	②	③	④	⑤						
12	①	②	③	④	⑤	32	①	②	③	④	⑤						
13	①	②	③	④	⑤	33	①	②	③	④	⑤						
14	①	②	③	④	⑤	34	①	②	③	④	⑤						
15	①	②	③	④	⑤	35	①	②	③	④	⑤						
16	①	②	③	④	⑤	36	①	②	③	④	⑤						
17	①	②	③	④	⑤	37	①	②	③	④	⑤						
18	①	②	③	④	⑤	38	①	②	③	④	⑤						
19	①	②	③	④	⑤	39	①	②	③	④	⑤						
20	①	②	③	④	⑤	40	①	②	③	④	⑤						

LH 한국토지주택공사 업무직(무기계약직) 답안카드

번호	답란	번호	답란	번호	답란
1	① ② ③ ④ ⑤	21	① ② ③ ④ ⑤	41	① ② ③ ④ ⑤
2	① ② ③ ④ ⑤	22	① ② ③ ④ ⑤	42	① ② ③ ④ ⑤
3	① ② ③ ④ ⑤	23	① ② ③ ④ ⑤	43	① ② ③ ④ ⑤
4	① ② ③ ④ ⑤	24	① ② ③ ④ ⑤	44	① ② ③ ④ ⑤
5	① ② ③ ④ ⑤	25	① ② ③ ④ ⑤	45	① ② ③ ④ ⑤
6	① ② ③ ④ ⑤	26	① ② ③ ④ ⑤	46	① ② ③ ④ ⑤
7	① ② ③ ④ ⑤	27	① ② ③ ④ ⑤	47	① ② ③ ④ ⑤
8	① ② ③ ④ ⑤	28	① ② ③ ④ ⑤	48	① ② ③ ④ ⑤
9	① ② ③ ④ ⑤	29	① ② ③ ④ ⑤	49	① ② ③ ④ ⑤
10	① ② ③ ④ ⑤	30	① ② ③ ④ ⑤	50	① ② ③ ④ ⑤
11	① ② ③ ④ ⑤	31	① ② ③ ④ ⑤		
12	① ② ③ ④ ⑤	32	① ② ③ ④ ⑤		
13	① ② ③ ④ ⑤	33	① ② ③ ④ ⑤		
14	① ② ③ ④ ⑤	34	① ② ③ ④ ⑤		
15	① ② ③ ④ ⑤	35	① ② ③ ④ ⑤		
16	① ② ③ ④ ⑤	36	① ② ③ ④ ⑤		
17	① ② ③ ④ ⑤	37	① ② ③ ④ ⑤		
18	① ② ③ ④ ⑤	38	① ② ③ ④ ⑤		
19	① ② ③ ④ ⑤	39	① ② ③ ④ ⑤		
20	① ② ③ ④ ⑤	40	① ② ③ ④ ⑤		

성 명

지원 분야

문제지 형별기재란

( )형 Ⓐ Ⓑ

수 험 번 호

⓪ ① ② ③ ④ ⑤ ⑥ ⑦ ⑧ ⑨
⓪ ① ② ③ ④ ⑤ ⑥ ⑦ ⑧ ⑨
⓪ ① ② ③ ④ ⑤ ⑥ ⑦ ⑧ ⑨
⓪ ① ② ③ ④ ⑤ ⑥ ⑦ ⑧ ⑨
⓪ ① ② ③ ④ ⑤ ⑥ ⑦ ⑧ ⑨
⓪ ① ② ③ ④ ⑤ ⑥ ⑦ ⑧ ⑨
⓪ ① ② ③ ④ ⑤ ⑥ ⑦ ⑧ ⑨

감독위원 확인

(인)

※ 본 답안지는 마킹연습용 모의 답안지입니다.

LH 한국토지주택공사 업무직(무기계약직) 답안카드

번호	①	②	③	④	⑤		번호	①	②	③	④	⑤		번호	①	②	③	④	⑤
1	①	②	③	④	⑤		21	①	②	③	④	⑤		41	①	②	③	④	⑤
2	①	②	③	④	⑤		22	①	②	③	④	⑤		42	①	②	③	④	⑤
3	①	②	③	④	⑤		23	①	②	③	④	⑤		43	①	②	③	④	⑤
4	①	②	③	④	⑤		24	①	②	③	④	⑤		44	①	②	③	④	⑤
5	①	②	③	④	⑤		25	①	②	③	④	⑤		45	①	②	③	④	⑤
6	①	②	③	④	⑤		26	①	②	③	④	⑤		46	①	②	③	④	⑤
7	①	②	③	④	⑤		27	①	②	③	④	⑤		47	①	②	③	④	⑤
8	①	②	③	④	⑤		28	①	②	③	④	⑤		48	①	②	③	④	⑤
9	①	②	③	④	⑤		29	①	②	③	④	⑤		49	①	②	③	④	⑤
10	①	②	③	④	⑤		30	①	②	③	④	⑤		50	①	②	③	④	⑤
11	①	②	③	④	⑤		31	①	②	③	④	⑤							
12	①	②	③	④	⑤		32	①	②	③	④	⑤							
13	①	②	③	④	⑤		33	①	②	③	④	⑤							
14	①	②	③	④	⑤		34	①	②	③	④	⑤							
15	①	②	③	④	⑤		35	①	②	③	④	⑤							
16	①	②	③	④	⑤		36	①	②	③	④	⑤							
17	①	②	③	④	⑤		37	①	②	③	④	⑤							
18	①	②	③	④	⑤		38	①	②	③	④	⑤							
19	①	②	③	④	⑤		39	①	②	③	④	⑤							
20	①	②	③	④	⑤		40	①	②	③	④	⑤							

※ 본 답안지는 마킹연습용 모의 답안지입니다.

LH 한국토지주택공사 업무직(무기계약직) 답안카드

번호	①	②	③	④	⑤	번호	①	②	③	④	⑤	번호	①	②	③	④	⑤
1	①	②	③	④	⑤	21	①	②	③	④	⑤	41	①	②	③	④	⑤
2	①	②	③	④	⑤	22	①	②	③	④	⑤	42	①	②	③	④	⑤
3	①	②	③	④	⑤	23	①	②	③	④	⑤	43	①	②	③	④	⑤
4	①	②	③	④	⑤	24	①	②	③	④	⑤	44	①	②	③	④	⑤
5	①	②	③	④	⑤	25	①	②	③	④	⑤	45	①	②	③	④	⑤
6	①	②	③	④	⑤	26	①	②	③	④	⑤	46	①	②	③	④	⑤
7	①	②	③	④	⑤	27	①	②	③	④	⑤	47	①	②	③	④	⑤
8	①	②	③	④	⑤	28	①	②	③	④	⑤	48	①	②	③	④	⑤
9	①	②	③	④	⑤	29	①	②	③	④	⑤	49	①	②	③	④	⑤
10	①	②	③	④	⑤	30	①	②	③	④	⑤	50	①	②	③	④	⑤
11	①	②	③	④	⑤	31	①	②	③	④	⑤						
12	①	②	③	④	⑤	32	①	②	③	④	⑤						
13	①	②	③	④	⑤	33	①	②	③	④	⑤						
14	①	②	③	④	⑤	34	①	②	③	④	⑤						
15	①	②	③	④	⑤	35	①	②	③	④	⑤						
16	①	②	③	④	⑤	36	①	②	③	④	⑤						
17	①	②	③	④	⑤	37	①	②	③	④	⑤						
18	①	②	③	④	⑤	38	①	②	③	④	⑤						
19	①	②	③	④	⑤	39	①	②	③	④	⑤						
20	①	②	③	④	⑤	40	①	②	③	④	⑤						

성 명

지원분야

문제지 형별기재란

(형) Ⓐ Ⓑ

수 험 번 호

⓪	①	②	③	④	⑤	⑥	⑦	⑧	⑨
⓪	①	②	③	④	⑤	⑥	⑦	⑧	⑨
⓪	①	②	③	④	⑤	⑥	⑦	⑧	⑨
⓪	①	②	③	④	⑤	⑥	⑦	⑧	⑨
⓪	①	②	③	④	⑤	⑥	⑦	⑧	⑨
⓪	①	②	③	④	⑤	⑥	⑦	⑧	⑨
⓪	①	②	③	④	⑤	⑥	⑦	⑧	⑨

감독위원 확인

(인)

LH 한국토지주택공사 업무직(무기계약직) 답안카드

성 명

지원 분야

문제지 형별기재란

(형)

Ⓐ Ⓑ

수 험 번 호

⑩	⑩	⑩	⑩	⑩	⑩	⑩
①	①	①	①	①	①	①
②	②	②	②	②	②	②
③	③	③	③	③	③	③
④	④	④	④	④	④	④
⑤	⑤	⑤	⑤	⑤	⑤	⑤
⑥	⑥	⑥	⑥	⑥	⑥	⑥
⑦	⑦	⑦	⑦	⑦	⑦	⑦
⑧	⑧	⑧	⑧	⑧	⑧	⑧
⑨	⑨	⑨	⑨	⑨	⑨	⑨

감독위원 확인

(인)

1	① ② ③ ④ ⑤	21	① ② ③ ④ ⑤	41	① ② ③ ④ ⑤
2	① ② ③ ④ ⑤	22	① ② ③ ④ ⑤	42	① ② ③ ④ ⑤
3	① ② ③ ④ ⑤	23	① ② ③ ④ ⑤	43	① ② ③ ④ ⑤
4	① ② ③ ④ ⑤	24	① ② ③ ④ ⑤	44	① ② ③ ④ ⑤
5	① ② ③ ④ ⑤	25	① ② ③ ④ ⑤	45	① ② ③ ④ ⑤
6	① ② ③ ④ ⑤	26	① ② ③ ④ ⑤	46	① ② ③ ④ ⑤
7	① ② ③ ④ ⑤	27	① ② ③ ④ ⑤	47	① ② ③ ④ ⑤
8	① ② ③ ④ ⑤	28	① ② ③ ④ ⑤	48	① ② ③ ④ ⑤
9	① ② ③ ④ ⑤	29	① ② ③ ④ ⑤	49	① ② ③ ④ ⑤
10	① ② ③ ④ ⑤	30	① ② ③ ④ ⑤	50	① ② ③ ④ ⑤
11	① ② ③ ④ ⑤	31	① ② ③ ④ ⑤		
12	① ② ③ ④ ⑤	32	① ② ③ ④ ⑤		
13	① ② ③ ④ ⑤	33	① ② ③ ④ ⑤		
14	① ② ③ ④ ⑤	34	① ② ③ ④ ⑤		
15	① ② ③ ④ ⑤	35	① ② ③ ④ ⑤		
16	① ② ③ ④ ⑤	36	① ② ③ ④ ⑤		
17	① ② ③ ④ ⑤	37	① ② ③ ④ ⑤		
18	① ② ③ ④ ⑤	38	① ② ③ ④ ⑤		
19	① ② ③ ④ ⑤	39	① ② ③ ④ ⑤		
20	① ② ③ ④ ⑤	40	① ② ③ ④ ⑤		

※ 본 답안지는 마킹연습용 모의 답안지입니다.

LH 한국토지주택공사 업무직(무기계약직) 답안카드

1	① ② ③ ④ ⑤	21	① ② ③ ④ ⑤	41	① ② ③ ④ ⑤
2	① ② ③ ④ ⑤	22	① ② ③ ④ ⑤	42	① ② ③ ④ ⑤
3	① ② ③ ④ ⑤	23	① ② ③ ④ ⑤	43	① ② ③ ④ ⑤
4	① ② ③ ④ ⑤	24	① ② ③ ④ ⑤	44	① ② ③ ④ ⑤
5	① ② ③ ④ ⑤	25	① ② ③ ④ ⑤	45	① ② ③ ④ ⑤
6	① ② ③ ④ ⑤	26	① ② ③ ④ ⑤	46	① ② ③ ④ ⑤
7	① ② ③ ④ ⑤	27	① ② ③ ④ ⑤	47	① ② ③ ④ ⑤
8	① ② ③ ④ ⑤	28	① ② ③ ④ ⑤	48	① ② ③ ④ ⑤
9	① ② ③ ④ ⑤	29	① ② ③ ④ ⑤	49	① ② ③ ④ ⑤
10	① ② ③ ④ ⑤	30	① ② ③ ④ ⑤	50	① ② ③ ④ ⑤
11	① ② ③ ④ ⑤	31	① ② ③ ④ ⑤		
12	① ② ③ ④ ⑤	32	① ② ③ ④ ⑤		
13	① ② ③ ④ ⑤	33	① ② ③ ④ ⑤		
14	① ② ③ ④ ⑤	34	① ② ③ ④ ⑤		
15	① ② ③ ④ ⑤	35	① ② ③ ④ ⑤		
16	① ② ③ ④ ⑤	36	① ② ③ ④ ⑤		
17	① ② ③ ④ ⑤	37	① ② ③ ④ ⑤		
18	① ② ③ ④ ⑤	38	① ② ③ ④ ⑤		
19	① ② ③ ④ ⑤	39	① ② ③ ④ ⑤		
20	① ② ③ ④ ⑤	40	① ② ③ ④ ⑤		

성 명

지원 분야

문제지 형별기재란

( )형 Ⓐ Ⓑ

수험번호

⓪ ① ② ③ ④ ⑤ ⑥ ⑦ ⑧ ⑨
⓪ ① ② ③ ④ ⑤ ⑥ ⑦ ⑧ ⑨
⓪ ① ② ③ ④ ⑤ ⑥ ⑦ ⑧ ⑨
⓪ ① ② ③ ④ ⑤ ⑥ ⑦ ⑧ ⑨
⓪ ① ② ③ ④ ⑤ ⑥ ⑦ ⑧ ⑨
⓪ ① ② ③ ④ ⑤ ⑥ ⑦ ⑧ ⑨
⓪ ① ② ③ ④ ⑤ ⑥ ⑦ ⑧ ⑨

감독위원 확인

(인)

※ 본 답안지는 마킹연습용 모의 답안지입니다.

LH 한국토지주택공사 업무직(무기계약직) 답안카드

1	① ② ③ ④ ⑤	21	① ② ③ ④ ⑤	41	① ② ③ ④ ⑤
2	① ② ③ ④ ⑤	22	① ② ③ ④ ⑤	42	① ② ③ ④ ⑤
3	① ② ③ ④ ⑤	23	① ② ③ ④ ⑤	43	① ② ③ ④ ⑤
4	① ② ③ ④ ⑤	24	① ② ③ ④ ⑤	44	① ② ③ ④ ⑤
5	① ② ③ ④ ⑤	25	① ② ③ ④ ⑤	45	① ② ③ ④ ⑤
6	① ② ③ ④ ⑤	26	① ② ③ ④ ⑤	46	① ② ③ ④ ⑤
7	① ② ③ ④ ⑤	27	① ② ③ ④ ⑤	47	① ② ③ ④ ⑤
8	① ② ③ ④ ⑤	28	① ② ③ ④ ⑤	48	① ② ③ ④ ⑤
9	① ② ③ ④ ⑤	29	① ② ③ ④ ⑤	49	① ② ③ ④ ⑤
10	① ② ③ ④ ⑤	30	① ② ③ ④ ⑤	50	① ② ③ ④ ⑤
11	① ② ③ ④ ⑤	31	① ② ③ ④ ⑤		
12	① ② ③ ④ ⑤	32	① ② ③ ④ ⑤		
13	① ② ③ ④ ⑤	33	① ② ③ ④ ⑤		
14	① ② ③ ④ ⑤	34	① ② ③ ④ ⑤		
15	① ② ③ ④ ⑤	35	① ② ③ ④ ⑤		
16	① ② ③ ④ ⑤	36	① ② ③ ④ ⑤		
17	① ② ③ ④ ⑤	37	① ② ③ ④ ⑤		
18	① ② ③ ④ ⑤	38	① ② ③ ④ ⑤		
19	① ② ③ ④ ⑤	39	① ② ③ ④ ⑤		
20	① ② ③ ④ ⑤	40	① ② ③ ④ ⑤		

※ 본 답안지는 마킹연습용 모의 답안지입니다.

〈절취선〉

LH 한국토지주택공사 업무직(무기계약직) 답안카드

1	① ② ③ ④ ⑤	21	① ② ③ ④ ⑤	41	① ② ③ ④ ⑤
2	① ② ③ ④ ⑤	22	① ② ③ ④ ⑤	42	① ② ③ ④ ⑤
3	① ② ③ ④ ⑤	23	① ② ③ ④ ⑤	43	① ② ③ ④ ⑤
4	① ② ③ ④ ⑤	24	① ② ③ ④ ⑤	44	① ② ③ ④ ⑤
5	① ② ③ ④ ⑤	25	① ② ③ ④ ⑤	45	① ② ③ ④ ⑤
6	① ② ③ ④ ⑤	26	① ② ③ ④ ⑤	46	① ② ③ ④ ⑤
7	① ② ③ ④ ⑤	27	① ② ③ ④ ⑤	47	① ② ③ ④ ⑤
8	① ② ③ ④ ⑤	28	① ② ③ ④ ⑤	48	① ② ③ ④ ⑤
9	① ② ③ ④ ⑤	29	① ② ③ ④ ⑤	49	① ② ③ ④ ⑤
10	① ② ③ ④ ⑤	30	① ② ③ ④ ⑤	50	① ② ③ ④ ⑤
11	① ② ③ ④ ⑤	31	① ② ③ ④ ⑤		
12	① ② ③ ④ ⑤	32	① ② ③ ④ ⑤		
13	① ② ③ ④ ⑤	33	① ② ③ ④ ⑤		
14	① ② ③ ④ ⑤	34	① ② ③ ④ ⑤		
15	① ② ③ ④ ⑤	35	① ② ③ ④ ⑤		
16	① ② ③ ④ ⑤	36	① ② ③ ④ ⑤		
17	① ② ③ ④ ⑤	37	① ② ③ ④ ⑤		
18	① ② ③ ④ ⑤	38	① ② ③ ④ ⑤		
19	① ② ③ ④ ⑤	39	① ② ③ ④ ⑤		
20	① ② ③ ④ ⑤	40	① ② ③ ④ ⑤		

※ 본 답안지는 마킹연습용 모의 답안지입니다.

성 명

지원 분야

문제지 형별기재란
Ⓐ Ⓑ
( )형

수 험 번 호
⓪	①	②	③	④	⑤	⑥	⑦	⑧	⑨
⓪	①	②	③	④	⑤	⑥	⑦	⑧	⑨
⓪	①	②	③	④	⑤	⑥	⑦	⑧	⑨
⓪	①	②	③	④	⑤	⑥	⑦	⑧	⑨
⓪	①	②	③	④	⑤	⑥	⑦	⑧	⑨
⓪	①	②	③	④	⑤	⑥	⑦	⑧	⑨
⓪	①	②	③	④	⑤	⑥	⑦	⑧	⑨

감독위원 확인
(인)

2025 최신판 시대에듀 사이다 모의고사
LH 한국토지주택공사 업무직(무기계약직) NCS

개정4판1쇄 발행	2025년 03월 20일 (인쇄 2025년 01월 24일)
초 판 발 행	2021년 04월 20일 (인쇄 2021년 03월 10일)
발 행 인	박영일
책 임 편 집	이해욱
편 저	SDC(Sidae Data Center)
편 집 진 행	김재희 · 오세혁
표지디자인	하연주
편집디자인	양혜련 · 임창규
발 행 처	(주)시대고시기획
출 판 등 록	제10-1521호
주 소	서울시 마포구 큰우물로 75 [도화동 538 성지 B/D] 9F
전 화	1600-3600
팩 스	02-701-8823
홈 페 이 지	www.sdedu.co.kr
I S B N	979-11-383-8687-6 (13320)
정 가	18,000원

사이다

사일 동안 이것만 풀면 다 합격!

내 한국토지 주택공사 업무직(무기계약직)

기업별 맞춤 학습 "기본서" 시리즈

공기업 취업의 기초부터 심화까지! 합격의 문을 여는 Hidden Key!

기업별 시험 직전 마무리 "모의고사" 시리즈

실제 시험과 동일하게 마무리! 합격을 향한 Last Spurt!

※ **기업별 시리즈** : HUG 주택도시보증공사/LH 한국토지주택공사/강원랜드/건강보험심사평가원/국가철도공단/국민건강
보험공단/국민연금공단/근로복지공단/발전회사/부산교통공사/서울교통공사/인천국제공항공사/코레일 한국철도공사/
한국농어촌공사/한국도로공사/한국산업인력공단/한국수력원자력/한국수자원공사/한국전력공사/한전KPS/항만공사 등

※도서의 이미지 및 구성은 변동될 수 있습니다.

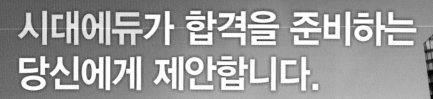

시대에듀가 합격을 준비하는
당신에게 제안합니다.

결심하셨다면 지금 당장 실행하십시오.
시대에듀와 함께라면 문제없습니다.

성공의 기회!
시대에듀를 잡으십시오.

NEXT STEP!

기회란 포착되어 활용되기 전에는 기회인지조차 알 수 없는 것이다.
- 마크 트웨인 -